# L'INFLUENCE DES GUERRES DE LIBÉRATION SUR LA RÉVOLUTION DES ŒILLETS

**5-7, rue de l'Ecole polytechnique, 75005 Paris**

http://www.librairieharmattan.com
diffusion.harmattan@wanadoo.fr
harmattan1@wanadoo.fr

ISBN : 978-2-296-96535-5
EAN : 9782296965355

Abou Haydara

# L'INFLUENCE DES GUERRES DE LIBÉRATION SUR LA RÉVOLUTION DES ŒILLETS

Préface de Pedro Pires

L'Harmattan

## Racines du Présent

*Collection dirigée par François Manga-Akoa*

En cette période où le phénomène de la mondialisation conjugué au développement exponentiel des nouvelles technologies de l'information et de la communication contracte l'espace et le temps, les peuples, jadis éloignés, se côtoient, communiquent et collaborent aujourd'hui plus que jamais. Le désir de se connaître et de communiquer les pousse à la découverte mutuelle, à la quête et à l'interrogation de leurs mémoires, histoires et cultures respectives. Les générations, en se succédant, veulent s'enraciner pour mieux s'ouvrir dans une posture proleptique faite de dialogues féconds et exigeants. La collection **« Racines du Présent »** propose des études et des monographies relatives à l'histoire, à la culture et à l'anthropologie des différents peuples d'hier et d'aujourd'hui pour contribuer à l'éveil d'une conscience mondiale réellement en contexte.

### Dernières parutions

Yves-Marcel IBALA, *Chroniques du Congo au cœur de l'Afrique.* Suivi de *La saga de Tsi-bakaala : Le sabre du destin,* 2012.
MANDA TCHEBWA Antoine, *Musiques et danses de Cuba*, 2012.
MANDA TCHEBWA Antoine, *Résistances et quête des libertés à Cuba*, 2012.
MANDA TCHEBWA Antoine, *Les rencontres fondatrices à Cuba*, 2012.
MANDA TCHEBWA Antoine, *Aux sources du jazz noir*, 2012.
Ange DIAWARA - Jean-Baptiste IKOKO - Jean-Claude BAKEKOLO - Jean-Pierre OLOUKA, *Autocritique du M22,* 2011.
ROCHE Christian, *50 ans d'indépendance dans les anciennes possessions françaises d'Afrique noire*, 2011.
CHATAIN Jean, EPANYA Augusta, MOUTOUDOU Albert, *Kamerun, l'indépendance piégée. De la lutte de la libération à la lutte contre le néocolonialisme*, 2011.
LABURTHE-TOLRA Philippe, *Les seigneurs de la forêt*, 2009.
MORGEN Curt von, *A travers le Cameroun du Sud au Nord* (deux volumes), 2009.
FOTSO DJEMO Jean-Baptiste, *Le regard de l'autre. Médecine traditionnelle africaine*, 2009.
ADLER Alfred, *La mort est le masque du roi,* 2008.
BARRY Boubacar, *La Sénégambie du XVe au XIXe siècles,* 2003.

**Ce livre est dédié à tous ceux qui ont sacrifié leurs vies pour libérer leurs peuples**

# Préface

C'est avec un grand honneur et un plaisir réel que j'accepte de collaborer avec Abou HAYDARA, professeur à l'UCAD de Dakar, dans son projet de revisiter l'histoire de la décolonisation portugaise. Je me réjouis d'écrire la préface de son livre non seulement en tant qu'Africain fier du passé de son continent, mais surtout parce que j'ai été moi-même acteur et témoin de premier plan en ma qualité de membre fondateur du PAIGC, aux côtés de son fondateur et prestigieux leader, mon camarade et frère de combat, Amilcar Cabral.

Je remercie l'auteur de m'avoir offert l'occasion de rendre un hommage respectueux et mérité aux précurseurs de la libération nationale dont les sacrifices ont permis aux peuples des ex-colonies de vivre aujourd'hui dans la liberté. Chez nous, malgré les difficultés liées aux variations politiques du contexte régional et international, nous avons réussi à élaborer les voies qui conduisent à l'État de droit inclusif, à la démocratie pluraliste et au développement, tout en cherchant à rester fidèles à nos idéaux. Le Cap Vert, que j'ai eu le privilège de diriger en tant que leader de Parti, Premier ministre et dernièrement en qualité de Président de la république, s'est fait pionnier en Afrique en matière de démocratie. Il est souvent cité en exemple parmi les pays les plus stables politiquement. Il a fait des émules en Afrique et il suscite de l'admiration au niveau international. C'est le résultat du combat complexe et ardu que nos prédécesseurs et nous-mêmes, avons mené durant les années 60 et même au-delà.

Le livre de M.HAYDARA est un essai sur les guerres de libération qui se sont déroulées dans les colonies portugaises d'Afrique en 1960. Il est intitulé *L'influence des guerres de libération sur la révolution des œillets*. Comme le titre l'indique, il aborde aussi les circonstances relatives à la chute de la dictature au Portugal en 1974. En étudiant ainsi les relations conflictuelles entre le Portugal et ses colonies africaines, M.HAYDARA touche des repères essentiels dans l'histoire politique de ces pays. L'on sait que les luttes de libération ont permis aux pays africains lusophones d'acquérir leur indépendance. À la même période également, une dictature vieille de 48 ans disparaissait au Portugal. Les éclaircissements que le livre donne sur cette période sont d'une grande importance pour la connaissance de l'histoire de l'Afrique lusophone, histoire encore mal connue par les Africains en général. Mais, je m'empresse de dire que l'intérêt de cette étude est surtout lié au fait que M.HAYDARA procède à une approche nouvelle sur cette question. En effet, pour la première fois, disons-le, un auteur aborde la décolonisation portugaise en établissant une relation de cause à effet entre les luttes de libération et la révolution portugaise du 25 avril 1974. Autrement dit, la chute du régime fasciste est une conséquence directe des luttes de libération.

Cette affirmation ne surprend pas de la part d'un chercheur comme M.HAYDARA, spécialiste des pays lusophones et dominant parfaitement la langue portugaise. Par conséquent, il s'exprime sur le sujet en connaisseur.

Pour des raisons qu'on peut comprendre facilement, l'historiographie portugaise de la genèse du 25 avril se limite presque exclusivement au soulèvement des capitaines en Métropole. Or, comme le démontre M.HAYDARA, le « Mouvement des capitaines » est né en Afrique et notamment en Guinée, durant la guerre. Il y eut bien sûr plusieurs causes, mais en considérant les difficultés des armées portugaises dans les contrées d'Afrique, force est de constater que la révolution des capitaines a été essentiellement conditionnée par un facteur d'ordre militaire. La thèse défendue par M.HAYDARA est d'autant plus plausible qu'elle est étayée, entre autres, par des témoignages on ne peut plus fiables, puisqu'ils émanent d'autorités portugaises ayant participé physiquement à la guerre. Parmi elles, des généraux comme José Matos Gomes qui a servi au Mozambique. Il y a surtout les militaires qui ont fondé le « Mouvement des capitaines », et qui ne sont pas des moindres puisqu'il s'agit d'Otelo Saraiva de Carvalho, de Salgueiro Maia ou de Duran Clemente, pour ne citer que ceux-là. Il y a eu également de grands journaux portugais comme le *Diário de Notícias* qui, à cette époque, affirmaient que la révolution portugaise a eu comme berceau l'Afrique.

Cette dimension nouvelle que les essais historiques traditionnels n'avaient pas encore intégrée, confère une grande originalité à l'ouvrage de M.HAYDARA.

Mais avant de faire quelques réflexions sur le sujet, je voudrais insister sur l'importance de ce genre d'ouvrage. En effet, le devoir de mémoire recommande aux intellectuels de rappeler aux nouvelles générations leur passé. Un peuple qui n'a pas d'histoire est un peuple sans âme, dit-on. Le présent s'appuie sur le passé pour se projeter vers le futur. Tout peuple a donc besoin de symboles pour assumer son devenir. La mémoire collective se fonde sur les faits du passé ; elle reste dynamique quand ces faits sont revêtus de gloire et incarnés par des personnages illustres. De ce point de vue, le parcours de la Guinée, du Mozambique et de l'Angola est parsemé de gloire puisque des peuples entiers se sont battus pour se libérer du joug colonial. Ils y sont parvenus par le sang. Par conséquent, il y a tout lieu d'être fier de ce passé car, tout le monde en conviendra, il n'y a pas de geste plus noble que celui d'un peuple qui se sacrifie pour conquérir sa liberté et pour recouvrer sa dignité.

Il se trouve que les jeunes d'aujourd'hui semblent ignorer leurs repères historiques et n'ont plus qu'un souvenir fugace des héros de la libération nationale. Les politiques nationales en matière d'éducation ne s'orientent pas encore de façon systématique vers les sujets ayant trait à l'Afrique. Le contenu des programmes ne tient pas compte de façon rigoureuse des réalités africaines. Les problèmes d'édition y sont pour quelque chose, certes, mais il n'y a pas encore une politique digne de ce nom, dirigée vers la réhabilitation et la revitalisation de la pensée africaine. On ne note pas une volonté résolue d'orienter la recherche vers la réappropriation de notre histoire. Les colonisations européennes se ressemblent du point de vue de l'idéologie qui les a sous-tendues et des intérêts qu'elles ont défendus. Elles se sont surtout appesanties sur quelques vecteurs tels que la négation ou l'amoindrissement de la personnalité historique africaine, l'assimilation et l'acculturation. Les séquelles sont encore visibles, puisque la conscience culturelle africaine reste encore dominée par les normes occidentales. De la sorte, le système européen constitue encore la référence dans beaucoup de pays d'Afrique. Or, ce système a été basé, tout au moins jusqu'à la veille des indépendances, sur une philosophie qui nie l'existence de l'Afrique en tant que sujet historique. Par ailleurs, la valorisation des langues africaines et la diversification culturelle telle qu'encouragée par l'UNESCO n'ont pas encore enregistré un grand succès. Tout cela aurait pu, en effet, permettre de donner encore plus d'intérêt à notre histoire, à nos valeurs africaines tout court. Cela est d'autant plus nécessaire que l'union des pays d'Afrique à laquelle nous croyons et pour laquelle nos pairs se sont battus, repose justement sur le panafricanisme dont la variante est aujourd'hui la renaissance culturelle.

Un des facteurs qui rend difficile l'intégration culturelle est d'ordre linguistique. En matière de politique éducative, il constitue le premier obstacle pour accéder aux sources historiques authentiques. Le résultat est que l'enseignement de la colonisation française ou portugaise reste un parent pauvre respectivement dans les universités lusophones et francophones d'Afrique. À part les sites historiques qui servent plutôt de repères touristiques, un grand effort est encore à faire pour mieux divulguer notre passé historique. Pour cela, il nous faut un personnel qualifié maitrisant aussi bien le français, le portugais et même l'anglais.

L'autre difficulté, c'est que les grands centres de documentation et de recherche sont généralement situés dans les pays du Nord. Or, ces sources sont dominées par l'idéologie européenne. Et on constate malheureusement que la coopération universitaire entre pays africains lusophones et pays africains francophones ou anglophones reste encore très limitée, voire inexistante. Le cas du Sénégal est cependant prometteur, car son entrée dans la CPLP (Communauté des Pays de Langue Portugaise) constitue un bel exemple. Cela peut et doit contribuer à rendre plus efficace cette coopération culturelle par laquelle chaque pays donne et reçoit de l'autre. Il est souhaitable que dans les universités africaines, le système d'enseignement intègre l'étude de la décolonisation portugaise. Cette nécessité est justifiée par plusieurs raisons. L'on sait que la perte du Brésil en 1822 provoqua une crise interne au Portugal qui voulait à tout prix sauver la face en utilisant l'Afrique si nécessaire. Vu sa faiblesse en tant que puissance coloniale, ce pays eut recours de façon plus systématique à une main-d'œuvre manuelle, non mécanisée. Les activités de colonisation étaient donc réalisées à partir de la force du travail humain. Vu également sa faiblesse militaire, les possessions territoriales du Portugal ont fait l'objet d'une très forte convoitise de la part des autres puissances européennes. Pour sauvegarder ses colonies, il a donc dû participer, à côté des puissances coloniales et d'autres prétendants, à la tragique Conférence de Berlin en 1885. C'est là que fut décidé le partage artificiel du continent africain, en fixant, au mépris de tout ce qui existait avant, des frontières arbitraires, dont les conséquences néfastes sont encore très vivaces.

Dans la course aux matières premières africaines provoquée par la révolution industrielle, le Portugal n'était pas en mesure de faire face, tout seul, à l'exploitation de ses colonies. C'est la raison pour laquelle il a sollicité la collaboration des pays capitalistes plus riches. Cette exigence s'est davantage manifestée en 1960 quand il faisait face à trois fronts de guerre. À partir de ce moment, les luttes de libération prenaient un caractère international puisque les compagnies internationales avaient le souci de sauvegarder leurs propres intérêts face aux menaces des nationalistes. La construction du barrage de Cabora Bassa au Mozambique ou l'exploitation du pétrole et du diamant en Angola constituent des exemples très illustratifs. Il y a aussi le fait que ces colonies étaient devenues indirectement, sans l'avoir souhaité, le théâtre du conflit Est-Ouest.

Rappelons surtout que l'indépendance des colonies portugaises a été acquise par la violence des armes. Elle a fait des milliers de morts africains et portugais, laissant des séquelles psychologiques et sociales encore visibles de part et d'autre. Elle a mobilisé presque toutes les instances internationales qui soutiennent les droits de l'homme. Ce fut notamment le cas de l'ONU et de l'OUA. Même l'Eglise Catholique, alliée traditionnelle du régime portugais, avait pris ses distances quand le pape Paul VI avait reçu à Rome en 1970 les leaders nationalistes Amilcar Cabral, Marcelino dos Santos et Agostinho Neto.

La commémoration du cinquantenaire des indépendances africaines vient de révéler à quel point le public africain francophone ignore les réalités historiques de l'Afrique durant les années 60. Par exemple, les sondages faits sous forme de micro-trottoir dans différents pays africains, montrent des lacunes sur la connaissance des processus des indépendances et des mouvements anticoloniaux et de leurs principaux acteurs. Ce phénomène est encore plus manifeste quand il s'agit du domaine lié à la décolonisation des colonies portugaises d'Afrique et ses grands hommes. Les médias n'en ont pas beaucoup parlé. L'accent a été plutôt mis sur le cas des pays d'Afrique francophone. Les micros-trottoirs révèlent également que le public se rappelle vaguement Amilcar Cabral et ignore parfois sa nationalité. Pas de réponse presque sur Agostinho Neto ou sur Eduardo Mondlane. Plus grave encore, c'est que ces lacunes sont même décelées dans les milieux estudiantins. De la même manière, la méconnaissance de l'Afrique est vérifiable parmi les membres de la diaspora et même dans de grands pays dont la formation raciale et sociale a comme sous-bassement l'Afrique. C'est le cas par exemple du Brésil. Cette situation est d'autant plus déplorable que Bahia constitue la deuxième ville noire du monde en termes de population. Ce n'est que durant le magistère du Président Luiz Ignácio Lula da Silva (2003-2010) que des lois furent votées pour introduire les études africaines dans le système d'enseignement. On sent d'ailleurs chez les Brésiliens ce vif désir de connaître leur passé africain. Il semble donc que la CPLP, par le travail des intellectuels africains et ceux de la diaspora, peut contribuer à pallier ces lacunes. C'est en tout cas le souhait qui a été exprimé lors de la rencontre de Praia en 2009 et réitéré au Congrès International tenu par la CPLP à Brasília en 2010.

M.HAYDARA adopte une démarche scientifique avérée en appuyant sa recherche sur plusieurs sources de documentation. Il aborde dans ce livre les aspects essentiels du processus de libération qui a permis à la Guinée et au Cap Vert, au Mozambique et à l'Angola de prendre leur indépendance à partir de 1974. Il nous familiarise avec les mouvements de libération nationale que sont le PAIGC, le FLING, le FNLA, le MPLA, l'UNITA, le FRELIMO, le COREMO, le MLSP, c'est-à-dire les principaux mouvements impliqués dans les guerres de libération à partir des années 60. Il y a eu bien entendu l'intervention des mouvements anticolonialistes dans le monde, sans le soutien desquels ces groupes nationalistes n'auraient pas eu autant de notoriété sur le plan diplomatique.

L'on a tendance à croire que les luttes de libération se sont manifestées dès le départ au plan strictement militaire, et qu'il s'agissait de rapports de force entre des groupes de nationalistes africains unifiés luttant contre les armées portugaises. Mais, à l'échelle endogène, le livre nous apprend que les mouvements de libération rencontraient déjà des difficultés dès le début de leur formation. En effet, la première bataille était d'ordre culturel. L'obstacle majeur était le manque de cadres, car un nombre réduit d'Africains avait la possibilité de faire des études supérieures. Or, il était fondamental de convaincre les grandes masses analphabètes de la nécessité de lutter contre l'occupant séculaire, le Portugal. Il a donc fallu, dans la clandestinité, procéder à des tâches de formation et de sensibilisation dans les villages les plus reculés. Il fallait également désaliéner les consciences puisqu'un bon nombre d'intellectuels africains étaient victimes d'acculturation. Selon Cabral, il fallait « *africaniser les esprits* ». Le CEA (Centre d'Études Africaines) créé à cette époque à Lisbonne, jouait un grand rôle dans ce sens.

Une autre difficulté résidait dans le fait qu'il était nécessaire de trouver des armes. C'est la raison pour laquelle les leaders nationalistes avaient privilégié les contacts diplomatiques un partout dans le monde. Et ce n'était pas évident compte tenu du climat de méfiance qui régnait dans le monde du fait des conflits idéologiques entre l'Est et l'Ouest.

La lutte de guérilla nécessite un pays d'accueil pour y installer une base arrière. Dans ce domaine, les mouvements de libération firent les frais des aléas politiques qui marquèrent certains pays africains. Si le PAIGC a bénéficié du soutien constant de la Guinée de Sékou Touré, il n'en fut pas de même pour le MPLA ou l'UNITA par rapport aux pays voisins. Les causes étaient politiques et économiques. Par exemple, étant allié des Américains, Mobutu, au Congo, ne voulait pas abriter le MPLA qui était plus proche du camp des marxistes. L'UNITA fut chassée de la Zambie parce que ce pays faisait acheminer ses marchandises par le chemin de fer portugais à partir du Mozambique. Par conséquent, il risquait d'avoir maille à partir avec le Portugal s'il continuait à aider son ennemi l'UNITA. C'est pour dire donc que les mouvements nationalistes étaient à la merci des fluctuations politiques des États africains. Ces fluctuations étaient dues aux rivalités internes entre dirigeants politiques dont certains étaient manipulés par l'Occident. Il y a surtout le fait qu'après les indépendances des années 60, le néocolonialisme s'était instauré et des États étaient devenus plus inféodés à l'ancienne puissance de tutelle. De la sorte, ils ne pouvaient plus aider les nationalistes en toute liberté.

Certains mouvements nationalistes s'opposaient entre eux pour des raisons idéologiques et tribales ; d'autres avaient des approches différentes sur les questions d'émancipation, n'étant pas sûrs d'atteindre les objectifs dans une lutte qui devait durer longtemps. Cela avait fragilisé l'action des nationalistes à un certain moment. En Guinée, le FLING ne pesait pas lourd devant le PAIGC qui a eu tout seul à diriger la vraie lutte. Mais, ce n'était pas le cas dans les autres territoires. En Angola particulièrement, durant toute la guerre, de vives divisions fratricides avaient séparé le FNLA, le MPLA et l'UNITA. C'étaient déjà des signes annonciateurs de la guerre civile qui a éclaté après l'indépendance en 1975. En définissant l'identité politique de chaque mouvement nationaliste, M.HAYDARA nous permet de savoir ceux qui poursuivaient des objectifs révolutionnaires et ceux qui collaboraient avec les Portugais. Ainsi, on perçoit mieux que le PAIGC, le FRELIMO et le MPLA étaient les plus révolutionnaires. Ils combattaient pour l'indépendance totale, tandis que les autres soit défendaient le fédéralisme, soit étaient de connivence avec les Portugais. Toutefois, en rapport avec l'esprit du livre, ce qu'il importe de souligner ici c'est la nuisance que tous ces groupes africains ont créée à l'endroit de la puissance coloniale. Sur les terrains de combat particulièrement, les principaux mouvements ont tous contribué à réduire l'efficacité des forces armées portugaises. Et c'était là l'essentiel puisque l'objectif de la lutte c'était d'abord la victoire sur le colonialisme.

S'agissant toujours des difficultés, il convient aussi de signaler que les mouvements nationalistes ont été victimes du système des alliances qui prévalaient au sein de l'OUA et ce, malgré le rôle important que cette instance a joué pour la libération des colonies portugaises. Il y avait des chefs d'État qui soutenaient un mouvement nationaliste au détriment du mouvement rival. Ce qui fait qu'à un certain moment, les plus progressistes comme, par exemple, le PAIGC ou le MPLA étaient laissés en rade. Ils ont été finalement reconnus grâce aux succès militaires enregistrés sur les terrains de combat. En effet, la règle édictée par le Comité de Décolonisation de l'OUA imposait aux mouvements nationalistes de faire d'abord leurs preuves au combat avant de pouvoir bénéficier de l'aide. Le fait d'avoir pu transcender ces obstacles, grâce à leurs convictions politiques, et mener la lutte jusqu'au succès final, n'a fait qu'accroître le mérite des dirigeants fondateurs comme Amilcar Cabral, Edouard Mondlane ou Agostinho Neto et leurs successeurs.

M.HAYDARA explique d'ailleurs le parcours politique difficile des principaux leaders et les multiples contradictions qui les ont opposés ; cela veut dire que le danger était dans les rangs des mouvements nationalistes et menaçait leur cohésion. Les risques de déstabilisation venaient aussi de l'extérieur puisque l'ennemi profitait de ces divisions pour corrompre des membres de parti, ce qui a conduit à des tragédies comme l'assassinat d'Édouard Mondlane ou d'Amilcar Cabral, assassinat dont les circonstances sont bien expliquées dans ce livre. Dans leur logique de diviser pour régner, les Portugais ont même exploité et exacerbé les rivalités ethniques de manière à isoler les mouvements nationalistes. Curieusement, ces scénarios se reproduisent aujourd'hui encore. Les sociétés politiques africaines sont traversées par de vives contradictions, contradictions aggravées par des complicités internes ou externes comme si les dirigeants actuels n'avaient pas assimilé les leçons du passé.

Dans le souci de montrer tout le processus dynamique qui a abouti aux luttes d'indépendance, l'auteur n'a pas manqué de remonter très loin dans le passé pour rappeler les affres de l'esclavage, les rigueurs du Code de l'Indigénat et toute une série d'atteintes à la dignité de l'homme noir ; donc, autant de facteurs qui justifient le fait que les Africains ont toujours opposé une résistance tenace à la domination coloniale. Tout au long de l'histoire, les Africains ont mené des combats héroïques contre la domination étrangère. D'ailleurs, comme c'est bien montré dans ce livre, les territoires portugais ne sont pas exception, car la résistance armée s'est manifestée dans toutes les colonies africaines. Les « *guerres de pacification* » qui se déroulèrent à la suite du partage du continent traduisent la volonté des Africains de s'opposer à l'occupation de leurs territoires. Toutefois, la puissance des armes européennes n'a pas permis à la résistance africaine d'atteindre un niveau d'efficacité capable d'anéantir la domination étrangère. L'historiographie européenne valorise ces guerres à son profit et ignore les héros africains. C'est le cas au Portugal où dans les manuels scolaires on fait le culte des personnages comme Mouzinho de Albuquerque et Paiva Couceiro en tant que héros des guerres de pacification. Ils sont souvent choisis comme parrains de plusieurs promotions dans les écoles militaires métropolitaines. Mais on ignore des personnages comme la reine Zinga au XVIIe siècle en Angola, ou l'empereur Gungunhana au XIXe siècle au Mozambique, pour ne citer que ceux-là. Tous ont donné beaucoup de fil à retordre aux Portugais. Ce sont les précurseurs des luttes de libération de 1960.

Quelles que soient donc l'époque ciblée et la forme de lutte utilisée, la résistance africaine traduit toujours le refus de la domination et le désir des Africains de reconquérir leur liberté. Après ladite pacification, ce fut le début de la véritable colonisation. Mais, pour autant, le calvaire des Africains n'avait pas cessé. Par conséquent, ils ont continué de résister.

M. HAYDARA se place dans la perspective historique innovatrice et correcte en établissant un lien entre les guerres de libération et les diverses actions de résistance qui ont ponctué les relations entre colons et colonisés durant toute la domination coloniale. La démarche méthodologique qu'il utilise nous permet aisément d'établir des liens logiques entre les rébellions antérieures et les guerres de libération. En effet, compte tenu de la continuation de toutes les formes d'exploitation, vu aussi le système oppressif et répressif omniprésent, le terrain était approprié pour encourager des soulèvements. C'est ce contexte qui prévalait quand les leaders nationalistes africains sont apparus sur la scène politique. Il s'agit d'un groupe de jeunes intellectuels qualifiés et conscients qui, à la faveur des changements dans la scène politique internationale, s'engageaient à lutter contre le colonialisme portugais. Ce sont ceux qu'on a appelés la « *génération de* la *Maison des Étudiants de l'Empire* ». Leur formation politique s'est opérée durant leurs études à Lisbonne, lors des réunions dans ce *lieu de rencontre*. Parmi eux, Amilcar, Cabral, Agostinho Neto, Mario de Andrade, Marcelino dos Santos, Lúcio Lara, pour ne citer que ceux-là. Au départ, leur dessein était de libérer les colonies par la voie pacifique. Ils n'étaient pas animés de sentiments belliqueux ou racistes. C'est la raison pour laquelle ils faisaient un discernement entre le régime colonial à abattre et le peuple portugais, allié et compagnon de route.

S'il y a donc eu guerre, c'est parce le Portugal refusait de se plier aux décisions de l'ONU en ce qui concernait la décolonisation des colonies portugaises. Il faut même dire que la guerre a été précipitée par les massacres des populations civiles à Pidjiguiti en Guinée, au Cassanje en

Angola et à Mueda au Mozambique. Ces dernières étaient constituées généralement par des groupes de travailleurs qui réclamaient de meilleures conditions de vie. Surpris par l'ampleur des soulèvements, les partis nationalistes, dont les dirigeants se trouvaient à l'extérieur, étaient appelés à se réorganiser et à accélérer le début de la lutte armée.

Le Portugal était mis au ban de la communauté internationale. Il avait perdu un allié traditionnel, l'Église catholique. En plus, l'accueil des dirigeants nationalistes par le pape à Rome en 1970 fut un sérieux revers politique et diplomatique. Cependant, malgré ce qu'on a pu penser, ce pays n'était pas isolé. Les informations données par la presse européenne de l'époque ne mettaient pas tellement en évidence l'implication des puissances occidentales dans les guerres de libération. L'un des mérites du travail de M.HAYDARA, c'est justement de montrer que ces pays soutenaient le Portugal pour deux raisons au moins. D'une part, ils participaient à l'exploitation des richesses des colonies ; c'est parce que, faisant front à trois guerres qui lui prenaient presque 43 % de son budget national, le Portugal n'avait pas tout seul les moyens suffisants pour exploiter les matières premières coloniales. D'autre part, le contexte de guerre froide donnait au Portugal une importance géostratégique pour les intérêts de l'OTAN. C'était dû à la base militaire située aux Açores. Dans le cadre du conflit Est-Ouest, les pays capitalistes avaient d'ailleurs l'ambition de former l'axe de l'Atlantique Sud en s'appuyant sur le bastion blanc constitué par le Portugal, et des pays racistes comme l'Afrique du Sud et la Rhodésie. On notait ainsi un double jeu de la part de ces puissances : la sauvegarde de leurs intérêts économiques et la défense de leur idéologie l'emportaient sur la défense des libertés démocratiques en faveur des colonies portugaises. Si donc le Portugal a pu se maintenir en Afrique contre vents et marées, ce fut grâce à la complicité de certains pays de l'OTAN.

De l'autre côté, les mouvements nationalistes africains recevaient l'aide de l'OUA, des mouvements progressistes occidentaux et des pays socialistes, notamment celle de l'ancienne Union soviétique. Autrement dit, les luttes de libération avaient un caractère international dans la mesure où elles servaient plus ou moins indirectement de champ d'intervention aux deux blocs. Il convient de souligner particulièrement l'assistance des pays socialistes puisqu'elle sera déterminante dans le dénouement du conflit en faveur des mouvements nationalistes. Les armes sophistiquées octroyées aux guérillas africaines conduiront, en effet, à des résultats militaires spectaculaires. Et l'on sait que dans toutes les guerres coloniales, les succès militaires constituent des atouts importants sur le plan politique. Amilcar Cabral l'avait si bien compris qu'il déclarait dès les débuts du conflit que la défaite militaire dans les colonies déterminerait la chute de la dictature. Et les circonstances lui donnèrent raison.

Comme je l'ai déjà signalé, c'est à ce niveau justement que s'inscrit véritablement le travail de M.HAYDARA. Il s'est agi en effet d'établir un lien direct entre les guerres de libération et la révolution des œillets.C'est d'avoir montré que ces guerres eurent un impact décisif sur la chute de la dictature. L'historiographie portugaise n'indique pas de façon explicite le rapport de cause à effet entre les deux phénomènes. Dans l'approche portugaise, l'histoire du 25 avril se résume essentiellement au mouvement des capitaines et aux événements qui se déroulèrent en Métropole. Par contre, dans son ouvrage, M.HAYDARA ne dissocie pas la genèse de la révolution des œillets de celle des guerres de libération. Sur la base de l'analyse approfondie d'une série de facteurs, l'auteur parvient à démontrer de façon satisfaisante l'influence des luttes de libération sur la révolution des œillets. L'historiographie portugaise explique les causes du mécontentement qui frappa les jeunes officiers militaires durant les 13 années de guerre en Afrique. Elle fait référence également à la politisation des militaires. Mais, elle n'insiste pas suffisamment sur l'impact de l'impasse militaire sur la formation et la radicalisation du mouvement des capitaines. Or, en 1973, les forces armées portugaises étaient au bord de la défaite notamment au Mozambique et en Guinée. Et c'est véritablement en Guinée que se déroulèrent les combats les plus durs et les plus décourageants pour les soldats portugais. En ces circonstances, le PAIGC avait réussi à libérer presque les 3/4 du pays. La preuve en est que l'indépendance proclamée à cette période fut reconnue immédiatement par un grand nombre de pays dans le monde. En vérité, la forte détermination politique et la maîtrise d'un armement plus perfectionné ont fait la différence. C'est ce qui permit aux guérillas africaines de venir à bout des forces armées portugaises. La possession des missiles sol-air par les guérilleros fit en effet perdre aux Portugais un secteur stratégique : le domaine aérien.

En dehors de l'imminence d'une défaite militaire, M. HAYDARA n'oublie pas de citer d'autres facteurs qui ont aussi leur importance dans la genèse du Mouvement des capitaines. Deux cas méritent d'être mentionnés : d'une part, l'influence idéologique des leaders nationalistes comme Agostinho Neto et Amilcar Cabral, et des programmes politiques des mouvements de libération. Les jeunes officiers furent impressionnés par l'humanisme des idées défendues dans ces programmes qui n'étaient entachés d'aucune manifestation revanchiste ou raciste ; c'est également à partir des théories de Cabral que les jeunes officiers issus de la bourgeoisie moyenne comprirent qu'ils pouvaient être le moteur de la révolution au Portugal. C'est d'ailleurs ce qu'ils ont fait par la suite. D'autre part, le général Spinola, Commandant en chef de l'armée portugaise en Guinée, fut aussi impressionné et « séduit » par l'adhésion populaire au programme et aux objectifs du PAIGC. C'est à partir de ce moment qu'il prit conscience qu'il était impossible d'étouffer la volonté d'un peuple déterminé et organisé qui aspire à sa liberté et à son autodétermination. Ces principes appris en Guinée lui serviront dans le déclenchement de la transition démocratique dont il fut un des acteurs au Portugal. La tournure des événements le conduira à vouloir trouver une solution négociée au conflit. Mais, pour cela, il fallait changer le régime.

Une autre nouveauté que nous apporte le livre de M. HAYDARA est liée au revirement qui s'est produit chez les jeunes officiers quand ils ont pris contact avec les réalités africaines. L'on se rappelle que les Portugais, à l'image des Américains au Vietnam, avaient pris des mesures dans l'intention d'améliorer les conditions sociales des populations africaines. C'est ce qu'ils appelaient la guerre psychosociale. Mais les militaires chargés des travaux de réalisation ont été choqués au contact de la misère dans les villages africains. À partir de ce moment, ils démystifiaient, simultanément, le rôle de la mission colonisatrice et la guerre elle-même. Donc, le but recherché sur les masses africaines a fait l'effet contraire ; en effet, ils en voulaient aux autorités de leur pays qui les envoyaient tuer des populations exploitées et innocentes et aussi être tués eux-mêmes.

L'indépendance de la Guinée fut proclamée en 1973 à Madina de Boé. Cette année-là, le général Spinola publia *Le Portugal et le futur*, un livre dans lequel il prévenait le Premier ministre Marcelo Caetano et son gouvernement sur les difficultés de la mission et l'impossibilité d'une issue militaire. C'étaient donc des signaux suffisamment éloquents qui montraient que le rapport des forces avait basculé en faveur du PAIGC. Ce fut le même cas au Mozambique ; et en Angola, l'armée portugaise était en situation de sursis. L'on constate donc que les risques d'une débâcle militaire constituent un paramètre fondamental pour comprendre l'origine du mouvement des capitaines. Il prit effectivement naissance en Guinée et gagna les autres colonies ainsi que la Métropole. Se sentant sacrifiés au nom des intérêts d'autrui, conscients de l'imminence de la défaite et exacerbés par l'incapacité du chef du gouvernement, Marcelo Caetano, de changer la politique portugaise, les capitaines surpassèrent les appréhensions et les blocages psychologiques liés au respect de la hiérarchie militaire ; par conséquent, ils décidèrent de mettre en œuvre leur projet politique en faisant tomber le régime.

À partir du moment où la situation militaire leur était favorable, les nationalistes africains étaient dans une logique de conquête de l'indépendance et non de sa concession. Ils rejetaient tout compromis fédéraliste comme le préconisait le général Spinola, président de la république et de la «*Junta de Salvação Nacional*». Parallèlement, le programme du MFA se condensait en trois D : *Démocratiser*, *Développer*, *Décoloniser*. Mais le dernier D tardait à se réaliser. Le nouveau pouvoir n'avait pas proposé de solution significative. C'est la raison pour laquelle les nationalistes africains, sous les bons auspices de l'OUA, intensifièrent leurs actions politiques, diplomatiques et militaires. La position des forces armées portugaises était d'autant plus vulnérable qu'elles comprenaient dans ses rangs un grand nombre de soldats africains.Eu égard d'ailleurs à ce phénomène, il existe dans cette guerre, coloniale par sa nature, des aspects pervers et criminels, très mal connus et qui méritent une réflexion particulière. Ils sont liés notamment au problème de « *l'africanisation de la guerre* », ce qui l'a transformé finalement en une « *quasi-guerre civile* », avec toutes les conséquences sociopolitiques pour la période postindépendance.

Durant l'avènement du Second Gouvernement Provisoire les membres les plus cohérents du MFA (Mouvement des Forces Armées) accédèrent au pouvoir. Le contexte devenait plus favorable à la décolonisation. C'est ainsi que la loi 7/74 sur la décolonisation fut votée, qui permit le début des négociations à la satisfaction des mouvements de libération nationale, des pays africains, du Portugal et de la communauté internationale.

Toutes ces données sont développées avec force détails dans l'excellent essai de M. HAYDARA. Ce livre est donc une contribution importante à la connaissance de l'histoire africaine et notamment des pays de l'espace lusophone. Je ne saurais terminer sans faire référence à une particularité, en même temps paradoxe des guerres de libération, particularité que M.HAYDARA souligne dans son ouvrage. En effet, contrairement à la guerre d'Algérie ou à celle du Vietnam, un élan de fraternisation a marqué la fin des hostilités. Soldats portugais et guérilléros africains fêtaient l'arrêt des combats comme si c'était une victoire commune. Au fond, tous se rendaient compte que l'ennemi commun, maintenant en déroute, était constitué par les maîtres de la guerre coloniale.

**Pedro Pires**

Président de la république du Cap Vert

Ancien Commandant et Membre du Conseil de Guerre du PAIGC.

Lauréat du prix Ibrahimi 2011

Afrique portugaise

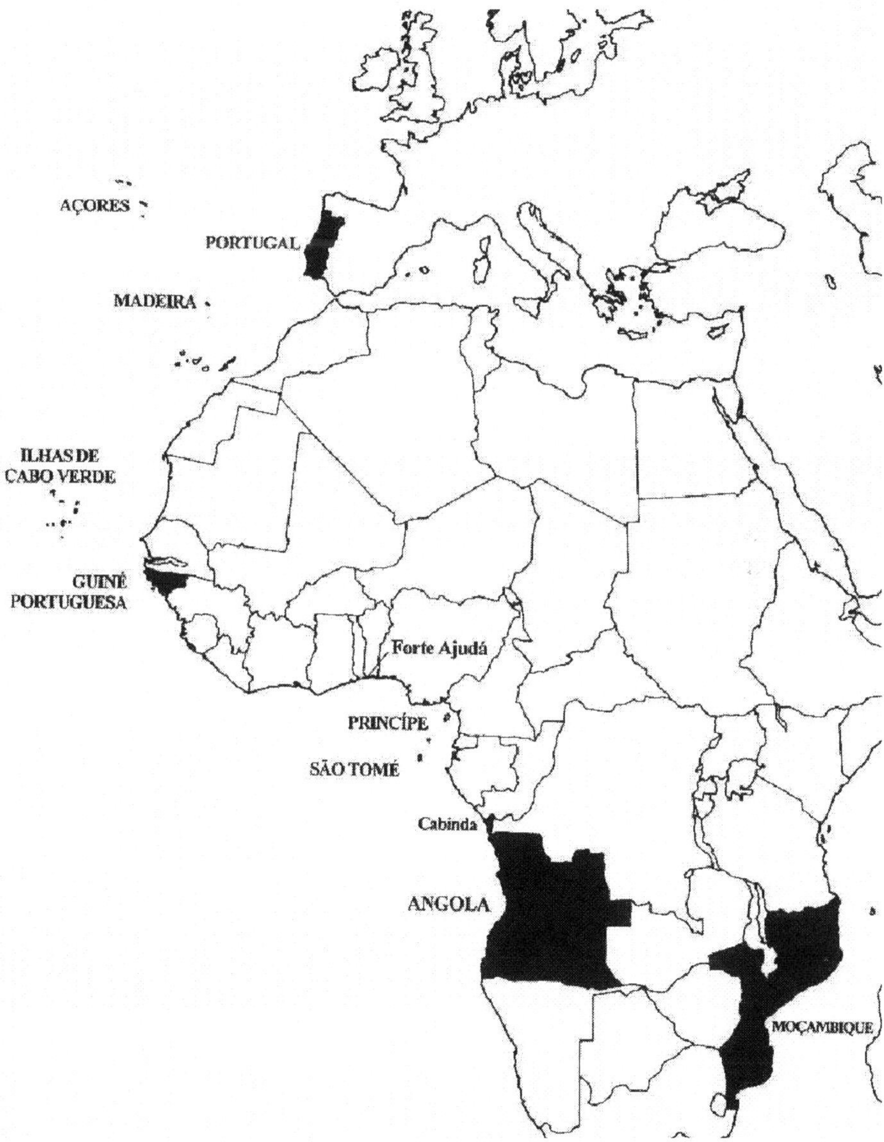

# Introduction

L'an 2010 coïncida avec le cinquantenaire de l'indépendance des pays africains, mais les commémorations faites un peu partout dans le monde et dans les médias n'ont pas suffisamment

été axées, nous semble-t-il, sur les pays d'Afrique lusophone. Les regards étaient plutôt concentrés sur l'Afrique francophone. Peut-être le problème de la langue et le manque de spécialistes y sont-ils pour quelque chose.

Dans le cadre de cette rétrospective sur les indépendances africaines, évoquer l'histoire de la décolonisation portugaise nous paraît fondamental à plusieurs titres. On peut en souligner au moins trois. Le premier c'est que l'indépendance fut acquise sous le signe de la violence entraînant des milliers de victimes africaines ; il est donc utile d'en rappeler les causes. Le second est que le conflit opposait deux parties à force inégale : le Portugal et ses colonies, presque David contre Goliath comme l'ont caricaturé certains auteurs. Il est intéressant de comprendre comment les guérillas africaines ont pu venir à bout d'une force occidentale de loin mieux armée au départ. Le troisième est lié au fait que les puissances capitalistes, sous le couvert du Portugal, s'étaient impliquées puisqu'elles exploitaient aussi l'économie des colonies portugaises. Ce dernier aspect fut renforcé d'ailleurs par les alliances établies d'une part, entre les mouvements de libération et les pays de l'Est et, d'autre part, entre le Portugal et l'OTAN. C'est donc dire que la guerre froide n'avait pas manqué de se répercuter sur le conflit colonial. Cela donna ainsi aux guerres de libération un caractère international.

Il se trouve par ailleurs que les conséquences sociales des guerres de libération n'ont pas encore fini de perturber la cohésion des peuples africains, réveillant même de vieux conflits ethniques. En effet, le contingent de Noirs qui avait servi dans les troupes portugaises ou qui avait collaboré avec l'administration coloniale est encore désigné du doigt. On avait cru que la chasse aux sorcières était terminée, mais à la faveur des crises politiques en Afrique lusophone, en Guinée notamment, les anciens collaborateurs sont considérés comme des traîtres. Pour résoudre le problème, le Portugal leur a ouvert les portes de l'émigration en leur donnant le statut de réfugiés politiques.

Par conséquent, toute forme de célébration des indépendances africaines devrait prendre en compte ces données de façon à présenter une vision plus complète sur l'histoire de l'Afrique.

Ce travail de recherche que nous présentons ici, pourra, nous l'espérons, contribuer à combler un peu ce vide.

En 1960, plusieurs pays africains accédaient à l'indépendance ; mais, en Guinée Bissau, en Angola et au Mozambique les nationalistes déclenchaient la lutte armée pour se libérer du joug colonial. Le conflit se termina en 1974 parce que les forces de la guérilla africaine avaient réussi à mettre les Forces Armées Portugaises dans l'impasse. Les répercussions immédiates en furent la chute de la dictature et en même temps la fin du colonialisme. Il y a donc lieu d'étudier les facteurs qui expliquent cette concomitance. C'est la raison pour laquelle nous nous proposons de montrer comment les guerres de libération ont eu des interférences sur la révolution des œillets.

Analyser cette question amène nécessairement à évoquer les luttes de libération et faire parallèlement la genèse du « Mouvement des capitaines » ; en vérité, les deux faits sont intimement liés comme s'il s'agissait d'une relation de cause à effet. La preuve nous est montrée par le fait que ce sont les capitaines enrôlés dans les guerres d'Afrique qui ont été à l'origine du coup d'État qui mit fin au fascisme. Le problème est de savoir maintenant ce qui a pu motiver ces militaires pour initier un processus révolutionnaire à partir des théâtres de guerre en Afrique. Jusqu'alors aucune tentative de déstabilisation venant de l'intérieur du Portugal n'avait réussi à faire tomber le régime dictatorial.

A notre connaissance aucune étude systématique n'a encore était faite pour montrer que les facteurs ayant conduit directement au coup d'État du 25 avril 1974 ont eu pour cause essentielle les guerres de libération.

L'historiographie portugaise est discrète sur ce fait. Elle n'affirme pas clairement que l'indépendance des colonies portugaises fut arrachée à la puissance coloniale. Elle ne met pas assez l'accent sur le fait qu'en 1973 le Portugal se trouvait dans l'impasse militaire, notamment en Guinée et au Mozambique. Or, ce facteur, comme nous le verrons, joua un rôle décisif dans la mise en œuvre du processus révolutionnaire initié par les capitaines. Il est vrai que d'autres paramètres importants sont intervenus, mais face à l'imminence de la défaite le Portugal n'avait pas d'autre choix sinon créer les conditions pour engager le processus d'indépendance.

Deux raisons nous confortent dans cette idée.

La première est relative aux témoignages donnés sur ce sujet par des personnes avisées. Parmi elles figurent des militaires de haut rang comme le général Matos Gomes qui a affirmé clairement : « que la guerre que le Portugal entreprit entre 1961 et 1974... contribua de façon décisive à la révolution du 25 avril[1] ». Sous le pseudonyme de Carlos de Vale Ferraz, il a écrit plusieurs romans autobiographiques sur la guerre au Mozambique. Dans ses écrits il donne effectivement une image négative de l'armée portugaise et les scénarios qu'il utilise annoncent la défaite. Il suffit tout simplement de lire *Nó cego*[2] ou *Soldadó*. Par conséquent, cette défaite militaire à laquelle sont venus se greffer d'autres facteurs, a beaucoup conditionné la révolution des œillets.

Pratiquement, la plupart des auteurs qui s'inspirent des guerres coloniales de 1960 en ont été acteurs. Dans leurs œuvres également, tous les signes augurent de la défaite de l'armée portugaise. C'est le cas de Manuel Alegre dans *Jornada de Africa*[3], ou de Joao Melo dans *Autopsia de um mar de ruinas*[4], pour ne citer que ceux-là.

En plus, tous les officiers qui ont vécu l'enfer des guerres d'Afrique, surtout ceux de Guinée, ne mettent aucun doute quant à l'impact de ces guerres sur la révolution portugaise. Un témoignage éloquent nous vient du capitaine Duran Clemente, un héros du Mouvement des capitaines. Dans un colloque organisé en 1999 par l'Université de Paris 8, il estima, en effet, que la guerre coloniale a été le facteur décisif[5] dans le mouvement de prise de conscience politique des « Capitaines d'Avril ».

Le professeur Armando Castro, un des plus grands économistes du Portugal va dans le même sens. Dans un article intitulé « Les guerres coloniales et le destin du fascisme portugais », publié dans la revue *Vértice*[6], il décrit clairement les raisons fondamentales qui avaient poussé le Portugal à maintenir le colonialisme. Le régime fasciste, explique t-il, faisait le jeu des grandes forces monopolistes situées à l'intérieur du pays mais aussi à l'étranger. L'influence des guerres de libération est manifeste quand l'auteur affirme : « Les guérilleros qui durant 13 ans luttaient contre la domination coloniale luttaient aussi sans le savoir pour la libération du peuple portugais[7] ».

---

[1] Cf. *Diário de Notícias*, Guerra colonial, Angola, Guiné, Moçambique, supplément spécial (coord, général Carlos Matos Gomes),sd.

[2] Ferraz,Vale,Carlos de, *Nó cego*, Bertrand, Lisboa, 1983.

" -*Soldadó*, Nova Nórdica, Lisboa, 1988.

[3] Alegre,Manuel, *Jornada de Africa*,Dom Quixote, Lisboa, 1989.

[4] Melo,Joao, *Autópsia de um mar de ruínas*, Dom Quixote, Lisboa, 1989.

[5] Clemente, Durão, «Le paradoxe du militaire libérateur», *in De la révolution des œillets au 3ème millénaire, Portugal et Afrique lusophone : 25 ans d'évolution(s)*, Université Paris 8, 1996, p.105.

[6] Castro,Armando, «As guerras coloniais e o destino do fascismo português», *in Vértice*, n°58,Janeiro/Fevereiro, 1994,pp.41-44.

[7] *Ibid.*, p, 41.

L'avis des journaux portugais de l'époque constitue également une source de référence importante ; dès la chute du régime fasciste, ils annoncèrent sans aucune ambigüité que l'origine du Mouvement des capitaines est l'Afrique. Ce fut par exemple le cas du du *Diário de Notícias,* le plus grand quotidien portugais. Dans un article faisant la genèse du 25 avril, intitulé « De l'Afrique à Carmo », il est clairement indiqué que : «dans les ex-colonies portugaises les organisations révolutionnaires comme le MPLA, le PAIGC et le FRELIMO se battaient, les armes à la main, depuis des années, contre le colonialisme portugais. La lutte des peuples des ex-colonies portugaises fut déterminante dans la chute du fascisme et dans la naissance des forces qui l'ont renversé, c'est-à-dire le «Mouvement des capitaines[1]». L'article affirme même que si les forces nationalistes ont pu vaincre un ennemi aussi puissant, le Mouvement des capitaines qui possède des soldats et des armes, doit aussi être capable de venir facilement à bout du régime fasciste. Autrement dit, la réussite militaire des nationalistes africains devrait aussi faire tâche d'huile dans le contexte métropolitain. C'est cela qui s'était justement produit ; ce qui donne ainsi à penser qu'il existe un lien étroit entre ces deux actions. En effet, l'imminence de la défaite avait poussé les officiers révolutionnaires à défendre la solution politique. Mais, pour réaliser cela, il fallait changer le régime. Cette solution offrait plusieurs avantages. D'une part, elle éviterait, comme le craignait le général Spinola, de subir la même humiliation qu'en Inde en 1961. D'autre part, les capitaines seraient libres avec leur conscience : imbus d'idéologie révolutionnaire et persuadés de la légitimité du combat des nationalistes, ils ne voulaient plus être complices du pouvoir colonial. Par conséquent, il était nécessaire d'arrêter les sacrifices inutiles de part et d'autre. Par ce biais, le calvaire du peuple portugais allait disparaître avec la fin de la dictature.

La deuxième raison qui justifie notre point de vue c'est que certaines vérités historiques ne sont jamais divulguées suffisamment quand elles remettent en cause l'orgueil national ou quand elles réveillent des blessures. Sous ce rapport, on peut bien comprendre que ces événements ne soient pas valorisés par l'historiographie portugaise et soient enfouis dans la mémoire collective car, dans tous les pays ayant subi une défaite durant leurs guerres coloniales, l'évocation de ce passé devient tabou. Elle fait resurgir des souvenirs traumatisants. A ce propos, Eduardo Lourenço apporte des éclaircissements dans son essai célèbre, « Psychanalyse mythique du destin portugais ». Sur la décolonisation précisément, l'auteur affirme que : «la conscience collective du peuple portugais a du mal à examiner cette blessure imperceptible à l'œil nu[2]». Sans doute c'est l'une des raisons qui explique le

---

[1] *Diário de Notícias* du 21 Avril 1977, p.II.

[2] Lourenço,Eduardo, *Psychanalyse mythique du destin portugais(1978),* repris dans *Le labyrinthe de la saudade,* puis dans *Mythologie de la saudade,* Paris, Editions Chandaigne,1977, pp.107-109.

fait que les historiens et les chercheurs portugais n'ont pas trop voulu s'étendre sur ce sujet, pourtant très important pour comprendre la décolonisation en Afrique portugaise et surtout l'historiographie de la révolution des œillets.

Un recul est donc nécessaire pour examiner avec lucidité et objectivité ce genre de problématique. Selon la formule classique de Léopold Von Ranke (¨*wie es eigentlich gewesen*¨) : « on a attribué à l'histoire la mission de juger le passé, d'enseigner le monde contemporain pour servir les années futures : notre tentative ne s'inscrit pas dans des missions aussi hautes ; elle cherche seulement à montrer comment les choses ont été vraiment[1] ».

Nous nous inscrivons dans cette démarche, en évitant de juger le passé du peuple portugais ou son comportement face à une phase cruciale de son destin ; il s'agit seulement de montrer les choses telles qu'elles se sont passées.

L'on sait que la décolonisation constitue l'une des phases les plus importantes de l'histoire politique de l'Afrique ; après plusieurs siècles de domination, les peuples africains recouvraient enfin leur liberté. En cette circonstance une grande tension s'était créée entre les territoires africains et les puissances coloniales. En réalité, celles-ci ne voulaient pas lâcher leurs colonies. Mais les vents du changement en avaient décidé autrement. Des palliatifs furent proposés pour pouvoir conserver les empires coloniaux ; la formule proposée était la création d'une vaste communauté intégrant la métropole et ses territoires d'outre-mer.

Ce fut le cas de la France et ses colonies. La Loi-cadre et le Référendum de 1958 devaient servir à maintenir cette union. Mais les Africains voulaient leur liberté. A la faveur de la résolution 1514 (XV) de l'ONU, plusieurs pays africains accédèrent pacifiquement à l'indépendance en 1960.

Par contre, les territoires portugais avaient encore des difficultés car le Portugal refusait de se plier à la décision de l'ONU. Il entreprit des réformes en supprimant le travail forcé mais ce n'était pas suffisant. Et pour échapper à la décision internationale, il utilisa plusieurs subterfuges sémantiques. C'est ainsi qu'il adopta le terme «province ultramarine» à la place de colonies, puisque le texte de l'ONU se référait à des «colonies».

Le Portugal s'appuyait sur les concepts de sociétés multiraciales et pluri continentales dans sa démarche. Il s'appesantissait surtout sur des considérations affectives pour justifier son maintien en Afrique. Il prétendait ainsi que l'Angola, le Mozambique et Sao Tomé étaient des colonies de peuplement ; cependant, dans ces territoires, le pourcentage d'assimilés était

---

[1] Cité par Kosseleck, R, *Le futur passé*, Paris, Editions des Hautes Etudes en Sciences Sociales, 1990, p.47.

faible par rapport à la population globale. Seul le Cap Vert obéit à ce critère puisque les îles, semble-t-il, étaient inhabitées avant l'arrivée des colons. Le métissage s'est donc effectué sur la base des populations blanches et noires transplantées vers les îles.

Mais, dans la pratique, les activités liées à l'exploitation économique avaient toujours prédominé. C'est d'ailleurs valable pour toutes les puissances coloniales. Durant la colonisation du XIX$^{ème}$ siècle, l'économie africaine a été particulièrement mise à sac au profit de l'Europe. Selon certains auteurs[1], ce facteur constitue même une des causes du retard du continent africain.

Au Portugal, tous les régimes qui s'étaient succédé avaient donné une importance capitale à la gestion des colonies. Cette mainmise s'était davantage renforcée du temps de la dictature. Une des causes du coup d'État militaire de 1926 qui fit tomber la Première république était liée justement à la mauvaise gestion de l'économie coloniale. A cette occasion, Salazar fut appelé par les militaires pour assainir les finances publiques. Mais, en 1933, à l'issue d'élections non transparentes, il devint Premier ministre et instaura un régime fasciste appelé Estado Novo (État Nouveau). Il créa deux organes : la Censure et la police de répression, la PIDE. L'économie était restée entre les mains d'une classe de privilégiés et les paysans qui constituaient la majorité de la population étaient exclus. Ce fut donc durant cette période que plusieurs mesures furent introduites dans la Constitution portugaise et qui étaient destinées à assurer une gestion plus rigoureuse des colonies. Ce fut le cas par exemple de l'Acte colonial de 1930. A partir de cette loi le Portugal s'octroyait le droit de «posséder et de gérer des colonies partout dans le monde». Dans ce sens, la propagande fasciste arguait que ses territoires d'outre-mer faisaient partie intégrante du territoire lusitanien et qu'il n'était pas question d'aliéner ce patrimoine.

Par conséquent, en 1960, le Portugal était isolé sur le plan international, du fait de son obstination à refuser de décoloniser.

Toutefois, il avait des appuis de taille : l'OTAN et surtout les Etats-Unis. Le monde était en pleine guerre froide et le bloc capitaliste comptait abattre le « péril communiste » partout où il se trouvait. Or, dans ses guerres africaines, le Portugal prétendait chasser le communisme. De ce fait, il avait le soutien des pays de l'OTAN, d'autant plus qu'il en était membre. De surcroît, il abritait surtout sur son sol la base stratégique des Açores dont les Américains avaient besoin en cas d'attaque soviétique. Du point de vue géostratégique, le Portugal était ainsi un pays privilégié. C'est la raison pour laquelle il était ménagé par toutes les puissances du bloc capitaliste.

---

[1] Cf.Uribe, Rosa, Amelia, Plumelle, *La traite des Blancs, Traites des Noirs*, L'harmattan, Paris, 2008, p. 139.

Quant aux mouvements nationalistes africains, ils avaient surtout bénéficié de l'aide des pays socialistes. Du coup, le conflit entre l'Est et l'Ouest se déplaçait vers les guerres coloniales.

Grâce au soutien de l'OTAN, toutes les condamnations de l'ONU contre le Portugal restaient sans effet.

Entre-temps, les choses bougeaient aussi du côté des colonies portugaises. Les intellectuels originaires de ces territoires étaient influencés par l'évolution de la situation politique dans le monde. Ils voulaient surtout suivre le même exemple que les autres Africains dont les pays étaient devenus indépendants. La plupart des dirigeants nationalistes africains avaient fait leurs études supérieures en Métropole. Ce fut par exemple le cas d'Amilcar Cabral, d'Agostinho Neto, d'Eduardo Mondlane, de Mario de Andrade, de Marcelino dos Santos et de tant d'autres encore.

Leur prise de conscience politique s'était effectuée durant ce séjour. De ce point de vue, la CEI, c'est- à- dire la Casa dos Estudantes do Império (la Maison des Etudiants de l'Empire), joua un rôle fondamental. C'était un lieu de regroupement permettant aux intellectuels africains de parler des problèmes de leurs territoires afin d'envisager les perspectives de changement politique. Ce groupe d'intellectuels africains était marqué par l'influence du Marxisme, de la Négritude, du Néoréalisme[1] et par d'autres sources d'influence. Ils avaient adhéré aux mouvements antifascistes comme le MUD (Mouvement de l'Unité Démocratique), et certains étaient même devenus militants au Parti Communiste Portugais, lequel avait toujours joué un rôle d'avant-garde dans la lutte antifasciste et anticoloniale.

De retour en Afrique, ils formèrent les mouvements de libération dont les plus connus sont le PAIGC, le MPLA, le FRELIMO, le FNLA, l'UNITA. Tous ces mouvements ne suivaient pas la même ligne idéologique. Certains étaient même rivaux. Mais, ce qui importait le plus c'était l'action de nuisance qu'ils ont dirigée contre l'occupant portugais. Par les luttes de guérilla qu'ils ont menées, tous contribuèrent à la défaite militaire des Portugais.

Après maints appels au dialogue, le Portugal n'avait jamais voulu accepter la main tendue des nationalistes africains. La lutte armée s'avéra donc comme l'unique recours.

---

[1] Rappelons que le Néoréalisme fut un mouvement littéraire qui a existé au Portugal à partir des années 30. D'obédience marxiste, il a lutté farouchement contre le fascisme et défendait principalement les couches sociales défavorisées. D'où les fortes affinités avec les leaders africains nationalistes. Certains d'entre eux ont même eu à collaborer dans les revues néoréalistes. C'est par exemple le cas des auteurs, Luandino Vieira de l'Angola ou Francisco Tenreiro de Sao Tomé, pour ne citer que ceux -là.

Il convient de préciser qu'en Guinée, en Angola et au Mozambique, la guerre a été déclenchée à la suite de massacres commis sur des travailleurs qui réclamaient de meilleures conditions de vie. Les dirigeants nationalistes dont la plupart étaient en exil furent surpris par l'ampleur des rébellions des populations. Ils étaient donc obligés de réagir rapidement pour organiser la lutte armée.

Face à un ennemi mieux armé, et du fait de la configuration du terrain, la lutte a été essentiellement basée sur la guérilla. Comme dans toutes les guérillas, les mouvements de libération africains possédaient des bases arrière installées dans les pays limitrophes. Ils avaient surtout bénéficié du soutien populaire.

Pendant longtemps, le Portugal avait assumé tout seul l'exploitation de ses colonies. Mais, le durcissement de la guerre sur trois fronts l'obligea à prendre deux mesures importantes. D'une part, il fit une ouverture au capital étranger, ce qui donna au conflit un caractère international ; en contrepartie, les puissances étrangères devaient contribuer à l'effort de guerre du Portugal. D'autre part, il fut nécessaire et urgent d'augmenter les effectifs militaires. Comme nous le verrons dans les parties qui vont suivre, l'arrivée des nouvelles recrues en Afrique créa beaucoup de dissensions au sein des Forces Armées Portugaises, mais joua également un rôle crucial dans le processus de politisation des militaires.

Il convient de signaler qu'en toutes périodes, des groupes ont mené une lutte farouche contre le fascisme. Ce fut notamment le cas des militaires dont on peut citer le général Humberto Delgado comme l'un des opposants les plus connus, puisqu'il fut le candidat de toute l'opposition démocratique durant les élections présidentielles de 1958. Mais, la répression fut telle que tous les combats antifascistes furent anéantis.

Ce fut seulement en 1974 que des circonstances particulières permirent à des militaires de faire tomber une dictature vieille de plus de quarante ans. Ces militaires venaient d'Afrique à l'issue d'une guerre qui avait duré presque 13ans, avec 10000 morts et 30000 blessés parmi les Portugais, ainsi que plusieurs milliers de victimes au sein des populations des ex-colonies. Ce fut la génération qui a formé le fameux «Mouvement des capitaines». L'éclosion de la révolution du 25 avril fut le résultat de l'accumulation d'un ensemble de facteurs politiques, sociaux, culturels et surtout militaires. L'Afrique en constitua le lieu de maturation.

Donc, pour comprendre les relations entre les guerres de libération et la révolution des capitaines il convient d'étudier un certain nombre de paramètres qui furent à la base des motivations des jeunes officiers. Pour ce faire, nous procéderons d'abord à un rappel historique pour voir l'évolution politique du monde à partir des années 1945. Nous aborderons également la question liée aux traditions de résistance en Afrique pour mieux comprendre la dynamique historique des guerres de libération. La deuxième et la troisième partie seront consacrées à l'étude des facteurs qui ont agi directement sur le soulèvement des capitaines. Parmi ces facteurs, nous évoquerons les causes du malaise des militaires portugais, notamment le problème des recrutements et des promotions. Nous aborderons la question de la politisation des Forces Armées Portugaises, qui fut un phénomène crucial dans le processus de prise de conscience. Nous privilégierons surtout le problème de l'impasse militaire, en tant que facteur déterminant dans les motivations qui ont guidé la démarche des capitaines jusqu'à la révolution d'avril 1974.

# I. L'évolution politique du monde après 1945

## *A. La poussée anticolonialiste dans le monde*

### A1. Les premières indépendances africaines

Après la Deuxième Guerre Mondiale, le contexte international avait subi de profonds changements. Cette guerre venait de révéler à l'ensemble des peuples européens, la France notamment, ce que signifie l'occupation totale du territoire d'un pays par un envahisseur étranger. Ils avaient en effet connu les méfaits de la domination allemande et en avaient beaucoup souffert. L'opinion européenne n'était pas encore prête à oublier les crimes odieux commis par les nazis sur des populations innocentes ; elle se souvenait encore des camps de concentration et des fours crématoires, et savait l'opprobre que ces événements pénibles avaient fait rejaillir sur le peuple allemand. Ces préoccupations étaient particulièrement vives dans la société française qui, édifiée par ces faits sanglants, semblait refuser à son gouvernement le droit de commettre en son nom des crimes analogues. Ceux qui avaient vécu de façon irréfutable le joug de l'occupation allemande montaient à l'avant-garde de cette campagne, mettant en cause la responsabilité des puissances coloniales européennes dans les territoires africains occupés. René Arthaud, ancien ministre français, dans un livre intitulé *Le grand complot des négriers* témoigne :

> « *Nous sommes un certain nombre à avoir su, de façon irréfutable, les crimes semés sur la terre d'Afrique.*
> *Nous n'avons pas le droit de nous taire.*
> *Nous dirons à notre peuple quel sort est fait en son nom à ces hommes parce qu'ils ont la peau noire, que leurs terres sont riches, et qu'ils sont sans défense. Nous évoquerons le souvenir de ce bébé accroché dans le dos de sa mère et dont la tête éclata sous la balle meurtrière comme un fruit trop mûr qui s'écrase, au jour de honte où fut détruit Palaka, cet Ouradour d'Afrique.*
> *Nous dirons les morts, l'impossible et odieuse entreprise de priver des millions d'êtres de leur dignité humaine par l'insulte, le mépris et les coups.*
> *Et nous dirons aussi les noms des meurtriers. Nous établirons les responsabilités afin que le peuple de France, tiré de l'ignorance dans laquelle il est sciemment tenu, s'unisse et*

*agisse pour mettre un terme définitif à ces menées criminelles*[1] ».

A l'exception de l'Algérie, le processus de décolonisation s'est déroulé de façon relativement pacifique dans les colonies françaises d'Afrique. Dans le cas du Portugal par contre, il s'est terminé par des guerres violentes.

Certains pays d'Afrique avaient déjà créé un précédent vers la voie de l'indépendance, et constituaient ainsi un exemple pour les territoires encore sous occupation dans le continent.

En 1955 par exemple, il y avait cinq états indépendants en Afrique : le Libéria (1847), l'Union Sud-Africaine (1909), l'Egypte (1922), l'Ethiopie (1941) et la Lybie (1952). Selon une étude[2] du Colonel Hélio Felgas, les états indépendants constituaient 17,3% de la superficie et 27,7% de la population du continent africain. Cette population était alors composée par 170 millions de nègres (70,5%), 60 millions d'arabes (14,8%), 8 millions d'européens (3,3%), 3 millions de métis (1,2%) et 1 million d'asiatiques (0,4%). Parmi la population européenne du continent, 3,5 millions (43,7 %) étaient établis dans l'Union Sud-Africaine, 1,6 millions (20%) en Algérie, 500 000 (6,3%) au Maroc, 500.000 autres dans les colonies portugaises, 300.000 (3,7%) en Rhodésie du Nord et du Sud, 190.000 (2,4 %) en Tunisie et 170.000 (2,1 %) au Kénya, au Tanganyika et en Ouganda. L'Afrique sous administration coloniale française représentait 36,6 % de la superficie et 25 % de la population du continent, l'Afrique d'expression anglaise 26,1 et 33% et l'Afrique portugaise 6,8% et 5,5%, respectivement. Entre 1959 et 1961, 24 nouveaux États, soit (52%) de la superficie et 55% de la population devinrent indépendants, et vers la fin de l'année 1962, il y avait en Afrique 36 États indépendants (86,8%) du territoire et 93% de la population.

Les dirigeants européens n'étaient pas insensibles à cette profonde évolution politique dans les colonies. Salazar désigna ce mouvement dunom de « vents de l'Histoire» et, Harold Wilson en février 1960, affirmait que «les vents étaient en train de changer».

L'anticolonialisme qui se manifestait contre les Européens avait commencé à se développer lors des congrès panafricains organisés à Paris (février 1919), à Bruxelles et à Paris (août et septembre 1921), à Londres (novembre 1923), à New-York (1927) et à Manchester (1945). Les conférences poursuivaient des objectifs humanitaires en faveur des peuples africains. Il s'agissait donc de protéger les populations indigènes de la mauvaise politique coloniale. Le Portugal participa au premier congrès mais, pendant le second, ses

---

[1] Arthaud, René, *Le Grand complot des négriers*, PPI, Paris, 1951, p. 7.
[2] Felgas,Hélio, *Aspectos políticos da Àfrica Actual*, Armand Collin, Paris, 1969.

représentants furent interdits de participer parce qu'on accusait leur pays de continuer encore l'esclavage dans ses colonies. Et le manifeste publié par les congressistes confirmait ces accusations. Il reconnaissait en effet que le Portugal maintenait encore dans ses colonies un code humanitaire de type ségrégationniste appelé code des indigènes ; il concédait par ailleurs des avantages énormes aux compagnies industrielles étrangères : à leur tour, celles-ci pratiquaient le travail servile, portant ainsi un grand préjudice aux conditions de vie des Africains.

Au troisième congrès, durant lequel les critiques en faveur des Noirs des colonies portugaises furent encore réaffirmées, un appel fut lancé au nom de la paix et du progrès dans le monde pour que les Noirs soient respectés partout où ils se trouvent. Le cinquième congrès de Manchester de 1945 fit évoluer ces concepts humanitaires dans le sens de la revendication d'une indépendance complète et absolue. Entre-temps, le Portugal s'était écarté de la trajectoire des nations modernes et démocratiques. Les vents du changement qui soufflaient ainsi à la fin de la Deuxième Guerre ne passèrent pas par l'ouest des Pyrénées.

Dans ce pays précisément, le Comité de Défense des Droits de l'Afrique fut créé en 1912 ; et en 1919 il se transforma en Parti National Africain ayant pour vocation de lutter pour la cause africaine à l'intérieur de la nation portugaise. Des dissidents dudit comité formèrent la même année la Ligue Africaine qui édita à partir du 22 mai 1921 le *Correio de África* ; cette ligue s'affilia à d'autres groupes comme la Ligue des Intérêts des Indigènes de Sao Tomé et Principe, l'Association Africaine de Lourenço Marques, la Ligue Guinéenne et la Ligue Africaine d'Angola ; cette dernière constituée en 1913 par le général Norton de Matos fut dissoute sur sa propre initiative en 1922. En 1931 le Mouvement Nationaliste Africain vit également le jour au Portugal. Cependant, Salazar tourna le dos à l'histoire et utilisa la répression pour faire disparaître tous ces mouvements associatifs, aussi bien à l'intérieur du pays que dans les colonies. Il affirmait que « l'esprit colonisateur » était une expression de la « Conscience nationale », et manifesta la volonté ferme d'imposer aux peuples des colonies le principe de l'assimilation et les valeurs religieuses chrétiennes. Les difficultés économiques que le pays rencontrait constituèrent, comme on le sait, la principale raison qui poussa le Portugal à s'agripper à ses colonies d'Afrique. Au mois de juin 1960, allant également à contre-courant des vents du changement, Marcelo Caetano, à cette époque Recteur de l'Université de Lisbonne, déclarait à l'Institut des Hautes Etudes Militaires :

> « *La réponse portugaise au défi que pose la conjoncture internationale actuelle, en ce qui concerne l'Afrique, est*

> *d'insister sur le fait que les provinces d'outre-mer continuent d'être une partie intégrante du Portugal*[1] ».

Partagé entre la tendance intégrationniste et celle qui défendait la voie de l'autodétermination des colonies africaines, Caetano préféra une solution intermédiaire, qu'il définit par le processus de « l'autonomie progressive ». En réalité, il était plutôt intéressé par une solution qui ferait toujours de ces colonies des dépendances du Portugal.

La prise en compte du destin du continent faisait déjà l'objet de préoccupations de la part des Africains. Ces derniers constituèrent eux-mêmes des organisations civiles et politiques à caractère nationaliste. Ce fut ainsi dans les colonies anglaises et françaises en Afrique. On notait également l'émergence de grands leaders africains comme Kwame Nkrumah à la Côte de l'Or (Ghana), Hastings Banda au Nyassaland, Julius Nyerere au Tanganyika, Kenneth Kaunda en Rhodésie du Nord, Houphouët Boigny en Côte d'Ivoire, Léopold Sédar Senghor au Sénégal. Privilégiés par leur formation intellectuelle, ces dirigeants africains organisèrent la résistance culturelle et la lutte politique contre la domination étrangère. A la Côte de l'Or (devenue plus tard le Ghana), Nkrumah organise une série de mouvements de soulèvement et finit par être prisonnier des autorités coloniales britanniques le 28 février 1948 ; libéré en juin 1949, il fonda le Parti de la Convention Populaire du Ghana qui obtient 34 sièges sur les 28 en dispute. Au Kenya, Jomo Kenyatta créa en 1947 l'Union Africaine et dirigea, à partir de 1951, un vaste mouvement de contestation pour réclamer l'émancipation politique ; l'année suivante la célèbre révolte politico-religieuse « Mau-Mau » des ethnies Kikuyus, des Embus et des Marus éclata ; et Kenyatta fit partie des 50.000 personnes internées dans les camps de concentration par les Britanniques qui attribuaient le soulèvement des Maus-Maus à une initiative politique de l'Union Africaine du Kenya. Rappelons que ces populations se soulevaient pour protester contre le travail forcé et les impôts obligatoires, et que le nom mau-mau vient d'une plante (*maji-maji*) que les Africains utilisaient pensant qu'elle les protégerait des balles. Au Tanganyika, Julius Nyerere fonda en 1951 avec d'autres intellectuels l'Association Africaine, qui devint l'Union Nationale du Tanganyika le 17 juillet 1954, réclamant aux Britanniques l'indépendance du territoire. En octobre 1946, 800 délégués de toute l'Afrique d'expression française, réunis à Bamako, fondèrent un parti interafricain, le Rassemblement Démocratique Africain (RDA), dont les dirigeants finirent par se séparer progressivement pour former un parti national chacun de son côté. Sékou Touré en Guinée, Houphouët Boigny en Côte d'Ivoire, Modibo

---

[1] Caetano,Marcelo, *Mandato indeclinável*, Verbo, Lisboa, 1970, pp.70-71.

Keïta au Mali, Léopold Sédar Senghor au Sénégal. Le leader sénégalais ne participa pas d'ailleurs à la réunion de Bamako, en respect aux consignes du Parti Communiste Français qui était opposé à la création d'un parti interafricain dans les colonies françaises ; il fonda, cependant, au Sénégal en Octobre 1948, le Bloc Démocratique Sénégalais. A l'opposé de Senghor, certains intellectuels noirs durent démissionner du PCF, comme ce fut le cas d'Aimé Césaire. Parce que pour eux, la décolonisation ne devait pas s'arrêter seulement à l'octroi des libertés politiques ; elle devait marquer aussi, fondamentalement, la fin de la domination culturelle, sans laquelle il ne peut y avoir d'humanité libre. D'ailleurs, le Congrès des Artistes Noirs qui eut lieu à Paris en 1956, mais qui fut en réalité un Congrès d'hommes de culture noire, avait une signification politique parce qu'il s'insérait dans le mouvement général de la décolonisation. Pour cette raison, le président Mamadou Dia estimait que « l'autonomie de pensée apparaît non point comme un luxe ou une pure revendication d'intellectuels, mais un élément révolutionnaire indispensable à la libération de l'homme subjugué, et à la sauvegarde des valeurs authentiques du monde noir[1] ».

Au niveau international, l'action de coordination de ces différents mouvements anticolonialistes fut articulée par le Congrès des Peuples Opprimés (Bruxelles, 1927), par le 5e Congrès Panafricain (Manchester, 1945) et par la Conférence de Colombo, convoquée le 5 avril 1954 pour discuter de la paix en Indochine. Et c'est à partir de là que fut lancée l'idée de la tenue de la fameuse conférence de Bandoeng. Réunie le 18 avril 1955, la conférence de Bandoeng fut un point de repère historique déterminant ; elle se prononçait, en effet, en faveur de la décolonisation dont le processus se produisit quelques années plus tard dans les territoires sous domination coloniale.

Convoquée pour apprécier les positions de l'Asie et de l'Afrique dans le monde contemporain, la conférence considéra d'une part « le colonialisme et toutes ses manifestions » comme « un mal auquel on doit mettre un terme immédiatement » et, d'autre part, comme «une négation des droits humains fondamentaux et de la Charte des Nations Unies (signée le 24 octobre 1945) ; la même instance estimait également que le colonialisme était un «obstacle à la paix et au développement de la coopération mondiale». A partir de ces considérations, 28 pays présents à Bandoeng manifestèrent leur appui total à la cause de la liberté et de l'indépendance de tous les peuples colonisés. C'était véritablement un défi aux puissances coloniales européennes. En mai 1962, par la voix de son ministre des affaires d'outre-mer, Adriano Moreria, le Portugal considérait Bandoeng simplement comme le point de lancement décisif des manifestations du racisme. Pour Adriano

[1] Dia, Mamadou, «Rapport de politique générale», *in Congrès International de regroupement des partis politiques africains,* Dakar, le 11, 12,13 Janvier 1957, p.12.

Moreira : « l'anticolonialisme était un des grands mythes de notre temps et un simple instrument de la vieille politique de compétition entre les grandes puissances et le Portugal[1] ». Les autorités portugaises ne comprenaient pas apparemment le sens du message de Bandoeng et ne semblaient pas en tout cas disposées à suivre la même direction.

Ce qui est certain, c'est que depuis cette conférence, rien n'était plus comme avant. En 1956 on commençait déjà à sentir des remous dans les colonies françaises d'Afrique.

## - Le processus de la décolonisation et ses conséquences (1960).

L'historiographie européenne tend à faire croire que l'indépendance de l'Afrique noire francophone s'est réalisée au bon gré de la France, sous prétexte que la gestion des colonies était trop coûteuse. C'était la thèse défendue par le français Raymond Cartier dans plusieurs de ses articles. Certaines attitudes historiques de la Métropole prouvent le contraire. Ce fut notamment le cas durant le fameux Référendum de 1958. L'on se rappelle encore le discours agacé du général de Gaulle lors de son périple africain quand il menait campagne pour le « oui ». L'on constate, en effet, que les relations entre la France et ses colonies africaines furent heurtées quand il s'est agi de la question des indépendances. A ce sujet, deux étapes politiques importantes sont à souligner. Ce furent la Loi-cadre et l'institution de la Communauté franco-africaine.

La Loi-cadre a constitué le premier facteur d'accélération du processus de la décolonisation.

Comme on l'a signalé plus haut, les crises dans le monde, liées à la Deuxième Guerre Mondiale, à la guerre d'Indochine, aux troubles du Maghreb, à la révolution algérienne, aux soulèvements des populations du Cameroun, et surtout aux pressions des anticolonialistes africains, venaient ébranler les structures de l'Union française. Le gouvernement français comprit qu'il fallait rapidement faire un certain nombre de concessions aux Territoires d'outre-mer, sinon il allait les perdre. C'était l'objectif de la Loi-cadre.

Promulguée en loi le 23 juin 1956, la Loi-cadre constituait une sorte de « pouvoirs spéciaux » contenant cinq principes :

---

[1] Moreira, Adriano, *Le Portugal répond aux Nations Unies*, Lisboa, Ministère des Affaires Étrangères, 1970, pp. 105 et suite.
-Voir A.E. Duarte Silva, «o litígio entre Portugal e a ONU (1960-1974), *in Análise Social*, n°130, 1995, p. 12.

1-Afin de donner un moyen d'expression complet à l'opinion publique africaine, toutes les élections générales se feraient au suffrage universel, et selon le principe du collège électoral unique.

2-Pour associer plus étroitement les populations d'outre-mer à la gestion de leurs propres affaires, des conseils de gouvernements locaux seraient créés ; des mesures de déconcentration administrative et de décentralisation seraient prises.

3-En vue d'africaniser les cadres administratifs, les facilités d'accès à tous les échelons de la Fonction Publique seraient offertes aux autochtones.

4-Les Assemblées territoriales et les Assemblées fédérales verraient leurs pouvoirs délibératifs élargis.

5- Sur le plan socio-économique, le gouvernement prendrait toutes les mesures tendant à élever le niveau de vie dans les territoires d'outre-mer, et à y favoriser le développement économique, le progrès social ainsi qu'à faciliter la coopération économique et financière entre la France et ses possessions d'outre-mer.

Sur la base de ces principes, le gouvernement devait élaborer par décret une série de réformes administratives économiques et sociales, et les soumettre à la ratification du Parlement. Les décrets au nombre de treize furent soumis au Parlement en 1957. Le vote de la loi s'était fait avec difficulté à cause des vives discussions que ce projet avait suscitées à l'Assemblée nationale française. De telle sorte que l'application de ces décrets fut tardive. Entre-temps l'opinion africaine avait évolué et posait plus d'exigences. En vérité, on notait de la déception chez certains leaders africains ; ce fut le cas par exemple de Léopold Sédar Senghor qui n'avait pas hésité à déclarer les propos suivants : « Au lieu de l'autonomie véritable que nous réclamons, les décrets ne nous apportent qu'une autonomie partielle, des joujoux et des sucettes dont nous ne voulons pas, parce que nous ne sommes pas ces enfants qu'on se plaît à voir en nous ». Il reprochait aux décrets le renforcement de la centralisation au profit de la métropole et surtout la balkanisation de l'Afrique en opposant artificiellement les territoires les uns aux autres. La ratification des treize décrets par l'Assemblée Nationale se fit dans une atmosphère surchauffée. Le discours partisan des journaux français de l'époque en disait long sur le manque de volonté manifeste de la France à céder plus d'autonomie aux peuples africains. C'est ainsi que l'éditorialiste de la *Dépêche du Midi* s'en prenait violemment aux députés africains en affirmant que « Nous avons affaire à des hommes passionnés qui refusent d'entendre la voix de la raison et du bon sens (...) une surenchère s'est établie spontanément parmi les députés de couleur, en vue d'exiger que nous supportions la charge d'une administration où nous aurions une part très réduite ».

De toute façon, les treize décrets d'application de la Loi-cadre adoptés par l'Assemblée Nationale française le 2 février 1957 instauraient l'autonomie de gestion des territoires français d'AOF, d'AEF et de Madagascar. C'est ainsi que la Loi-cadre confiait aux territoires la gestion des services chargés des problèmes locaux, fonction qui était jusqu'alors assumée par le pouvoir central. Quant à l'Assemblée territoriale, elle voyait ses pouvoirs élargis : un très grand nombre de domaines qui relevaient antérieurement du pouvoir central ou de son représentant lui était confié désormais. Ses décisions ne pouvaient plus être annulées, sauf pour abus de pouvoir et de violation de la loi. L'autorité du gouverneur, représentant les intérêts de la république française au niveau du territoire, était devenue réduite du fait de l'institution d'un organe nouveau, le Conseil de gouvernement. Sur ce point, le projet initial du gouvernement français était de créer un organe mixte (membres élus et fonctionnaires nommés). Mais, sur l'insistance de M. Sourou Mignan Apithy du Dahomey, l'Assemblée territoriale était habilitée à élire 6 membres au minimum et douze au maximum du Conseil du gouvernement ; ils portaient le titre de ministres. Un autre aspect important, c'est que l'Assemblée territoriale avait un pouvoir de contrôle sur le Conseil de gouvernement qui devait même démissionner après un vote de défiance de la part de l'Assemblée territoriale.

La Loi-cadre apportait également des changements concernant les fédérations d'AOF et d'AEF. Celles-ci subsistèrent sous le nom de « groupes de territoires ». A la tête de chacun des groupes de territoires, était placé un Haut Commissaire qui représentait la république française. Il disposait d'un pouvoir réglementaire pour l'exécution des lois et des décrets. En même temps, il était le chef du groupe de territoires dont il dirigeait les services qualifiés de services communs ou interterritoriaux. A ses côtés, il y avait une Assemblée, le Grand Conseil, qui exerçait le pouvoir délibérant. Elle était composée de cinq membres par territoire groupé ; ils étaient élus à la représentation proportionnelle par les Assemblées territoriales. Mais c'est le Haut Commissaire qui mettait à exécution leurs délibérations.

Dans la pratique, la décentralisation des compétences au niveau de chaque territoire réduisit le reste de ces fédérations à une simple coordination. Elle apportait des disparités au niveau des territoires, disparités qui auraient pu être évitées s'il y avait eu un Conseil de gouvernement au niveau de chaque groupe de territoire. C'est pourquoi beaucoup d'hommes politiques africains furent déçus et réclamaient la création d'un Exécutif fédéral à Dakar et à Brazzaville.

Un autre point essentiel de la Loi-cadre est relatif à la décentralisation administrative. C'est-à-dire à l'intérieur des territoires, la Loi-cadre maintenait la décentralisation administrative sans faire disparaître les chefferies traditionnelles. En AOF, par exemple, on avait conservé la division du territoire en Cercles, Subdivisions et Cantons. La Loi-cadre avait également réglementé les institutions communales et prévu la création des collectivités locales. Voilà donc les dispositions essentielles des décrets d'application de la Loi-cadre. Mais, un an après leur expérimentation, ils apparurent dépassés et firent l'objet de critiques très sévères de la part des Africains.

En effet, aux yeux de ces derniers, ces nouvelles réformes avaient des effets négatifs. Elles n'avaient servi qu'à instaurer des gouvernements autoritaires, assoiffés de pouvoir et affamés de jouissance, sur les territoires pauvres ; les lois fondamentales apportant des garanties de mieux-être et de progrès social avaient cessé d'être appliquées ; le droit syndical était bafoué par des Conseils de gouvernement qui méprisaient les travailleurs. Les Gouverneurs étaient devenus autoritaires et cessaient de jouer leur rôle d'arbitre. En outre, il y avait une grande contradiction entre le régime d'autonomie interne accordé par la Loi-cadre et la Constitution du 27 octobre 1946. C'est pourquoi les Africains exigeaient la révision globale de cette constitution, spécialement le titre VIII. C'est ainsi que le congrès interterritorial du RDA, tenu à Bamako en septembre 1957, avait donné mandat à ses groupes parlementaires afin qu'ils déposent « dans les meilleurs délais une proposition de loi pour la constitution d'un état fédéral composé d'états autonomes avec un gouvernement fédéral et un parlement fédéral, organe suprême de l'Etat unifié ».

En vérité, en 1958, les populations africaines ressentaient une profonde inquiétude devant les atermoiements et les réticences de la France à définir plus précisément les rapports politiques qu'elle entendait entretenir à l'avenir avec elles. Il est vrai qu'à ce moment-là, aucun des trois grands partis politiques africains (RDA, PRA et MSA) ne revendiquait l'indépendance ; mais des observateurs avisés pensaient qu'ils ne pourraient pas longtemps tenir cette position si une autre mesure politique de grande envergure n'était pas prise par la France.

Devant cette pression le gouvernement français lança l'idée de création d'une communauté franco-africaine. C'est la deuxième étape d'accélération de la décolonisation des territoires africains. Il fallait donc procéder aux aménagements nécessaires pour diligenter ce nouveau projet constitutionnel. Il serait ainsi soumis à l'avis du Conseil d'Etat, puis arrêté en Conseil des ministres et proposé finalement au référendum, avant d'être promulgué par le Président de la république. C'est le fameux Référendum de 1958.

Le gouvernement retoucha donc les institutions des TOM telles qu'elles résultaient de la Loi-cadre. Il élevait ainsi les Vice-présidents de Conseil de gouvernement de l'Afrique noire et de Madagascar au rang de « Président du Conseil des Ministres ».

Parmi les membres du Comité consultatif chargé de modifier la Constitution, l'Afrique était représentée par MM Senghor, député du Sénégal (PRA), Tsiranana, député de Madagascar, Lisette du Tchad (RDA) et Lamine Gueye, sénateur du Sénégal (PRA). M. Houphouët Boigny y siégea de temps à autre en qualité de ministre d'Etat.

Les divergences africaines s'avivèrent au sein du Comité entre le RDA et le PRA. Le premier était partisan de la Fédération tandis que le second était partisan d'une Union Confédérale avec l'indépendance sinon immédiate, du moins à terme.

Lors du congrès du PRA tenu du 25 au 27 juillet à Cotonou, le texte adopté fut la synthèse entre la position modérée de Senghor et celle radicale d'Abdoulaye Ly. Il était articulé en trois points représentant des étapes d'évolution :

- Indépendance immédiate des peuples d'Afrique Noire et inscription de cette reconnaissance dans la Constitution ;
- Unification de l'Afrique Noire par la Constitution d'une fédération africaine ;
- La « Communauté africaine, solide, progressiste », négocierait avec la France la construction d'une confédération multinationale de peuples libres et égaux. En d'autres termes, le Congrès de Cotonou se rallia au slogan lancé par le Président du Conseil du Niger : «Indépendance nationale d'abord, le reste ensuite » ! Le reste c'était l'éventualité d'une confédération franco-africaine.

Senghor et Lamine Guèye ne purent faire triompher les vues du PRA au Comité Consultatif. Le Président du RDA Houphouët Boigny s'y opposa de tout le poids politique qu'il représentait. Il parvint même à convaincre De Gaulle de la nécessité de placer les Africains et leurs dirigeants devant l'alternative suivante : fédération franco-africaine ou sécession. Le Référendum permettra donc de vérifier si, en Afrique, l'idée de sécession l'emportait ou non. De Gaulle s'engagea dans cette voie. Le Référendum fut prévu le 28 septembre 1958. Durant son périple africain qui commença le 20 avril, le général s'emploiera activement à défendre la campagne pour le « oui ».

Le PRA était divisé face au Référendum. En effet, les différentes sections de ce parti, réunis à Niamey le 14 septembre, estimèrent que les propositions du général de Gaulle lors de son passage à Tananarive étaient intéressantes et qu'il faudrait voter oui le 28 septembre. Tous furent donc du même avis sauf Djibo Bakary du Niger, l'une des figures marquantes de la gauche radicale en Afrique noire. Du reste il n'était pas seul à vouloir voter contre, puisque le Parti Démocratique de Guinée, section territoriale du RDA, se prononcerait aussi pour le « non ».

Quatre jours avant le Référendum, on assista à un reclassement politique au Sénégal où les ministres de l'Union Progressiste Sénégalaise (section territoriale du PRA) offrirent leur démission pour créer une nouvelle formation, le PRA-Sénégal. Ce parti voulut rester fidèle aux résolutions de Cotonou en préconisant d'abord l'indépendance, ensuite la création d'une confédération en association avec la France. Estimant que Senghor et Lamine Gueye avaient trahi le PRA, le nouveau parti mena une campagne pour le « non ». Mais il n'obtient que 2,8% des suffrages exprimés, avec un pourcentage d'abstention fort élevé, 62%.

En définitive, le PRA n'avait plus le poids qui était le sien dix mois plus tôt à Dakar où, dans une ambiance euphorique, il avait la volonté de démonter le RDA. Six mois plus tard, une autre formation lui succéda, le Parti de la Fédération Africaine créé à Dakar le 24 mars 1959.

Quant au RDA, la tendance lui paraissait favorable, mais pour autant il ne faisait pas de triomphalisme. En effet, à Brazzaville, les leaders politiques de l'AEF avaient émis des réticences vis-à-vis du projet constitutionnel. Ils voulaient qu'on inscrive dans la nouvelle constitution le principe de l'indépendance dans le cadre d'une association avec la France. On savait également que la Guinée était en effervescence et que Sékou Touré annonçait que le peuple guinéen voterait « non ».

Malgré l'opposition de certains membres du RDA, d'autres dirigeants de ce parti, réunis à Paris le 3 septembre 1958 pour examiner le dernier état du projet constitutionnel, affirmaient dans leur communiqué que les propositions qui y étaient contenues paraissaient satisfaisantes. Ils déclaraient également qu'ils avaient pris acte des réactions favorables des masses africaines. Par conséquent, il fallait voter « oui » au Référendum. Et le communiqué d'énumérer ce qui donnait satisfaction au RDA :

- Le principe de la libre détermination ;
- L'affirmation du droit à l'indépendance ainsi que la procédure d'accession à cette indépendance ;
- L'adhésion, sur la base d'abandon volontaire de souveraineté, à une communauté fondée sur l'égalité et la solidarité de ses membres ;
- Les institutions propres à la Communauté exerçant des pouvoirs réels ;
- Une délimitation des compétences assurant aux Etats membres de la Communauté leur pleine autonomie ;

- La possibilité pour les territoires de se constituer en fédération primaire pour entrer dans la Communauté ;

- Le maintien en fonction des autorités établies jusqu'à la mise en place, dans un délai de six mois, des institutions prévues par la constitution nouvelle.

Le nœud de la discorde entre le RDA et le PRA se situait autour de la question de savoir à quel moment les territoires devraient-ils être indépendants. De ce point de vue la position du RDA paraissait ambigüe. En effet, le communiqué affirmait que le droit à l'indépendance était reconnu par le projet constitutionnel. C'était exact, mais alors l'État membre de la Communauté devenu indépendant, cessait de ce fait d'appartenir à la nouvelle organisation. Ce que souhaitaient les leaders africains progressistes tels Sékou Touré de la Guinée, Djibo Bakary du Niger , Abdoulaye Ly, Assane Seck, Amadou Mactar Mbow du Sénégal, entre autres, c'était qu'il fût possible aux territoires africains d'être d'abord indépendants, de se regrouper ensuite entre eux dans le cadre d'une fédération primaire, afin de réaliser enfin avec la France une Confédération multinationale composée d'États libres et égaux. Or, le projet constitutionnel disposait que les territoires africains devaient d'abord accepter de constituer une Communauté en répondant « oui » le 28 septembre, faute de quoi ils feraient sécession et ne recevraient aucune aide de la France. Partant de là, on peut estimer que le projet constitutionnel cachait une préoccupation majeure du côté de la France : elle ne voulait pas perdre son empire colonial.
Lors du Référendum du 28 septembre 1958, les Africains votèrent massivement oui, à l'exception des Guinéens.
Immédiatement après la promulgation de la Constitution, le gouvernement français publia le 6 octobre 1958 une ordonnance fixant à quatre mois le délai pendant lequel les Assemblées territoriales devaient, dans chaque territoire, choisir le statut politique que leur offrait le texte constitutionnel :

- Garder le « statu quo » en restant territoire d'Outre-mer membre de la république française ;

- Devenir département d'outre-mer (comme la Guyane, la Réunion, la Martinique et la Guadeloupe) ;

- Quitter la république française pour devenir membre de la Communauté. Les territoires d'outre-mer deviendraient alors des « Etats autonomes », s'administrant eux-mêmes et gérant démocratiquement et librement leurs propres affaires. Les territoires d'AOF et d'AEF qui avaient voté « oui » optèrent pour le statut d'Etat membre de la Communauté. Leurs différentes Assemblées tinrent leurs sessions en automne 1958 et choisirent à des majorités écrasantes – parfois à l'unanimité – la transformation du « Territoire » en Etat républicain.

Moins de deux ans après leur entrée dans la Communauté, les anciennes possessions françaises d'Afrique Noire, devenues Etats républicains en novembre ou décembre 1958, furent indépendantes pour la plupart.

En résumé, entre 1957 et 1960, l'évolution des faits politiques africains connut une très grande accélération. Il y a eu deux étapes importantes. Ce fut d'abord l'instauration de la Loi-cadre en 1957 pour donner une autonomie interne aux territoires français d'outre-mer, mais jugée insuffisante et balkanisatrice. Elle correspond à la première étape de la décolonisation. La deuxième coïncida avec la création de la Communauté franco-africaine. Tous ces territoires, sauf la Guinée, y entrèrent avec une autonomie interne plus affirmée. Et moins de vingt-mois plus tard, beaucoup de ces États rejetèrent la Communauté française et devinrent indépendants et souverains.

L'Angleterre décida quant à elle de concéder l'indépendance à ses colonies africaines dans le cadre d'une communauté britannique (Commonwealth), dès lors qu'elle les jugeait aptes à assumer cette condition. Les leaders africains anglophones formés presque tous en Grande-Bretagne, constituaient une élite éduquée en fonction des intérêts de la Couronne. Ceci n'empêcha pas cependant que les Anglais fussent confrontés à des rebellions d'une certaine envergure au Kenya et au Nyassaland, sans compter l'opposition des colons blancs.

Les indépendances furent proclamées dans le cadre des frontières coloniales tracées par le Traité de Berlin en 1885. Ce sont des frontières de partage pour la domination coloniale, et non pour l'indépendance, car elles divisèrent des ethnies, des tribus et des familles, et ne permirent pas véritablement de spécifier à l'intérieur de chaque État, une quelconque identité ethnique nationale. On peut donc comprendre aisément pourquoi il y a régulièrement en Afrique des tendances et des initiatives sécessionnistes. Et, depuis lors, le continent n'a jamais été à l'abri des conflits ethniques. Les colonisateurs concédèrent l'indépendance aux colonies, laissant derrière eux, à l'intérieur de chaque frontière, un héritage gangrené par des conflits ouverts ou en gestation, opposant les ethnies, les tribus et les religions africaines.

C'est ainsi qu'au Soudan le Nord arabe et musulman s'oppose au Sud où vivent des Noirs chrétiens ou animistes ; le conflit du Darfour avec son lot de morts en constitue aujourd'hui la conséquence la plus atroce. Le référendum décidé en 2010 par l'ONU prouve que ce conflit n'était pas définitivement réglé. Le vote de 2011 a fini par séparer officiellement le Nord et le Sud. Au Nigeria la stabilité n'est pas totalement garantie entre les 200 ethnies regroupées dans les frontières coloniales ; au Mali il y a eu la révolte des touaregs contre le pouvoir central ; le Tchad abrita dans ses frontières le Nord musulman et le Sud animiste ; le conflit du Sahara occidental avec ses rebondissements divise le Maroc, la Mauritanie et l'Algérie ; l'Ethiopie et la Somalie se disputent l'Ogaden appartenant à l'Ethiopie mais habité par des tribus somaliennes. Des conflits de frontières ont marqué également les relations entre des pays comme la Somalie et le Kenya, le Ghana et le Togo, le Ghana et la Côte d'Ivoire, le Niger et le Dahomey, le Sénégal et la Guinée Bissau, le Rwanda et le Burundi. On note d'ailleurs que certains de ces conflits ont eu une issue extrêmement douloureuse, comme au Rwanda, et d'autres n'ont pas encore trouvé une solution définitive. C'est le cas de la Casamance, appartenant au Sénégal, où sévit encore la rébellion du MFDC (Mouvement des forces démocratiques de la Casamance). Les premières époques des indépendances ont également été marquées par des divisions internes au sein d'un même État : elles sont liées à des facteurs idéologiques ou politiques relatifs aux modèles de gouvernement importés ou imposés par l'Europe ; l'option était soit le pluralisme de partis ou le parlementarisme à l'occidentale, soit le modèle de parti unique, bureaucratique des pays de l'Est. Dans tous les deux cas, ces systèmes ne s'adaptaient pas véritablement aux réalités africaines.

Donc, l'Afrique vit encore les conséquences fâcheuses du tracé arbitraire des frontières. L'intégrité territoriale des États continue de poser des problèmes, et la cohésion nationale se trouve menacée, comme ce fut le cas en Côte d'Ivoire où la classe politique n'arrivait pas à s'entendre sur la question de la nationalité, ce qui engendra des guerres fratricides. Comme l'a donc affirmé le professeur Jean Bushman : « *dans toutes les colonies d'Afrique Noire l'unité politique et administrative fut imposée par la métropole, dans un cadre généralement artificiel. Quelle que soit l'envergure de l'action unificatrice, directe ou indirecte, les entités que le colonisateur légitime, dans un espace de temps relativement limité, ne pouvaient avoir qu'un impact réduit. Pour cela, une fois l'indépendance concédée, les facteurs particuliers, les conflits tribaux et autres eurent une ampleur inespérée, occupant la place des forces qui devaient travailler pour assurer la cohésion*[1] ».

Toujours est-il que les nouveaux pays indépendants d'Afrique, à travers l'OUA, mais aussi par une coopération directe avec les pays en guerre, jouèrent un rôle non négligeable dans le processus de décolonisation des territoires africains sous administration coloniale portugaise. En effet, après les indépendances, il y eut une intense activité politique au sein du continent, tendant à aider les autres colonies à acquérir leur indépendance. L'OUA, Organisation de l'Unité Africaine créée en mai 1963 à Addis Abéba en Ethiopie, s'y employa activement.

---

[1] Buschmann, Jean, *l'Afrique noire indépendante*, Librairie Générale de Droit et de Jurisprudence, Paris. 1962, p.47.

Analysant cette profonde évolution politique du continent, Amilcar Cabral y repéra trois phases importantes : « *la première caractérisée par le triomphe de l'indépendance politique, la seconde par la recherche d'un contenu réel à cette indépendance, la troisième en est le prolongement ; et les dirigeants africains s'appliquèrent à assurer les conditions d'une bonne coexistence pacifique, dans le cadre de l'unité africaine ; en même temps, ils étaient soucieux de doter le continent de toute la souveraineté nécessaire qui lui permettrait d'éviter le dilemme idéologique par rapport aux deux grandes puissances* [1] ». Amilcar Cabral soulignait par ailleurs l'importance de la réalisation d'accords régionaux et sous-régionaux, basés sur la coopération économique ou sur la formation de grands ensembles. Pour lui, cette union s'avérait logique, dans la mesure où tous ces États partageaient un héritage colonial commun. En fait, il adhérait aux idées panafricanistes reprises en 1960 notamment par N'kwame Nkrumah et Cheikh Anta Diop.

## A2. Les pressions internationales

## - L'OUA

La charte de l'OUA fut signée en mai 1963 par 31 chefs d'État africains. Les seuls absents furent le Maroc, à cause du conflit frontalier avec la Mauritanie, et aussi l'Afrique du Sud encore sous un régime racial. Mais, en Afrique, il y avait encore 13 territoires qui n'avaient pas encore accédé à l'indépendance, notamment les colonies portugaises.

La charte de l'OUA établit dans son article n°2, les objectifs de l'Organisation :

« a) Renforcer l'unité et la solidarité des Etats africains et malgaches ;

b) Coordonner et intensifier ses efforts pour assurer de meilleures conditions d'existence aux peuples d'Afrique ;

c) Défendre leur souveraineté, leur intégrité territoriale et sauvegarder leur indépendance ;

e) Eliminer toutes les formes de colonialisme en Afrique ;

f) Favoriser la coopération internationale, en vertu de la Charte des Nations Unies et de la Déclaration Universelle des Droits de l'Homme».

L'OUA créa des organes comme la Conférences des Chefs d'État et de Gouvernement, le Conseil des Ministres, le Secrétariat Général, la Commission de Médiation, de Conciliation et d'Arbitrage et diverses autres commissions spécialisées – économique et social, éducation et culture, santé,

[1] Cabral, Amilcar, *Le pouvoir des armes*, Maspero, Paris, 1970, p.93.

hygiène et alimentation, défense, technique et investigation. Elle fut également dotée d'un comité de coordination pour l'aide aux mouvements de libération nationale, c'est-à-dire le comité des Neuf (Ethiopie, Algérie, Egypte, Congo-Léopoldville, Ouganda, Tanganyka, République de Guinée, Sénégal et Nigeria). Cependant, les relations entre le Comité des Neuf et les mouvements de libération furent dès le départ marquées par un esprit de paternalisme ; les Neuf ont en effet essayé souvent d'élaborer des stratégies de lutte à la place de ces mouvements et même de négocier parfois à leur place ; ce fut par exemple le cas en 1969 lors de la rencontre des autorités sénégalaises et portugaises pour trouver un plan de paix à la Guinée ; l'accord convenu à cette occasion en l'absence des représentants du PAIGC consistait à accorder progressivement l'indépendance à la Guinée dans le cadre d'une communauté luso-africaine ; mais cette solution ne satisfaisait pas le PAIGC qui la trouvait même réactionnaire. Les dirigeants de ce mouvement ne manquèrent pas d'ailleurs de signaler à Senghor que les décisions sur la Guinée et ses relations avec le Portugal étaient du seul ressort du PAIGC. Il faut également noter que les Neuf avaient tendance à transférer l'aide vers les pays voisins des territoires en guerre, ce qui conduisait ainsi à subordonner la lutte de libération aux intérêts de ces mêmes pays.

L'euphorie que provoqua la création du comité des Neuf s'estompa rapidement. Vers la fin de l'année 1964, le PAIGC se plaignait du fait qu'il recevait moins d'aide financière depuis que ce comité a été créé, puisque ce dernier utilisait 40% de ces fonds pour son propre fonctionnement, surtout pour les dépenses de représentation. La plupart des États qui composaient le Comité avaient entre-temps renoué et renforcé leurs relations avec l'ancienne puissance colonisatrice ; ils évitaient de ce fait d'entreprendre des démarches qui pouvaient nuire aux intérêts des ex-métropoles. En septembre 1969, le fait que le Sommet de l'OUA fut tenu à Addis Abeba en présence de 12 chefs d'Etat seulement, montrait ainsi une certaine baisse d'intérêt de la part des leaders africains. Amilcar Cabral et Mário de Andrade considéraient déjà en 1967 que la proclamation de la Charte de l'OUA avait un caractère révolutionnaire dès lors qu'elle visait à réaliser l'unification de l'Afrique ; toutefois, les deux leaders regrettaient aussi le fait que cette organisation commençait à favoriser la création d'un cadre de compromis entre des groupes de pression ; ceux-ci étaient formés sur la base d'affinités politiques ou de références à l'ancienne puissance coloniale.

Le continent africain était alors affaibli, puisque divisé par de profonds conflits : incursions successives de mercenaires au Congo, guerre civile au Nigeria, sécession du Biafra, proclamation unilatérale d'indépendance en Rhodésie du Sud par la minorité blanche avec l'aide du Portugal etc. Ce dernier jouait sur l'échiquier politique du continent, en manipulant des pions de la déstabilisation : en Angola, il servait d'arrière-garde aux incursions de mercenaires cherchant à provoquer la sécession du Katanga ; il appuyait à partir de Sao Tomé, les séparatistes biafrais ; il encourageait et appuyait la minorité blanche qui avait déclaré l'indépendance en Rhodésie.

La Côte d'Ivoire et le Gabon, mais aussi la Tanzanie (résultat de l'Union entre le Tanganyka et Zanzibar) et la Zambie (ex Rhodésie du Nord), avaient reconnu officiellement le Biafra, transférant ainsi au sein de l'OUA les conflits du continent africain. Ce n'est qu'en septembre 1970, après la fin de la guerre civile au Nigeria et avec la fin des divergences des États africains sur le Biafra, que l'OUA reprit les discussions sur la question de la libération du continent ; en juin 1971, elle rejeta une proposition pour une politique de dialogue avec l'Afrique du Sud et le Portugal, présentée par Houphouët Boigny. Cependant, six pays furent favorables et cinq s'abstinrent, ce qui laissait ainsi revenir les doutes et les divergences sur le caractère et les modalités de cette libération en Afrique.

Aussi Agostinho Neto, leader du MPLA (mouvement pour la libération de l'Angola), se plaignait-il amèrement, en 1969, que « les luttes de libération nationale en Afrique soient chaque fois plus isolées, et rencontrent chaque fois moins de possibilités d'être comprises et d'être appuyées par les autres pays africains. Cette évidence nous conduisait à faire des conclusions à caractère politique : ces pays tombèrent dans le giron du néo-colonialisme[1] ».

Malgré les vents de changement qui se faisaient de plus en plus sentir vers les années 60, le Portugal persistait à maintenir sa souveraineté dans ses colonies d'Afrique. Le 11 février 1969, Marcel Caetano déclarait en privé que « Le Portugal a maintenu sereinement sa position. Et à l'extérieur on pensait que c'était uniquement dû à l'entêtement de Salazar. En vérité, c'est que la position du Portugal ne pouvait être différente » ; et le 15 novembre 1972, il affirmait encore : « Négocier avec des terroristes ? Une telle négociation n'est pas envisageable, elle est même un sacrilège[2] ». Pour les mouvements nationalistes des colonies portugaises, l'option pour la lutte armée et pour une radicalisation idéologique et politique était la solution logique et inévitable, vu le refus de dialoguer du Portugal, dont la position était renforcée par certains appuis extérieurs comme l'OTAN. Dans ces conditions, le rapprochement avec les pays marxistes de l'Est, ainsi qu'avec certains régimes radicaux africains, pouvait s'expliquer aisément ; il s'inscrivait dans l'ordre des choses d'autant plus que la liberté des peuples est un objectif fondamental du Marxisme.

Cependant, malgré les divisions apparues en son sein à certains moments, l'OUA offrait un cadre de lutte non négligeable pour les mouvements de

[1] Cf. Guerra, João Paulo, *Memórias das guerras coloniais*, Afrontamento, Lisboa, 1994, p. 35.
[2] Caetano,Marcello, *Progresso em paz*, Verbo, Lisboa, 1972, pp.173 et suite.

libération. Sur le plan diplomatique elle a constitué un relais plus ou moins efficace qui a permis à ces mouvements de faire entendre leur cause au niveau international. En effet, dès sa création, l'OUA n'avait jamais cessé de fustiger le système désuet du colonialisme et les méthodes barbares appliquées dans les colonies portugaises en Afrique. Des sources datant de l'époque, comme certains numéros du journal *Le Monde*, en font largement référence. C'est ainsi que dans son éditorial du 8/6/1963, intitulé «les Africains et le Portugal », on peut lire : « Pendant toute la durée de la conférence africaine au sommet d'Adis Abeba, le régime du Dr Salazar a été mis au pilori. Fasciste, oppresseur, colonialiste, toutes les épithètes ont été utilisées contre le Premier ministre portugais, qui refuse toujours obstinément de se laisser entraîner par le vent de l'histoire et de participer au mouvement général de décolonisation : à part Goa, l'immense empire lusitanien, premier des grands empires européens d'outre-mer, vingt-trois fois plus grand que le territoire métropolitain, reste intact. Cette offensive en règle contre Lisbonne ne s'arrêtera pas là : on sait que le groupe africain s'apprête à saisir de nouveau, dans les semaines à venir, le Conseil de Sécurité, du problème des colonies portugaises ».

## - Le rôle actif de la presse internationale

En même temps qu'il se faisait l'écho des réactions hostiles au régime colonial portugais, le journal *Le Monde*, à l'instar de toute la presse progressiste de cette époque, jouait ainsi un rôle extrêmement précieux sur le plan de la médiatisation du conflit, ayant pour théâtre les colonies africaines. L'opinion publique internationale s'en trouvait davantage édifiée ; et cela contribuait à accentuer l'isolement du Portugal. En effet, vu son statut de quatrième pouvoir, aucune institution ne pouvait assumer ce rôle mieux que la presse.

Il est vrai qu'à cette époque, la télévision n'avait pas encore les mêmes performances technologiques qu'aujourd'hui. Il se trouve également que les restrictions politiques imposées par le Portugal dans ses colonies n'étaient pas favorables au travail de recherche et de divulgation de l'information, encore moins de reportage en direct. Mais, il n'en reste pas moins vrai que sans l'action de la presse écrite, le monde n'aurait pas su de sitôt la série d'horreurs qui s'étaient produites durant les guerres coloniales en Guinée, en Angola et au Mozambique. Mais, aucune scène sanglante et douloureuse n'eut autant d'échos dans l'opinion publique internationale que le massacre des populations civiles de Chawola, Juvaux et Wiryamu[1], en décembre 1972 au Mozambique. L'impact de la dénonciation des massacres était justement dû au fait qu'il fut avant tout divulgué par le journal londonien *Le Times*, et

[1] Cf. Hastings, Adrian, *Wiryamu*, Search Press, Londres, 1973.

relayé ensuite par plusieurs journaux comme *Sunday Times*, *Le Monde*, *Observatore Romano*, etc.

Le cas de Wiryamu constitue un exemple parfait de l'efficacité de la presse dont l'action médiatique venait compléter de façon remarquable le rôle politique des instances comme l'OUA et l'ONU, en faveur des mouvements de libération. Ce fut à travers les nouvelles de l'agence *Cablo Press* que le prêtre Adrian Hastings prit connaissance d'un rapport de missionnaires espagnols sur les massacres de Wiryamu. Il en informa le journal *Le Times* ; l'exploitation médiatique que cet organe de presse en fit, et l'attitude particulièrement dénonciatrice du parti d'opposition travailliste britannique, surtout à la veille de la visite de Marcelo Caetano à Londres, donnèrent à l'évènement une haute portée internationale. En partant de faits scandaleux relatés cette-fois-ci par les prêtres espagnols témoins eux-mêmes du massacre, *Le Times* transforma effectivement cet événement en arme stratégique contre le colonialisme portugais. La presse permit même de savoir qu'il y eut des centaines de massacres comme ceux de Wiryamu. Aussitôt après la publication de l'article du Père Hastings, plusieurs cas de massacres furent révélés. Par exemple, dans *Corriere della Sera* du 17 juillet 1973, le missionnaire italien Amadeo Brunelli dénonça le massacre de 35 civils, des femmes pour la plupart, commis au fleuve Geba en Guinée Bissau le 31 janvier de la même année. Dans *Le Monde* du 25 juillet 1973, les Pères hollandais Verdijk et Pijenburg s'indignèrent du massacre de près de 200 civils, survenu dans deux villages de Guibaxe en Angola. Mais auparavant, en juillet 1972, tel que l'avait relaté *The Observer*, des troupes rhodésiennes opérant au Mozambique dirigèrent «une campagne systématique d'assassinat d'hommes, de femmes et d'enfants», «décapitèrent des paysans», «brûlèrent des cabanes et des greniers d'aliments» ; au même moment, des bombardiers et des hélicoptères rhodésiens pilonnèrent les villages de la vallée du Zambèze. Le fait était extrêmement compromettant pour le gouvernement portugais. Parce que d'une part, il y avait les massacres en soi et, d'autre part, l'implication directe des troupes d'Ian Smith, venues directement faire des opérations en territoire mozambicain. Cet évènement relaté par le journal anglais vint grossir l'effet du scandale de Wiryamu.

Comme on pouvait s'y attendre, les autorités portugaises utilisèrent tous les moyens pour empêcher les journalistes de faire des enquêtes, en commençant d'abord par resserrer l'étau de la censure sur la presse portugaise. Deux correspondants – Peter Pringle, du *Sunday Times*, et Michael Knipe, du *Times* furent expulsés du Mozambique par la police portugaise. Mais celui qui a pu circuler en disposant d'une entière liberté, fut le correspondant du *Daily Telegraph* à Lisbonne, Bruce Loudon qui, tout au long de la guerre, s'est mis au service du régime portugais. Par exemple, dans sa première dépêche sur le cas de Wiryamu, daté à partir de Lourenço Marques, Loudon affirmait que la localité de Wiryamu était inexistante. Pour faire manœuvre dilatoire, il révélait dans son journal un rapport de la PIDE/DGS selon lequel le FRELIMO aurait massacré 2.500 civils mozambicains, depuis le début de la guerre.

Toujours est-il qu'après la médiatisation de ces massacres, de fortes réactions furent enregistrées dans l'opinion publique mondiale indignée. Les pressions sur le Portugal augmentèrent, la Chambre des Communes débattit longuement sur la politique coloniale du Portugal et le Conseil Œcuménique des Eglises demanda à l'ONU de faire une enquête internationale sur ces scandales. Le Pape Paul VI – qui aussitôt après la publication de l'article du Père Hastings avait affirmé le 23 juillet, que «l'Eglise ne pouvait pas laisser passer des crimes commis contre des populations innocentes sans exprimer ses vifs regrets»- reçut le 21 septembre les évêques de Tete, D. Augusto César Ferreira Silva, de Quélimane, D. Francisco Numes Teixera da Nampula et D. Manuel Vieria Pinto, pour s'informer sur la «situation de la mission dans ces différents diocèses». Quelques jours après, Paul VI évoqua dans son homélie les tristes événements du Mozambique.

## - L'ONU

La Charte des Nations Unies consacre son chapitre XI à la déclaration relative aux territoires sous dépendance ; l'article 73 établit que « les membres des Nations Unies qui assumèrent ou qui continuent d'assumer la responsabilité d'administrer des territoires dont les populations ne s'administrent pas encore complètement elles-mêmes, reconnaissent le principe de la primauté des intérêts des habitants de ces territoires. Ils acceptent comme une mission sacrée l'obligation de favoriser dans toute la mesure du possible leur prospérité dans le cadre du système de paix et de sécurité internationale établi par la présente Charte ».

Mais, comme nous l'avons vu plus haut, le Portugal qui avait adhéré à l'ONU le 14 décembre 1955 ne se sentait pas concerné par cet article. Salazar estimait même que l'ONU n'avait pas le droit d'intervenir dans les affaires concernant les provinces d'outre-mer sous juridiction portugaise. Pour échapper à l'application de la recommandation de l'ONU, le Portugal trouva un subterfuge sémantique en remplaçant l'appellation "colonie" par "territoire ultramarin".

Initialement, la question de l'autodétermination et de l'indépendance fut envisagée par l'ONU suivant un processus graduel. La corrélation des différentes forces politiques qui composaient l'organisation fit accélérer ce processus, consacrant le droit de révolte comme un moyen légitime pour réaliser l'autodétermination. En 1945, date de sa création, l'ONU était constituée par 19 pays ; en fin mai 1960, elle en comptait 119, avec une forte représentation africaine : Afrique 35, Europe 32, Asie 27, Amérique 23,

Océanie 2. Les pays afro-asiatiques, au total de 62, détenaient la majorité absolue à l'Assemblée Générale. Mais, dans les organes exécutifs, notamment le Conseil de Sécurité, les grandes puissances sont majoritaires. Le 20 Septembre 1960, l'ONU commença la discussion d'un rapport sur les territoires non autonomes parmi lesquels ceux sous tutelle portugaise. Le 14 décembre de la même année, l'Assemblée Générale adopta la Résolution 1514 sur la Concession de l'Indépendance aux Pays et aux Peuples coloniaux. Elle fut approuvée par 89 votes favorables, aucune voix contre et 9 abstentions – Australie, Belgique, Espagne, France, Etats-Unis, Portugal, République Dominicaine, Royaume Uni et l'Afrique du Sud. Elle proclamait « solennellement » la « nécessité de mettre fin, rapidement et sans condition, au colonialisme sous toutes ses formes et manifestations ». La Résolution 1514 ajoutait en substance que « la sujétion des peuples à une subjugation, domination et exploitation étrangères constitue une négation des droits de l'homme, elle est contraire à la Charte des Nations Unies et compromet la cause de la paix et de la coopération mondiale. Tous les peuples ont le droit à l'auto-détermination en vertu de laquelle ils déterminent librement leur statut politique et procèdent librement à leur développement économique, social et culturel. Le manque de préparation dans les domaines politique, économique, social et culturel ou dans celui de l'enseignement ne doit jamais être un prétexte pour retarder l'indépendance. Il devrait être mis fin à toute intervention armée et à toutes mesures de répression, de quelque forme que ce soit, dirigées contre les peuples dépendants, pour leur permettre d'exercer pacifiquement et librement leur droit à l'indépendance complète sur la base du respect de l'intégrité de leur propre territoire national. Toute tentative visant à détruire partiellement ou totalement l'unité nationale et l'intégrité territoriale d'un pays est incompatible avec les objectifs et principes de la Charte des Nations Unies ». D'autres motions furent approuvées pendant la session de l'Assemblée Générale de l'ONU en décembre 1960 ; elles se référaient expressément à la situation des colonies portugaises, en les désignant par « territoires non autonomes » et non, comme prétendait Lisbonne, par « provinces ultramarines ».

Le 20 février, à la suite du soulèvement qui eut lieu à Luanda et de la répression qui s'en suivit, le Libéria adressa une lettre au Président du Conseil de Sécurité de l'ONU pour convoquer une réunion afin de discuter sur la situation en Angola[1]. L'URSS et la République Arabe Unie s'empressèrent de soutenir cette requête. Le débat commença le 10 mars et le vote se fit le 15 mars. Pour la première fois, les Etats-Unis alliés du Portugal à l'OTAN, se joignirent à l'URSS pour condamner les positions du gouvernement portugais ; il n'y a pas eu de vote contre.

[1] *New York Times*, 22 Février 1961.

Le jour même du vote, l'UPA (Union des populations de l'Angola) déclencha la rébellion armée dans le Nord de l'Angola et, de part en part, la guérilla s'installa dans le territoire. Le 20 Avril 1961, l'Assemblée Générale de l'ONU approuva, par 79 voix pour et 2 voix contre, de l'Espagne et de l'Afrique du Sud, une résolution nommant une commission pour étudier la situation en Angola ; mais le gouvernement portugais refusa à cette commission l'autorisation d'entrer en territoire angolais. Le 31 mai de la même année, 40 États afro-asiatiques demandèrent une réunion du Conseil de Sécurité pour analyser la situation en Angola. Cette réunion s'était tenue le 6 juin et le Conseil approuva par 9 votes pour et sans opposition, une motion réclamant que le Portugal renonce «immédiatement aux mesures répressives en Angola».

L'ONU décida d'appliquer un plan plus ambitieux et le 27 novembre 1961, l'Assemblée Générale créa un Comité destiné à suivre l'application de la Résolution 1514 ; il était désigné Comité de Décolonisation connu encore sous le nom de Comité des 17, et plus tard des 24 parce que les commissions spéciales sur l'Afrique du Sud et sur les territoires sous administration portugaise y furent intégrées. Il était constitué par l'Australie, les Etas Unis, l'Ethiopie, la France, L'Inde, l'Italie, Madagascar, le Mali, La Pologne, la Syrie, le Royaume Uni, le Tanganyika, la Tunisie, l'URSS, l'Uruguay, le Venezuela et la Yougoslavie. La commission des 7 créée spécialement pour analyser la situation dans les territoires sous administration portugaise, était constituée par la Bulgarie, Ceylan, la Colombie, Chypre, le Guatemala, la Guinée et le Nigeria. Un autre comité regroupant la Bolivie, le Dahomey, la Malaisie, la Finlande et le Soudan, fonctionna temporairement ; elle fut créée aussi pour faire des enquêtes sur la situation en Angola.

En juin 1962, le Comité de Décolonisation réuni à Accra, procéda à l'audition des représentants des organisations nationalistes des colonies portugaises ; parmi ces représentants, il y avait André Cassinda pour l'Union des Travailleurs angolais, Miguel Trovoada, président du Comité de Libération de Sao Tomé et Principe (CLSTP) et Amilcar Cabral secrétaire général du PAIGC. Cabral présenta à cette occasion un rapport intitulé « Notre peuple, le gouvernement portugais et l'ONU ». Il y déclarait en substance : «Bien que fermement décidé à développer davantage la lutte de libération nationale, le peule de Guinée continue cependant d'espérer l'éventualité d'un dénouement pacifique de la domination coloniale portugaise» ; il concluait ainsi : «le peuple de Guinée réaffirmant sa confiance à l'ONU, espère que cette Organisation ne manquera pas de prendre des mesures urgentes concrètes et efficaces pour obliger le gouvernement portugais à respecter les lois internationales». Le 31 août 1962, l'ONU publia un rapport de 144 pages avec les témoignages des leaders nationalistes entendus à Accra par le Comité de Décolonisation.

En janvier 1962, l'Assemblée Générale avait débattu à nouveau de la situation en Angola, adoptant une résolution dans laquelle elle invitait le gouvernement portugais à « mettre fin immédiatement aux mesures de répression contre le peuple angolais », et à « créer des institutions politiques librement élues et représentatives en prévision du transfert des pouvoirs au peuple angolais ». La résolution, approuvée par 99 voix pour et 2 contre – Espagne et Afrique du Sud –, avec abstention de la France, invitait tous les Etats « à refuser au Portugal tout appui et toute assistance qui peuvent être utilisés à des fins de répression contre le peuple angolais ». Cependant, à cause de l'opposition des Etats-Unis et de la Grande-Bretagne, l'ONU n'approuva pas de sanctions contre le Portugal. Le représentant Nord américain, Adlai Stevenson, fit une intervention pressant Lisbonne d'accélérer l'évolution de l'Angola vers l'auto-détermination. Cette même année encore, le 15 décembre 1962, l'ONU adopta une autre résolution invitant le Portugal à « promulguer une amnistie politique, à cesser tous les actes de répression et à ouvrir des négociations avec les représentants des partis politiques existant à l'intérieur et à l'extérieur des territoires coloniaux, en vue du transfert des pouvoirs ». La résolution obtint 78 voix pour, mais les Etats-Unis, la France, la Grande-Bretagne, la Belgique, l'Espagne, l'Afrique du Sud et le Portugal avaient voté contre.

Des mesures coercitives contre le Portugal se manifestèrent également au sein des instances annexes des Nations-Unies, comme par exemple l'UNESCO. En décembre 1966, la Conférence Générale de l'UNESCO décida de ne pas convoquer le Portugal aux réunions et l'écarta des initiatives prises par cette organisation ; et, à partir de novembre1972, toute aide au Portugal fut arrêtée, ainsi qu'à l'Afrique du Sud et à la Rhodésie. En avril 1972, l'UNESCO donna une suite favorable aux demandes du MPLA en matière d'éducation. Le mois suivant, le 28 mai, Rui Patrício, ministre portugais des Affaires Etrangères, annonça la décision du Portugal de se retirer de l'UNESCO l'accusant d'appuyer « les mouvements de guérilla anti-portugaise en Afrique, sous prétexte d'encourager l'enseignement dans les territoires supposés libérés, alors qu'en réalité ils n'existent pas ».

En 1972, une mission de l'ONU visita pendant une semaine des régions sous contrôle du PAIGC en Guinée Bissau. Les troupes militaires portugaises déployèrent une gigantesque opération pour capturer les membres de cette délégation dont la visite était annoncée auparavant. Et le ministre d'outre-mer, Silva Cunha, se déplaça lui-même à Bissau pour exploiter le succès éventuel de cette tentative. La visite de la mission se déroula cependant sans incidents ; mais cela n'avait pas empêché l'ONU de voter des mesures défavorables au gouvernement portugais. Elle recommanda à ses Etats membres et à ses différentes instances d'aider les mouvements indépendantistes africains, mais les Etats-Unis, la Grande Bretagne, la France et le Portugal votèrent contre. Le 13 novembre 1972, par 103 voix pour, 3 contre et 11 abstentions, l'Assemblée Générale considéra que les mouvements nationalistes d'Angola, du Mozambique et de la Guinée-Bissau étaient « les représentants authentiques des véritables aspirations des peuples de ces territoires ». Le 22 novembre 1972, le Conseil de Sécurité approuva, par unanimité, une résolution exigeant au gouvernement portugais d'initier des négociations avec des interlocuteurs valables, dans le but d'acheminer l'Angola, le Mozambique, la Guinée-Bissau vers l'indépendance. En même temps, le Conseil sommait le Portugal de faire cesser les actes de répression exercée sur les colonies. Même Georges Bush, représentant des Etats-Unis, vota en faveur de cette dernière résolution.

Les mouvements de libération avaient déjà accès libre et régulier aux instances de l'ONU. En février 1972, le Conseil de Sécurité se réunit à Addis Abeba et donna la parole aux représentants de MPLA (Pascoal Luvualo), du FRELIMO (Marcelino dos Santos) et du PAIGC (Amilcar Cabral).

Le leader guinéen invita alors le Conseil de Sécurité à envoyer une mission d'observation en Guinée ; à cette même occasion, il affirma qu'il ne souhaitait pas l'expulsion du Portugal de l'ONU, car il faisait la différence entre le régime colonial et le peuple portugais. Il considérait simplement que le Portugal n'était pas habilité à représenter les intérêts de la Guinée au niveau de l'organisation internationale. Le 2 novembre 1973, l'Assemblée Générale recommanda au Conseil de Sécurité d'admettre la Guinée-Bissau à l'ONU ; 93 pays votèrent pour.

Au niveau du Conseil de Sécurité de l'ONU, la continuité du Portugal en Afrique était fortement remise en cause du fait des nombreuses accusations de massacres et de l'existence du travail forcé dans les colonies portugaises. Le discours onusien sur la libération des peuples sous domination coloniale se heurta fréquemment au mutisme et aux attitudes évasives des diplomates portugais. Le Libéria, le Ghana, la République de Guinée Conakry et l'Inde considérèrent que le Portugal violait la Charte des Nations-Unies. L'offensive des pays afro-asiatiques s'intensifia et se trouva renforcée par l'hostilité du Bloc de l'Est à l'égard du Portugal. Les informations parvenues à l'ONU faisaient état de massacres, de travail forcé, d'esclavage, de déportations, de prisonniers politiques et d'absence de services de santé et d'éducation pour les Noirs. Le représentant du président Sékou Touré utilisa même des expressions comme « politique d'extermination », « exploitation scandaleuse» et «discrimination en faveur de l'homme blanc » ; alertés, Franco Nogueira et Vasco Garin, les représentants du Portugal, se rendirent compte que cette XIV Session de l'Assemblée Générale de l'ONU examina un dossier de plaintes élaboré par Holden Roberto (FNLA). Donc, l'étau se resserrait davantage autour du Portugal ; par conséquent, la diplomatie lisboète était pratiquement décriée au sein de l'instance internationale ; celle-ci, par la prise de position intransigeante de ses membres, rendait de plus en plus évident l'ostracisme qui frappait le régime portugais. Le journal *Le Monde* du 10/3/61 dans un éditorial intitulé « l'Angola menacée » s'étendait largement sur les relations tumultueuses du Portugal et de l'ONU : « Le représentant du Libéria à l'ONU a demandé au Conseil de Sécurité de se saisir de la question de l'Angola. Le représentant du Portugal a aussitôt protesté, faisant savoir toutefois qu'il participerait aux débats qui s'ouvriraient vendredi ».

Après seulement quatre mois, une première offensive avait été menée contre le Portugal par le Libéria devant la commission de tutelle ; le gouvernement de Lisbonne avait alors été invité à fournir des renseignements sur ses provinces d'outre-mer.

L'initiative libérienne n'avait donc surpris personne. Elle était en tout cas conforme à la lutte menée par les forces africaines et asiatiques pour liquider totalement ce qu'elles estimaient être une survivance du régime colonial. Les révoltes qui avaient eu lieu en 1961 avaient fait plusieurs dizaines de morts dans la capitale angolaise ; elles avaient déjà attiré l'attention du monde sur une partie du continent noir généralement considérée comme politiquement stable.

Les dirigeants nationalistes avaient d'ailleurs agi avec adresse. L'attaque des prisons civiles et militaires de Luanda le 4 février 1961, geste gratuit en apparence parce que voué à l'échec, avait été menée au moment précis où une cinquantaine de journalistes étrangers étaient venus en Angola pour y attendre le capitaine Galvão, le desperado de la Santa Maria. Henrique Malta Galvão était un homme du régime fasciste, ex-inspecteur des colonies, ensuite député à l'Assemblée Nationale du Portugal. On lui reprochait justement d'avoir dénoncé dans un rapport[1] le travail forcé et la corruption administrative, remettant ainsi en cause la politique coloniale du régime fasciste. Galvão disait tout haut ce que la plupart des membres du régime pensaient tout bas. C'est-à-dire qu'il défendait des réformes, mais pour autant il ne voulait l'indépendance. Son terrible rapport ne fut jamais rendu public ; et la raison n'était pas difficile à comprendre. Deux ans plus tard, cependant, il fut publié par l'opposition clandestine ; Galvão fut appréhendé en compagnie de membres de « l'opposition légale », sous l'inculpation de tramer un coup d'État (ils avaient appuyé la candidature de l'amiral Meireles en 1961) et fut jeté en prison. Il s'évada ensuite. Pour attirer l'attention de l'opinion internationale, il prit d'assaut le navire portugais, la *Santa Maria* et la rebaptisa sous le nom de *Santa Liberdade*. Après avoir été traqué, il décida de se réfugier au Brésil avec le bateau. L'affaire de la Santa Maria galvanisa les forces nationalistes angolaises car, dans le message adressé à la

[1] Galvão, Henrique, *Relatório dos problemas nativos nas colónias portuguesas*, Ministério das colónias, Lisboa, 1947.

presse brésilienne, au moment de sa reddition, Galvão déclara notamment : « Il ne s'agit pas pour nous de se débarrasser seulement de Salazar, mais aussi de réaliser une révolution authentique dans la société portugaise, et ouvrir les portes au progrès et à l'indépendance des territoires d'outre-mer[1] ». C'était en janvier 1961. Il avait décidé dans un premier temps de débarquer à Luanda. C'est la raison pour laquelle une cinquantaine de membres de la presse[2] internationale étaient présents ce jour-là pour couvrir cet événement. Pour les combattants nationalistes, c'était l'occasion idéale d'alerter l'opinion mondiale sur ce qui se passait dans cette chasse-gardée du régime colonial portugais. L'opération avait porté ses fruits, dans la mesure où les correspondants de presse- dont quatre furent expulsés et un cinquième blessé par balle par un lieutenant portugais-, révélèrent qu'il existait une agitation nationaliste larvée en Angola. En effet, l'image d'une société multiraciale harmonieuse tant idéalisée par la colonisation portugaise, venait de s'effondrer grâce aux informations divulguées dans le monde entier par les journalistes présents.

De session en session, les résolutions votées par l'ONU devenaient de plus en plus insistantes et sévères. Condamné à l'ostracisme, le Portugal se rapprochait davantage de l'Afrique du Sud pour mener ensemble des politiques ségrégationnistes. Il se plaignait également du fait que l'OTAN, son allié, ne réagissait pas suffisamment contre les discours hostiles dont il faisait l'objet de la part de l'ONU. Cependant, le gouvernement de Lisbonne restait insensible à ces pressions internationales. Salazar passa même à la contre-attaque en menaçant de quitter l'ONU ; et en janvier 1962, il proposa à l'Assemblée Nationale portugaise de refuser toute coopération avec l'organisation internationale pour tout ce qui concernait les intérêts de son pays. Le 9 décembre 1963 et le 25 mai 1964, le gouvernement portugais invita pourtant le secrétaire général de l'ONU U. Thant à visiter l'Angola et le Mozambique. Ce dernier déclina l'invitation, affirmant que dans les circonstances présentes, cette visite n'aurait aucune utilité, dés lors qu'il n'y avait pas d'avancées positives dans les discussions entre le gouvernement portugais et les Etats africains sur le sort des colonies ; le refus de M. U. Thant était d'autant plus motivé que le Portugal refusait d'appliquer les résolutions de l'ONU.

La position portugaise était simple. Le chef de l'Etat Salazar avait toujours été constant dans ses déclarations : ni cessation, ni abandon en ce qui concernait l'unité de la nation portugaise, pas d'autodétermination, ni référendum non plus. Selon les dirigeants de Lisbonne, les populations des

---

[1] Cf. *Tam-Tam*, Revue des Etudiants Catholiques Africains, Numéro Spécial, Angola, Paris, 1961, p.108.

[2] On peut citer, *Afrique-Action, La Semaine en Afrique, Le Monde, Daily Telegraph, New-York Herald Tribune, et New-York Times* entre autres.

colonies, blanches ou noires, notamment celles d'Angola, n'étaient pas concernées par l'indépendance parce qu'elles bénéficiaient théoriquement des mêmes droits que les Portugais, et aussi parce que leurs pays étaient « partie intégrante du territoire portugais ». Dans un discours prononcé lors de la séance de l'Assemblée Nationale portugaise le 30 novembre 1960, le Professeur Salazar, Président du Conseil, affirma l'indivisibilité géographique et culturelle du monde lusitanien ; c'est-à-dire que les colonies n'étaient que le prolongement du Portugal et qu'il n'y avait aucune différence entre le Minho, Timor et l'Angola. Il prétendait que les habitants de ces régions, qu'ils soient noirs ou blancs, étaient tous égaux en droits et en devoirs et qu'il y avait une parfaite intégration raciale, parce c'est le propre du génie portugais que de s'adapter mieux que les autres nations au milieu tropical. D'où la théorie de *lusotropicalisme*[1] sur laquelle s'était toujours appuyé le projet colonial portugais. Selon cette théorie, «les paysans portugais se sont intégrés naturellement aux populations africaines sans aucun préjugé racial, créant ainsi une société unique au monde[2]». En somme, il n'était pas question de lâcher les colonies.

Devant une telle attitude, certains Etats membres de l'ONU comme le Ghana par exemple, ont été amenés à proposer la suspension du Portugal de l'organisation ; mais après une série d'amendements, les Etats-Unis votèrent l'abstention. En Décembre 1964, quand le Conseil de Sécurité décida de donner la parole aux représentants des mouvements nationalistes de l'Angola, du Mozambique et de la Guinée, le gouvernement portugais reprit la menace d'abandonner l'ONU. Ainsi, le discours contre l'ONU marqua la politique et la diplomatie du Portugal, les hommes politiques rivalisant d'agressivité chaque fois qu'ils faisaient référence à l'organisation internationale. Adriano Moreira, ministre d'Outre-mer, affirma à Porto le 11 mai 1962 que l'ONU constituait « un groupe d'États irresponsables qui soutiennent un pouvoir mondial n'ayant que des apparences démocratiques ». Franco Nogueira, ministre des Affaires Etrangères, reprenant, le 31 décembre 1962, un discours de Salazar, disait que le «Portugal ne sera pas le premier à quitter les Nations Unies, mais il sera certainement parmi les premiers à le faire[3]». Et Marcelo Caetano, le 27 septembre 1970, déclarait à son tour : « Nous avons réussi à assurer et à maintenir la défense de nos provinces d'Outre-mer contre la subversion que ne cesse de fomenter une organisation aussi discréditée que les Nations-

[1] Cf. Freyre, Gilberto, «Integração de Raças Autóctonas e de Culturas Diferentes da Europeia na Comunidade luso-Tropical : Aspectos Gerais de um Processo», *in Congresso Internacional de História dos Descobrimentos*, (Separata do Volume I das Actas do Congresso), Lisboa, 1961.

[2] Cf. Bender,Gerald, *Angola sob o Domínio português-Mito e realidade*. Luanda, Nzila, Colecção Ensaio, no2, 2000, p. 62.

[3] Nogueira,Franco, *As Nações Unidas e Portugal*, Ática, Lisboa, 1961, p.99.

Unies[1] ». Il convient d'affirmer ici que la démocratie parlementaire étant à cette époque bannie au Portugal, ce pays pouvait difficilement s'adapter à l'évolution de la nouvelle conjoncture politique mondiale durant les années 60.

La substitution de Salazar par Caetano en 1968 n'apporta pas de changement à la stratégie de la politique ultramarine portugaise. C'est pourquoi le 1er décembre 1968, par 85 voix favorables, 3 contre et 15 abstentions, l'Assemblée Générale de l'ONU se prononça en faveur de l'indépendance immédiate des colonies portugaises. Elle réitéra son appel à tous les Etats membres ainsi qu'à ceux de l'OTAN en particulier, pour qu'ils cessent toute aide qui permette au Portugal de continuer la guerre coloniale. Cette résolution était plus modérée que celles prises durant les années précédentes dans l'espoir que le nouveau gouvernement de Caetano adopte une politique coloniale différente de celle qui fut pratiquée par Salazar. Mais comme d'habitude, les diplomates portugais s'empressèrent de manifester leur protestation. C'était donc le signe évident que Caetano n'était pas disposé à modifier la politique colonialiste du Portugal.

## A3. Le Vatican se désolidarise

Sur le plan des manifestations de sympathie au niveau international, il faut également souligner l'action du Vatican. En effet, l'autorité papale apporta un soutien moral considérable aux mouvements de libération, ce qui ne manqua de créer de vives tensions avec le Portugal. Le pape effectua le 13 Mai 1967 une visite très controversée à Fatima au Portugal. Les autorités portugaises avaient espoir que la présence de Paul VI serait comme une bénédiction de l'Eglise à un pays condamné par l'opinion publique internationale, mais elles avaient vite déchanté puisque le Saint Père annonça dès le départ que sa visite avait uniquement des buts religieux, c'est-à-dire « prier encore une fois pour la paix dans le monde ». Arrivé de Rome, le pape se rendit en voiture directement à Fatima sans passer par Lisbonne, la capitale. Ensuite il accorda seulement 9 minutes d'audience à Salazar. Le silence du pape sur les questions politiques et la sobriété du protocole en disaient long sur ses sentiments vis-à-vis du pouvoir colonial portugais.

Ne pouvant pas approcher directement le pape, les mouvements nationalistes des colonies et les secteurs de l'opposition au régime au Portugal, ne manquèrent pas de faire des déclarations ; c'était pour attirer son attention sur la situation désastreuse des colonies portugaises. Mario Pinto de

[1] Cf. *Le Portugal répond aux Nations Unies*, Lisboa, Ministère des Affaires Étrangères, 1970, pp. 105 et suite.
-Voir Silva,Duarte,A.E, «o litígio entre Portugal e a ONU (1960-1974), *in Análise Social*, n°130, 1995, p. 12.

Andrade, président du CONCP (Confédération des Colonies Portugaises), rappela « qu'une dizaine de prêtres angolais étaient faits prisonniers depuis une dizaine d'années par les autorités portugaises». En Angola, le Front Patriotique pour la Libération Nationale (FPLN) envoya un télégramme à sa Sainteté en lui demandant à son arrivée au Portugal d'intercéder « en faveur de la libération des prisonniers politiques portugais et de la fermeture des camps de concentration dans les colonies ». Des exilés portugais en France firent publier dans l'édition du 10 mai du journal *Le Monde* un appel adressé au pape Paul VI lui rappelant le sort de « ceux qui au Portugal et dans les colonies souffrent et meurent ».

Le moment de tension entre Lisbonne et le Vatican survint ensuite le 5 juillet 1969, quand le souverain pontife présida la Conférence Episcopale à Kampala, à laquelle la participation du clergé portugais des colonies fut refusée. Cette conférence fut une occasion de faire parvenir au pape une lettre signée par Uria Simango (FRELIMO) et Amilcar Cabral (PAIGC). Les signataires de cette lettre disaient en substance : « *la lutte armée que nous sommes forcés de mener est la seule voie possible dont nous disposons pour permettre à nos peuples de réaliser leurs aspirations à la liberté, à la justice et à la dignité humaine. Elle fut déterminée par le refus obstiné et criminel du Portugal d'accepter et de reconnaître les droits de nos peuples à l'indépendance* ». Ils ajoutaient : « *La guerre que le Portugal exerce dans nos trois pays se réalise avec l'appui de l'Eglise catholique métropolitaine. Les massacres collectifs, les assassinats, les déportations, les emprisonnements de milliers d'hommes, de femmes et d'enfants, les bombardements aériens quotidiens, les bombes au napalm, les champs brûlés et empoisonnés, en résumé tous les crimes qui sont perpétrés quotidiennement sur nos populations sont commis avec la bénédiction de l'Eglise catholique du Portugal* ».

Au mois de mars 1970 les autorités portugaises adressèrent de vives protestations au Vatican, à cause de la nomination de l'angolais Eduardo André Muaca au poste d'évêque auxiliaire de Luanda. Selon l'Église portugaise, distinguer un prélat nègre ne faisait que provoquer une hiérarchisation entre les religieux autochtones, « détruisant ainsi l'œuvre d'intégration en Afrique[1] ».

De la même manière, l'État portugais protesta quand le pape se rendit en 1964 en Inde qui avait déjà un contentieux avec le Portugal à cause de l'annexion de Goa, de Damion et de Diu. Finalement, en juillet 1970, quand il se rendit une autre fois à Fatima, Paul VI boycotta les autorités politiques portugaises.

[1] Cf. Tomas,António, *O fazedor de utopias*, Tinta de china, Lisbonne, 2007, p. 251.

Les relations entre Lisbonne et le Vatican atteignirent une phase de tension maximale, presque au bord de la rupture, quand Paul VI reçut en audience Amilcar Cabral, Agostinho Neto et Marcelino dos Santos. Malgré la tentative d'obstruction de la part de l'évêque portugais D. José da Costa Nunes placé au Vatican, ainsi que celle d'Edouardo Brazão, ambassadeur du Portugal auprès de la papauté, cette rencontre eut lieu à Rome le 1er juillet 1970. Selon le récit des *Informations Catholiques internationales*, en août 1970, Paul VI affirma aux trois dirigeants africains : «Dès qu'il vous sera possible... luttez par des moyens pacifiques. Je prie pour vous». Et il leur offrit des exemplaires en langue portugaise de l'encyclique *Popularum Progressio*. L'idée de cette rencontre était venue de Marcella Glissanti, activiste italienne entretenant des liens d'amitié avec Amilcar Cabral. Ce fut sur la suggestion du Sénégalais Alioune Diop, directeur de la revue *Présence Africaine* à Paris. C'est aussi sur les conseils de ce dernier que Marcella Glissanti fonda à Rome l'Association Italienne des Amis de *Présence Africaine*. Plus tard, elle créa la Librairie internationale *Paesi Nouvi*. Cette librairie constituait surtout un espace pour organiser des expositions et des discussions sur des thèmes ayant un rapport avec l'Afrique. Les dirigeants nationalistes africains étaient venus donc à Rome pour assister à une rencontre organisée par l'association dénommée Conférence sur la Solidarité avec les Peuples des Colonies Portugaises, qui se déroula du 27 au 29 juin 1970. Cette conférence fut organisée par trois centrales syndicales proches du Parti Communiste Italien, avec la représentation de 171 organisations nationales et internationales de 64 pays.

Le journal portugais, le *Diário de Notícias* du 2 juillet 1970, considéra l'audience comme une « offense délibérée contre les millions de fidèles d'un pays croyant comme le Portugal » ; il souligna également que « le successeur de Saint Pierre s'est entretenu avec des terroristes ». Rappelons que les Portugais consacraient le terme terroriste à tout Africain qui se battait pour la liberté. A Rome, des organisations de la jeunesse d'extrême-droite protestèrent contre cette audience du pape et, près de la place Saint-Pierre, on pouvait lire sur les murs « Vive le Portugal ». Quant au gouvernement portugais, pour manifester concrètement son mécontentement, il supprima, en octobre 1970, le caractère obligatoire de l'enseignement du catéchisme dans les écoles publiques. En revanche, 700 chrétiens portugais basés en France signèrent une pétition adressée au président portugais Américo Tomaz, dans laquelle ils manifestaient leur « sympathie et leur soutien total au geste courageux du Souverain Pontife» ; ils soulignèrent par ailleurs que c'était « au nom de l'Evangile qu'ils refusaient les guerres coloniales et se sentaient solidaires des mouvements de libération[1]».

---

[1] Cf Guerra, João Paulo, *Memórias...*, *Op.cit.*, p. 353.

L'on sait que parmi les difficultés qui avaient rendu complexes les relations entre les pays occidentaux et les mouvements de libération, figurait le facteur idéologique. Le PAIGC, Le MPLA et le FRELIMO étaient d'obédience marxiste. Et c'était justement pour cela que l'audience accordée par le pape Paul VI aux dirigeants africains avait eu un impact particulier. Et ce, parce que l'Église catholique avait toujours manifesté de l'aversion pour tout ce qui touchait au communisme. Plusieurs encycliques avaient condamné la doctrine communiste sans aucune ambigüité. Ce fut, par exemple, le cas avec les bulles *Qui Pluribus* de 1846 et *Nostis et Nobiscum* de 1849, toutes deux du pape Pie IX. Les positions de l'Église catholique vis-à-vis des mouvements socialistes allaient se radicaliser après la Seconde Guerre Mondiale, à la suite de la consolidation du boc socialiste soviétique.

Ce n'est qu'à partir des années 60, avec le Concile II, que l'Église commença à être plus conciliante. Paul VI, continuant l'œuvre de son prédécesseur, Jean XXIII, va réformer le rôle de l'Église dans le monde. Il encouragea ainsi les fidèles à sortir du refuge des chapelles et à participer aux débats sur les crises qui affectaient le monde moderne.

Pour les dirigeants africains, ce contact avec l'autorité papale revêtait une importance capitale. C'est la raison pour laquelle ils essayèrent de le mettre à profit pour éclairer la conscience des catholiques du Portugal. Par exemple, aussitôt après l'audience, Cabral tint une conférence de presse devant plusieurs journalistes italiens et étrangers. Il estimait ainsi que l'attitude du pape à leur égard était un appui de taille qui devait nécessairement influencer le peuple portugais en lui permettant de choisir le meilleur camp. C'est-à-dire celui des opprimés. Ainsi, dans un message adressé aux catholiques portugais, Cabral déclarait : « *Je voudrais souligner que le grand honneur rendu à notre peuple par sa sainteté le Pape, en recevant les dirigeants des mouvements de libération, pose maintenant un problème surtout aux catholiques du Portugal, à ceux qui jusqu'à présent ont appuyé la guerre colonialiste portugaise.*

*Nous faisons clairement une distinction entre la hiérarchie catholique au Portugal et les catholiques en général. Nous voudrions qu'on cesse de mettre en prison ceux qui défendent la cause de nos peuples, qu'ils soient portugais ou africains. La vérité est que la hiérarchie catholique portugaise, soit par voie de presse, soit à travers toutes les manifestations religieuses, s'est jusqu'à maintenant montrée favorable à la guerre colonialiste qu'elle appelle dans son propre langage défense de la civilisation chrétienne.*

*Nous nous étonnons beaucoup qu'on puisse défendre la civilisation chrétienne en massacrant les peuples, en brûlant au napalm les enfants, les femmes, des villages entiers. Et nous souhaitons véritablement de votre part, un geste qui puisse convaincre l'opinion publique portugaise que cette position ne correspond pas à celle de l'Église catholique romaine.*

*Pour notre part, ce geste a été déjà fait. Rappelez-vous que dans le discours de l'ouverture que j'ai fait à la Conférence, j'ai lancé un appel au Pape Paul VI qui, en nous recevant hier au Vatican confirma – en accord avec l'encyclique dirigée à tous les peuples africains–que l'Eglise est aux côtés de ceux qui souffrent et a toujours lutté en faveur de la liberté, de la paix et de l'indépendance des peuples. Nous espérons que les catholiques, spécialement les Portugais, ont aujourd'hui une base très concrète, pour juger d'une part, ceux qui appuient et, d'autre part, ceux qui ont jusqu'à présent soutenu la guerre colonialiste. C'est parce qu'ils sont contre les principes et les déclarations de celui qui est l'autorité la plus élevée de l'Eglise.*

*Ce geste a une grande signification politique, mais aussi une importante valeur morale. Dans notre pays il y a plus d'un million de catholiques, peut-être même plus. Ce n'est pas de notre faute mais celle des missionnaires portugais qui, pendant plus de cinq siècles, n'ont pas su nous guider. Nous espérons que les catholiques indécis, hésitants, peuvent nous appuyer sans problème de conscience, parce qu'ils savent que le Pape est contre tout ce qui peut entraver la liberté, la paix et la liberté des peuples*[1] ».

Tout au long de l'histoire de la conquête coloniale, l'Eglise fut une fidèle alliée de l'Empire. Au Portugal particulièrement, la hiérarchie catholique avait toujours collaboré avec le régime en soutenant le colonialisme[2] et les guerres coloniales. Au commencement de la guerre en Angola par exemple, l'envoyé du Pape, le Cardinal Traglia, le 13 mai 1961, bénissait les soldats portugais qui, en ce moment, disait-il, « servent Dieu et la Patrie dans les territoires d'Outre-mer ».

## - L'action des catholiques progressistes

Mais, s'il est vrai que la religion et l'Eglise ont été des supports idéologiques du régime colonial, il n'est pas moins vrai que les secteurs de la hiérarchie ecclésiastique elle-même, les missionnaires et les communautés chrétiennes, contribuèrent décisivement à la dénonciation de la guerre et de ses excès. Dans ce cadre, on peut citer le cas de l'évêque de Beira au Mozambique, qui était ouvert aux idées libérales et luttait pour la suppression du travail forcé.

[1] Cabral, Amílcar, *Guine-Bissau. Nação Africana forjada na luta*, Nova Aurora, Lisboa, 1974, pp.105-106

[2] Cf. Feirão, Costa.J.M, « Colonialismo e Religião », *in Cassendo*, Lisboa, Janeiro e Maio 1986.

C'est également le cas du prélat D. Eurilo Dias Nogueira du Mozambique, qui s'était même porté témoin au tribunal pour confirmer des atrocités commises par les troupes portugaises sur les populations du Nord du Mozambique, ce qui lui valut d'être transféré en Angola. Mais la position la plus audacieuse fut celle de l'évêque de Nampula D. Manuel Vieira Pinto. En effet, dans une lettre adressée au Pape le 12 février 1974, il critiquait non seulement les relations de l'Église avec le régime colonial, mais il défendait aussi le droit du peuple mozambicain à l'indépendance. Au nom des droits de l'homme et de l'Evangile, il considérait que les revendications de ces peuples étaient légitimes. D. Manuel Pinto Vieira était même allé jusqu'à accuser l'Eglise d'être complice de l'exploitation économique effrénée, de la discrimination et des massacres dont les Africains étaient victimes. Il reprochait par ailleurs à l'Eglise de ne pas faire l'effort nécessaire pour comprendre les préoccupations réelles des populations africaines et de ne pas chercher non plus à créer les conditions du dialogue pour rapprocher les parties en conflit. Mais, par mesure disciplinaire, D. Manuel Pinto Vieira fut écarté du diocèse de Nampula et placé en résidence surveillée dans la banlieue de Lisbonne, sous la vigilance de la PIDE.

Il convient de rappeler que la PIDE et la Censure, en plus des tâches de répression, étaient convoquées chaque fois qu'un religieux ou une manifestation religieuse remettaient en cause l'action du régime. Ces deux institutions contrôlaient le comportement des responsables religieux aussi bien en métropole que dans les colonies.

En Angola, les secteurs de l'Eglise n'échappaient pas à la répression qui suivit les révoltes de février et de mars 1961. Le gouverneur général, Venâncio Deslandes, le 18 juin de la même année, lançait cette menace : « Au risque d'être frappée par les mesures que la loi prévoit à cet effet, l'Église ne doit pas s'opposer à l'État[1] ». En effet, neuf sacerdoces angolais furent prisonniers à cette époque et déportés plus tard au Portugal. Ils défendaient l'émancipation des Africains et regrettaient que l'Église n'ait pas voulu accompagner les vents du changement. Parmi ces exilés religieux il y avait le père Joaquim Pinto de Andrade de la hiérarchie religieuse catholique, frère de Mario Pinto de Andrade leader du MPLA. Cela lui valut un sort plus difficile, c'est-à-dire des emprisonnements successifs et des persécutions permanentes de la PIDE. Lors d'un autre jugement en avril 1970, il fut de nouveau condamné, étant accusé « de développer des activités subversives, dans le but de séparer l'Angola de la Mère Patrie, tout en préconisant des méthodes violentes ». A l'ouverture du procès, son avocat, Mario Brochado Coelho, affirma que l'unique crime de son client, c'était

[1] Cité par Guerra, João Paulo, *Memórias das guerras coloniais,Op.Cit.*, p.361.

d'être « *nègre, cultivé et non servile*[1] ». Entre autres mesures répressives que le régime eut à prendre contre les secteurs religieux contestataires, les incidents qui s'étaient produits le 1er janvier 1973 à la chapelle du Rato à Lisbonne méritent d'être soulignés. En effet, sur recommandation du Pape Paul VI, l'Eglise avait depuis 1967 l'habitude de célébrer le premier jour de chaque année comme Jour de la Paix. C'était précisément dans cette perspective que les fidèles chrétiens s'étaient réunis le 30 décembre 1972 à l'Eglise du Rato, et avaient même décidé d'y séjourner jusqu'au 1er janvier pour réfléchir collectivement sur le thème de la paix. Mais la police investit les lieux, saisit des documents, fit prisonnier le prêtre Antonio Armindo Garcia et mit la chapelle sous scellés. Plusieurs autres personnes civiles qui assistaient à la messe furent également retenues prisonnières et transférées à la prison de Caxias. L'emprisonnement des prêtres de la chapelle du Rato s'inscrivait dans le cadre du plan de répression dirigé contre les religieux catholiques contestant la guerre coloniale. A Lisbonne, il y eut une série d'arrestations parmi les membres de ce secteur ; il leur était reproché de prêcher dans leurs homélies des idées contre la guerre sous le prétexte que cela mettait en danger la sécurité de l'État. Ce fut le cas par exemple avec Mario Pais de Oliveira, évêque de Maceira de Lixa au Portugal.

En Angola, les autorités coloniales avaient interdit en avril 1968 la tenue des Premiers Colloques Sociaux, convoqués pour débattre sur les «exigences et les incidences du christianisme dans la société angolaise». La même année 16 religieuses de l'Eglise Méthodiste furent prisonnières durant 8 mois. C'était aussi durant cette période qu'un groupe de chrétiens avait adressé à la hiérarchie de l'Eglise une lettre remettant en cause la mission évangélique, mais dans laquelle ils indiquaient surtout que la seule possibilité de paix était de suivre la volonté des mouvements de libération. En août 1969, dans une lettre ouverte aux évêques d'Angola, un autre groupe de chrétiens considérait qu'il était nécessaire et important pour l'Episcopat Catholique de prendre une position claire et nette sur les actions de représailles exercées par l'armée portugaise sur les populations civiles sans défense vivant dans les villages situés à proximité des lieux de combat. Mais, c'est au Mozambique que l'Eglise joua un rôle plus actif dans le mouvement de contestation au régime colonial fasciste. C'est pourquoi la répression sur les religieux fut plus accentuée dans cette colonie. Les pasteurs et les prêtres laïcs appartenant à d'autres confréries n'échappaient pas aussi à la répression. Ainsi au Mozambique, 32 presbytériens furent détenus le 13 juin 1972, deux d'entre eux moururent dans la prison de Machava. La censure fasciste devenait plus agressive. Pour preuve, certaines citations des homélies des prêtres mettant en relief les notions d'égalité, de justice étaient

[1] Cf.Coelho, Mario, Brochado, *Em defesa de Joaquim Pinto de Andrade*, Afrontamento, Porto, 1971.

supprimées ; des passages de l'encyclique *Pacem in Terris* du pape Jean XXIII furent également éliminés. Le *Popularum Progressio* de Paul VI fut publié au Mozambique mais seulement en version corrigée par la censure ; et la publication de la revue *Voz Africana* qui transmettait le message du pape Paul VI à l'Afrique, fut saisie par la PIDE; cette succession de mesures prohibitives amena un groupe de prêtres à dénoncer auprès de la Conférence Episcopale du Mozambique en 1968, le caractère ambigu des relations entre l'Eglise et l'Etat, mais aussi insista sur la question de la liberté religieuse. Pour certaines congrégations étrangères comme celle de la Congrégation des Pères Blancs, ce type de rapports était incompatible avec la mission de l'Eglise. Ces derniers se plaignaient du silence de l'autorité papale de Rome, et refusaient de collaborer avec un « régime qui se sert abusivement de l'Eglise pour consolider et perpétuer en Afrique une situation anachronique et sans issue ». Le 15 mai 1971, à la suite de plusieurs mois de conflit avec la hiérarchie de l'Eglise et avec le gouvernement portugais, le Conseil général de la congrégation décida de se retirer progressivement du Mozambique, mais les autorités coloniales le sommèrent de quitter le territoire en lui accordant un délai de 48 heures. Dans un communiqué adressé à Rome, les Pères Blancs ne manquèrent pas cependant de mettre en cause la responsabilité de l'autorité ecclésiastique mozambicaine, totalement inféodée à l'État portugais. Le cas de la paroisse de Macúti[1] à Beira au Mozambique est à inscrire également dans le cadre de la protestation des deux pères catholiques portugais, Père João Teles Sampaio et père Fernando Mendes ; lors de la messe du 1er janvier 1972, ils déplorèrent l'indifférence de l'Eglise face aux actes de violence sur les populations innocentes.

Mais durant leur jugement, les deux prêtres furent accusés d'avoir empêché un groupe de scouts d'assister à la messe, sous prétexte qu'ils brandissaient le drapeau portugais. Le Tribunal Militaire les condamna donc à des peines de prison le 26 juin 1976. Cet épisode coïncidait d'ailleurs avec la détention des missionnaires Martin Hernandez et Afonso Valverde, qui avaient eu le tort de visiter en novembre la localité de Mucumbara après des massacres commis par les troupes militaires portugaises. Il faut rappeler aussi que la dénonciation des massacres de Wiryamu par des missionnaires espagnols partit d'abord de la colonie du Mozambique. Vers la fin de l'année 1973, de retour à Lisbonne après une visite effectuée au Mozambique, le Nonce Apostolique, Giuseppe Maria Sensi vit sa valise défoncée par la PIDE/DGS, à la recherche des « dossiers compromettants ».

C'est donc dire que le clergé catholique commençait à réagir, voire à prendre position ouvertement sur la question coloniale ; elle n'hésitait pas à remettre

---

[1] Cf. Santos,João, Afonso dos e outros, *O julgamento dos Padres do Macúti*, Afrontamento, Porto, 1973.

en cause la responsabilité du régime portugais. Ainsi, un des piliers séculaires du colonialisme était en train de s'effondrer.

Dans ce cadre, il faut saluer l'action efficace et soutenue de la mission protestante. C'était d'ailleurs pour combattre la concurrence des protestants que l'État portugais et l'Église de Rome signèrent le Concordat, l'Accord et le Statut des Missionnaires. C'était en plein pouvoir salazariste. Salazar lui-même était très lié au Cardinal Cerejeira, chef de l'Église portugaise. Il faut aussi rappeler que durant le régime républicain implanté en 1910 au Portugal, l'Église avait perdu beaucoup de privilèges. Le pouvoir fasciste les restaura. Donc, ces nouveaux accords signés avec Rome jouèrent absolument en faveur de l'Église catholique. Celle-ci avait visiblement plus de privilèges que l'Eglise protestante dans les mêmes domaines de compétence. Par conséquent, les missionnaires protestants disposaient d'une relative autonomie par rapport aux missionnaires catholiques. Malgré ces restrictions, le travail effectué par les missionnaires protestants fut plus efficace ; c'était par exemple le cas dans le domaine de l'enseignement et de la santé. Cela était dû au fait que les Protestants avaient, d'une part, une mentalité plus ouverte ; d'autre part, dans leurs méthodes d'approche, ils faisaient en sorte que les habitudes et les coutumes locales soient préservées[1]. Il s'y ajoute que les Protestants favorisaient l'accès aux études supérieures par l'octroi de bourses assez substantielles, tandis que les Catholiques, sous l'influence du régime colonial, considéraient que l'enseignement universitaire était inopportun puisqu'il pouvait susciter des foyers d'agitation[2] nationaliste.

L'autre élément important était que les Protestants venaient de pays dotés de régimes démocratiques et disposaient d'un pouvoir financier plus étendu. L'Eglise méthodiste avait son siège aux Etats Unis et l'Église baptiste dépendait de la Société Missionnaire Britannique. Ces facteurs avaient effectivement permis au protestantisme d'avoir une implantation et une influence qui perturbaient le régime colonial portugais.

Avec les vents du changement des années 60, ce régime était cependant obligé de tolérer l'avancée du protestantisme, parce qu'étant la religion dominante dans certaines grandes puissances comme par exemple les Etats-Unis ; or, l'appui de ce pays s'avérait vital pour la survie du régime portugais. Par conséquent, les missions protestantes constituèrent le principal vecteur idéologique et religieux qui orienta l'action d'un grand nombre de dirigeants des mouvements nationalistes africains, contrairement à l'Église catholique qui fut une source d'inspiration pour le colonialisme.

---

[1] Cf.Queen,Norrie, Mac, *Descolonização da Àfrica portuguesa*, Editorial Inquérito, Lisboa, 1998, p. 34.

[2] Cf.Guerra, João Paulo, *Descolonização Portuguesa-O Regresso das caravelas*, Dom Quixote, Lisboa,1996, pp.22-23.

Parmi les leaders nationalistes qui reçurent l'éducation protestante, on peut citer les Mozambicains Eduardo Mondlane et Gideon Ndobe (membre du Comité Exécutif du FRELIMO et ministre de l'Education et la Culture dans le Gouvernement Provisoire), et les Angolais Agostinho Neto, Daniel Chipenda du MPLA, et Jonas Savimbi président de l'UNITA, pour ne citer que ceux-là.

## *B. Les progrès du nationalisme africain*

### B1. Processus de formation de la conscience nationale africaine

En Afrique portugaise le processus de prise de conscience connut plusieurs étapes.

Pendant les années 20, ce fut l'apparition d'organisations légales de revendication ; de 30 à 40, c'est la combinaison des méthodes d'intervention légale et d'activités clandestines, surtout dans le domaine culturel ; les années 50 correspondent à l'action revendicative politique plus accentuée, à l'unification des groupes nationalistes et à la réclamation de l'autodétermination par des voies pacifiques ; à partir de 60, ce fut le début de la définition et de l'exécution d'une politique de lutte armée. Pour le régime portugais, la domination coloniale était une question de survie. Par conséquent, dès les premières manifestations anticolonialistes, l'intolérance des autorités devint plus sévère ; c'était la raison pour laquelle les organisations clandestines dirigées en général par des intellectuels africains, adoptèrent elles aussi une position plus radicalisée; parmi ces intellectuels, certains avaient déjà vécu au Portugal où ils avaient reçu une formation universitaire et des idées antifascistes. Comme on l'a déjà signalé, la fréquentation de la CEI produisit une grande influence sur le plan de la formation d'une conscience anticoloniale.

Ce fut précisément à partir de 1951 que ces jeunes étudiants ressortissants des colonies portugaises commencèrent à se rencontrer à la CEI à Lisbonne pour organiser et mûrir leur projet de libération des colonies. Fondée en 1944, la CEI était le résultat de la fusion des associations de l'Angola, du Mozambique et du Cap Vert. Elle était conçue pour loger les membres de la Jeunesse Portugaise, association créée officiellement par le pouvoir fasciste pour servir de relais à la divulgation de la pensée de l'Estado Novo. Avec l'arrivée des étudiants africains, Marcel Caetano, nommé à cette époque Commissaire National de ladite association, estima qu'il fallait les réunir dans une seule structure pour mieux les contrôler[1].

---

[1] Queen, Norrie Mac, *Descolonização da Àfrica....Op.Cit.*,p.66.

C'est à partir de 1957 que le contrôle de l'État était devenu plus réduit. Ce fut le résultat d'une lutte ardue de la part des étudiants membres de l'association qui voulaient y instaurer plus de démocratie. Comme conséquence immédiate, le nombre d'adhérents augmenta considérablement. À part les activités sur le plan sportif et social, la CEI faisait un énorme travail de divulgation des cultures africaines, sans compter les conférences et débats avec la participation de grandes personnalités intellectuelles. La rencontre des étudiants africains au sein de la CEI fut très bénéfique en ce qui concerne leur formation idéologique et révolutionnaire. Comme l'avait affirmé le poète angolais Mario Antonio de Oliveira : «la Maison des Etudiants de l'Empire était le point de convergence et de diffusion de la pensée anticoloniale, qui aura influencé l'action du PAIGC, du MPLA et du FRELIMO[1]». En effet, la plupart des dirigeants nationalistes africains qui dirigèrent la lutte armée à partir des années 60 étaient issus de la CEI.

Ce fut à cette époque que Mario de Andrade, Agostinho Neto, tous deux d'Angola, et Francisco José Tenreiro de Sao Tomé, créèrent le Centre d'Etudes Africaines(CEA). L'objectif principal était de «s'appuyer sur les valeurs culturelles du continent pour sensibiliser les Africains sur leur condition d'opprimés[2]». Dans ce sens, ses principaux membres participèrent en 1953 à des travaux de publication dans la revue *Présence Africaine*, à travers un cahier spécial intitulé *Les Étudiants Noirs Parlent*. Ce fut le cas de José Francisco Tenreiro, de Mario de Andrade, d'Alda do Espirito Santo, d'Agostino Neto et d'Amilcar Cabral. Cela fut rendu facile grâce à Mario de Andrade qui faisait lui-même partie de la direction de la revue *Présence Africaine*. Il faut également signaler que dans le cadre de ses activités de promotion de la culture africaine, le Centre d'Études Africaines lança le cahier de *Poésie Nègre d'Expression Portugaise* sorti en 1953 et organisé par Francisco José Tenreiro et Mario de Andrade. Ses initiateurs estimaient que ce cahier était d'une importance capitale dans la formation des jeunes Africains, puisque c'était un moyen de les inciter à « étudier, à connaître et à penser la culture noire[3] ». A ce propos, rappelons que l'un des soucis principaux des dirigeants nationalistes c'était de lutter contre l'acculturation ; celle-ci fut d'ailleurs la stratégie fondamentale utilisée par tous les régimes coloniaux. L'objectif des étudiants nationalistes était donc de désaliéner la conscience des Africains pour mieux les préparer à la reconquête de leur identité. Pour reprendre un terme cher à Amilcar Cabral,

---

[1] Oliveira,Mario, António, *Reler Àfrica*, Ed.Antropologia da Universidade de Coimbra,Coimbra, 1989, p. 512.

[2] Andrade,Mario de, *Uma entrevista à Michel Laban*, Ed .João Sá da Costa, Lisboa, 1997, pp. 71-72.

[3] *Ibid.*, p.74.

il fallait «*ré africaniser les esprits*[1]». En effet, pour Cabral la lutte pour l'identité culturelle doit précéder toute autre forme d'action. C'est la raison pour laquelle le PAIGC avait initié une vaste campagne de sensibilisation culturelle[2] avant d'initier la lutte armée. Il semble que Cabral avait pressenti le danger que pouvait constituer l'aliénation culturelle pour le développement de son pays. Si le continent est encore en retard, estiment les défenseurs de la renaissance culturelle, c'est parce l'Afrique n'a pas su se départir du modèle occidental. Plus exactement, elle n'a pas réussi à faire la symbiose entre ses valeurs traditionnelles et les avantages de la modernisation. Les pays émergents comme la Corée du Sud, eux, l'ont réussi[3].

Les membres du Centre estimaient que leur action ne devait pas se limiter exclusivement au cercle des intellectuels. Pour eux, il fallait impliquer tous les Africains qui vivaient au Portugal pour que le projet de sensibilisation fût plus efficace. C'est pourquoi ils s'étaient dirigés vers le club des marins africains puisqu'il n'y avait pas de travailleurs noirs dans la construction civile à cette époque au Portugal. Beaucoup de manifestations à caractère culturel furent organisées au Club Maritime Africain, notamment des séances d'alphabétisation en faveur des marins et dockers africains. Plus tard, en 1954, il y eut la fameuse interprétation de la pièce de théâtre, *Maître et école* du Guinéen Keita Fodé Bâ, qui avait reçu un grand succès[4]. Mais, comme d'habitude, la police portugaise surveillait scrupuleusement toutes les activités du club, et soupçonnait des actions politiques sous le couvert des nombreuses cérémonies récréatives qui s'y organisaient. En vérité, le Club Maritime Africain constituait « une courroie de retransmission entre les patriotes angolais vivant au Portugal et ceux qui, en Angola, préparaient les bases de la lutte de libération propulsée par le MPLA[5] ».On peut en dire autant du PAIGC ou du FRELIMO, car leurs dirigeants participaient également à la vie du Club Maritime. Une partie du matériel servant aux campagnes idéologiques de ces mouvements arrivait en Afrique sous la vigilance des marins du Club. C'est ainsi que le leader angolais Lucio Lara, à l'époque où il était vice-président du Club Maritime Africain, envoya un duplicateur manuel, plus des publications du Parti Communiste Portugais, par l'intermédiaire d'un associé, marin dans le navire *Angola*. Le colis arriva

---

[1] Andrade, Mario de, «Notes biographiques», *in Amilcar Cabral, Unité et lutte*, Maspero, Paris, 1980, p.11.
Voir AAVV, *Le rôle des mouvements d'étudiants africains dans l'évolution politique et sociale de l'Afrique de 1900 à 1975*, UNESCO/ L'Harmattan, Paris, 1993.
[2] Cabral, Amilcar, Guiné-Bissau, *Nação forjada....Op.Cit.*, pp. 127-139.
[3] Attali, Jacques, *Une brève histoire de l'avenir*, Fayard, Paris, 2009, p.151.
[4] Cf.Cabral, Amlicar, *Essai de biographie politique,* Paris, Maspero, 1980, p.35.
[5] Oraison funèbre à Agostinho Neto prononcée par Lucio Lara, *in Agostinho Neto*, *Sagrada Esperança*,Ed. Sá da Costa, Lisboa,1974, p. 9.

sans problème à Luanda et servit à imprimer des pamphlets[1] destinés à la propagande anticoloniale.

Le contact avec l'élite intellectuelle africaine à Paris et les débats sur la négritude, qui battaient leur plein, furent d'une influence considérable sur la conscience des futurs libérateurs des colonies portugaises d'Afrique. Par exemple, lors du premier Congrès des écrivains et artistes africains réalisé à Paris en 1956, Aimé Césaire déclarait : « *La civilisation qui donna au monde de l'art la culture nègre, la civilisation qui donna au monde de la politique et à la société des institutions communautaires originales, comme par exemple la démocratie villageoise, la fraternité d'âge ou la propriété familiale– négation du Capitalisme,- cette même civilisation qui dans un autre domaine, donna à la vie morale une philosophie originale fondée sur le respect de la vie et l'intégration du Cosmos, je refuse que cette civilisation, pour insuffisante qu'elle puisse être, soit destinée à la liquidation et à la négation, comme condition de reconnaissance des peuples noirs*[2] ».

Pour la plupart des futurs leaders africains, le séjour au Portugal fut l'occasion d'être en contact avec le Parti Communiste, et de participer même à ses batailles. C'est la raison pour laquelle ils s'étaient insérés dans les rangs du Mouvement de l'Unité Démocratique (MUD) qui luttait contre le fascisme. Effectivement, auprès de ces organisations de gauche, les jeunes Africains apprenaient non seulement la théorie de la lutte de classes mais aussi les techniques de la lutte clandestine. De la sorte, ils disposaient déjà d'une bonne expérience[3] dans ce domaine quand ils initièrent les luttes de libération.

D'autres facteurs d'influence étaient évidemment constitués par les journaux et les livres révolutionnaires qui circulaient à l'époque. Dans le premier cas, on peut citer le journal révolutionnaire *Avante, o*rgane du PCP, sans oublier un autre journal appelé *Anti-Colonial*, créé sous les bons auspices du PCP et destiné à dénoncer la politique coloniale. Comme son nom l'indique, son objectif était « la fin des guerres d'oppression, la libération des peuples opprimés, la conquête de la démocratie par les peuples portugais, angolais, guinéen et mozambicain ». Il faut signaler que ces journaux d'opposition circulaient dans la clandestinité car le régime fasciste appliquait une censure très sévère. Dans le second cas, la circulation des livres a joué un rôle important dans la formation idéologique des futurs leaders nationalistes

---

[1] Rocha, Edmundo, *O clube Maritimo Africano,* Ed. Museu República e Resitênsia, Lisboa, 1998,p p.28-29.

[2] Paraf, Pierre, «l'ascension des peuples noirs », *in Réveil politique Social et culturel de l'Afrique au XXe siècle*, Payot, Paris, 1958, p.166

[3] Andrade,Mario Pinto de, *Uma entrevista a Michel Laban*, *op.cit.*, p. 100.

africains. Cette influence venait principalement de trois courants : la Négritude, le Marxisme et le Néoréalisme.

Les dirigeants nationalistes africains attachèrent une grande importance au rôle joué par les pays frères. Sans leur appui, il aurait été extrêmement difficile de mener à terme la lutte armée. Mais, il faut remarquer que le principal effort dans la préparation de la lutte anticoloniale a toujours été poursuivi à l'intérieur de leurs propres pays. Ils tenaient coûte que coûte à ne pas être coupés des réalités populaires, c'est pourquoi ils conseillaient vivement à leurs militants d'être présents le plus possible dans leurs fiefs. Ils étaient conscients du fait que « si une guérilla peut dans certains cas être préparée ou même déclenchée en territoire étranger, seules les bases locales peuvent la mener au succès, par leur influence et leur contrôle[1] ».

Aussi le PAIGC, par exemple, exigeait-il que son personnel basé au Sénégal et en Guinée fût réduit au juste nécessaire, et que les bureaux de Dakar et de Conakry fussent principalement destinés à assurer les tâches diplomatiques avec l'extérieur : avec les gouvernements sénégalais et guinéen, avec l'OUA, avec l'Europe, l'Asie et les deux Amériques. En 1968, quand il y a eu suffisamment de zones libérées, les dirigeants du PAIGC n'hésitèrent pas à installer les organes de contrôle et de représentation sur chaque rive du Geba, fleuve très important qui divise le pays en deux. Une grande partie des cadres politiques et des unités militaires mobiles vinrent s'y installer pour être en contact direct avec les zones rurales. La participation des masses semble être au cœur des préoccupations des dirigeants nationalistes africains. Cabral particulièrement défendait ce principe avec une détermination farouche. Il souhaitait en fait que ses relations avec ses alliés se limitent uniquement à l'aide matérielle. Aussi, déclarait-il souvent : « *Nous n'accepterons pas de volontaires étrangers, et s'il s'en présentait, nous les refuserions. Des hommes venus de l'extérieur, conseillers militaires ou autres. C'est bien la dernière chose que nous accepterions. Ils nous priveraient de la seule chance que nous ayons de donner à notre lutte un sens authentique pour reconquérir notre propre histoire et de retrouver notre identité nationale*[2] ».

Pour les dirigeants nationalistes africains, il fallait amener les peuples guinéen, angolais et mozambicain à assumer leur propre histoire, faire une révolution authentique sans l'entremise extérieure, de façon à forger une solide mémoire collective sur leur propre histoire. Ils voulaient ainsi éviter que leurs futurs États fassent les frais du néo-colonialisme, comme beaucoup de pays africains indépendants. En d'autres termes, la guerre de libération

---

[1] Davidson Basil, *Révolution en Afrique. La libération de la Guinée portugaise*, Seuil, Paris, 1969, p.100.
[2] *Ibid.*, p.101.

devait conduire à une véritable révolution ; mais celle-ci, pour être viable, devait se réaliser sur le sol national impliquant au plus haut chef les masses laborieuses. Ces idées ressortent précisément du discours du dirigeant angolais Mario de Andrade, lors de la conférence des organisations nationalistes d'Afrique portugaise, tenu à Dar-es-Salam en 1967 : « *La lutte pour la libération nationale donne à notre peuple la certitude que nous pouvons triompher par nous-mêmes de notre ennemi. La dynamique de notre lutte crée les conditions les plus favorables pour résoudre les antagonismes sociaux et tribaux. En ayant pour but la destruction totale de structures coloniales, elle accélère la formation des États, elle encourage la naissance des forces révolutionnaires qui exercent une influence irréversible sur les conquêtes de la phase nationaliste*[1] ».

Au fil du temps, le colonialisme européen contribua à forger une conscience nationale un peu partout en Afrique. Ce fut particulièrement le cas dans les colonies portugaises. Le fait de souffrir en commun les méfaits du système colonial eut des effets déterminants pour cimenter les esprits autour d'une préoccupation majeure : faire disparaître le joug colonial.

Il est vrai que la plupart des sociétés africaines ont eu à lutter séparément contre l'envahisseur, mais les réseaux de solidarité africaine avaient toujours fonctionné dans les moments les plus critiques. On doit cependant admettre que les divergences tribales ont souvent constitué des obstacles pour mener une action concertée contre l'ennemi commun. Chaque tribu était plutôt soucieuse de son hégémonie. D'un point de vue économique, territorial et linguistique, elle ne constituait pas une entité suffisamment représentative de l'ensemble des peuples vivant dans la colonie. Dans ces conditions, il était difficile de susciter un esprit nationaliste capable de transcender les différences tribales et de mobiliser les énergies autour d'un même objectif.

Par conséquent, c'est le système colonial aliénant qui produisit la notion de communauté territoriale, et provoqua les bases d'une cohésion sociale motivée par une réaction commune contre la discrimination raciale, le travail forcé et les autres sévices imposés par ce même système. Cependant, la communication entre les communautés assujetties aux mêmes contraintes fut limitée. Toutes les formes de communication venaient du sommet, par le biais de l'administration coloniale. Ce phénomène rendit naturellement difficile l'éclosion d'une conscience politique nationale dans tout l'espace du territoire colonial. Il devint même plus complexe, par le fait que les autorités coloniales portugaises avaient la prétention de créer un « vaste Portugal » intégrant toutes les colonies, notamment celles qui étaient situées en Afrique. Elles seraient ainsi considérées comme des provinces ultramarines où

---

[1] Andrade, Mário de, *La lutte de libération nationale dans les colonies portugaises*, Alger, 1967, p. 42.

vivraient des peuples ayant le même statut que les Portugais de la métropole. D'où le fameux slogan : « Du Minho au Timor on est toujours au Portugal ».

La propagande officielle développée par le colonisateur portugais autour de l'existence d'une culture européenne unique n'avait pas manqué de faire ses effets. Elle fut relayée par l'école, les journaux et les radios. L'Église catholique n'était pas en reste. Tous les discours étaient orientés sur le Portugal et on parlait peu des colonies. De telle sorte que les populations analphabètes eurent beaucoup de mal à concevoir qu'elles appartenaient à une seule nation mozambicaine, angolaise ou guinéenne. En revanche, vu l'éloignement de la Métropole, la notion de «portugalité» apparaissait trop floue pour pouvoir constituer un facteur d'unification.

Il s'y ajoute que durant les quarante dernières années décisives dans le processus de lutte pour l'indépendance, l'administration coloniale portugaise s'était révélée davantage ethnocentriste, paternaliste et excessive ; elle n'avait donc pas réussi à créer un mythe autour d'une identité nationale susceptible de mobiliser les peuples africains vers un projet politique impulsé par la métropole. Auprès de ces masses africaines, le projet colonial ne s'était pas traduit par une idéologie qui fût la prémisse d'une volonté collective car, comme l'affirme Baumann : « seule l'idéologie permet de transformer les agglomérats humains isolés en entités sociales compactes, soudées par une volonté commune[1] ».

En conséquence, le tribalisme se consolida et ne permit pas dans l'immédiat de réaliser l'union des masses africaines. Tribalisme très souvent suscité par le colonisateur lui-même pour mieux établir sa domination. Le message du colonisateur risquait de ne pas passer, par manque de destinataires. Ce phénomène s'était d'autant plus accentué que dans certaines régions peu habitées, le contact avec le pouvoir colonial était très limité ; ce qui faisait que ces populations avaient une expérience assez réduite de la domination coloniale. Même avant les guerres de libération certaines populations n'avaient encore jamais vu de Portugais comme ce fut, par exemple, dans le Nyassa oriental au Mozambique. Elles n'avaient donc pas une conscience affirmée de la notion d'appartenance à une nation ou à une colonie. Il leur fut par conséquent difficile de comprendre les enjeux de la lutte pour l'indépendance. Cependant, l'arrivée des troupes militaires portugaises leur fit changer rapidement de position.

Partout où l'oppression coloniale s'était manifestée, il était apparu quelque forme de résistance populaire, qu'elle soit une opposition armée ou un exode massif des populations. Mais ces réactions étaient circonscrites à l'espace d'une communauté, et ne concernaient pas la société dans son ensemble.

---

[1] Cf Baumann &Westermann, D, *Les peuples et les civilisations de l'Afrique*, Payot, Paris, 1947, p. 488.

Elles étaient souvent réduites à une revendication particulière, relative à la vie de ladite communauté à un moment précis dans ses rapports avec l'envahisseur.

Comme nous l'avons signalé plus haut, l'histoire des relations entre Portugais et Africains fut marquée par des conflits permanents. Les Africains avaient entrepris cette lutte pour résister à la conquête coloniale et s'opposer ensuite à la colonisation européenne, opposition dont l'aboutissement fut la guerre de libération nationale de 1961. La résistance active n'avait donc véritablement été anéantie qu'aux environs de 1920, voire même au delà, dans les colonies portugaises d'Afrique. La puissance des armes européennes avait fait la différence.

Et depuis le début des années 30, l'administration coloniale du nouvel Etat fasciste s'était installée dans tous ces territoires, détruisant pratiquement les structures du pouvoir local traditionnel.

Depuis ce moment là, la répression coloniale, tout comme la résistance africaine, se durcit. Mais les foyers de résistance se déplacèrent des hiérarchies traditionnelles devenues plus ou moins collaboratrices des Portugais, vers d'autres individus ou groupes qui avaient pourtant gardé un statut relativement privilégié.

Les Africains, dans leur majorité, portaient des préjugés défavorables sur le colonisateur et ses méthodes administratives.

Sur le plan psychologique, le système colonial suscita la même attitude de rejet chez pratiquement tous les Africains, mais cela n'était pas encore l'expression réelle d'une attitude consciente et réfléchie ; c'était plutôt lié à la tradition culturelle du groupe et aux conséquences de ses luttes contre les Portugais ; cette tendance était devenue plus manifeste quand il a fallu se soumettre aux règles contraignantes de l'administration coloniale.

A cause de l'infériorité numérique, le fait de vouloir imposer la culture portugaise à un groupe social de loin supérieur, était une entreprise dépourvue de tout réalisme. Tournant à peu près autour de 2 % de la population dans chaque colonie, avec peut être une légère augmentation en Angola, les Portugais ne pouvaient pas espérer être en mesure de créer les conditions de proximité requise qui pouvaient leur permettre d'assurer efficacement leur politique d'assimilation. Rappelons que le territoire angolais à lui seul est aussi vaste que la France, la Belgique et l'Allemagne réunies. Il s'y ajoute que l'efficacité de la politique d'assimilation était encore réduite, du fait des réticences même des administrateurs portugais. Ils étaient, en effet, persuadés qu'en accordant quelques privilèges aux Africains assimilés, ceux-ci seraient capables de mettre en péril l'hégémonie[1] des Blancs. C'était, là encore, une des contradictions du colonialisme portugais.

Comme la plupart des nations colonisatrices, les Portugais avaient surestimé l'enthousiasme des « pauvres sauvages » à l'égard de la « Civilisation ». Vu que la plupart des Africains n'avaient de contact avec les Portugais qu'au moment de payer l'impôt, quand ils étaient contractuels dans le travail forcé ou quand leurs terres leur étaient extorquées, il n'est pas surprenant qu'ils aient éprouvé une aversion pour les Portugais, voire pour la culture portugaise.

## B2. L'art et la littérature comme moyens de contestation

Et cette répulsion était très souvent exprimée à travers les chansons et les danses populaires, et aussi dans certaines manifestations artistiques, comme par exemple la confection de masques. Dans ces formes d'expression les Africains pouvaient à loisir étaler leur hostilité contre le Blanc sans que celui-ci ne soit en mesure de comprendre le message. C'était le cas par exemple des ethnies Chope et Maconde au Mozambique, chez les Songo, les Yaka, les peuples BaKongo en Angola etc. Dans pratiquement toutes ces sociétés africaines de l'époque coloniale, l'art populaire était devenu un moyen de contestation du colonialisme. Les masques d'ivoire des ethnies BaKongo retraçaient véritablement les relations sociales entre l'esclave et son maître et plus tard, entre le colonisé et le colonisateur, tout comme l'art yaka cherchait à représenter de façon grotesque des types sociaux tels que le chef de poste blanc ou le cipaye, son auxiliaire, tous agents du système colonial. Mais cela ne reflétait pas encore une attitude consciente et réfléchie ; c'étaient plutôt les conséquences culturelles des démêlés que le groupe a eus avec les Portugais.

Quelques sculptures du peuple Maconde expriment une opposition très marquée à l'endroit de la culture étrangère. Dans ce domaine, les missionnaires catholiques développèrent une grande activité et, sous leur influence, beaucoup d'artistes firent des madones et des crucifix en imitant les modèles européens. Mais, à l'opposé des thèmes d'inspiration traditionnelle, les artistes maconde donnaient aux images chrétiennes une forme stéréotypée et sans vie. Il arrivait parfois qu'une statuette s'écartât du stéréotype, mais c'était parce que le sculpteur africain voulait introduire dans le travail un élément de contestation ; c'était le cas par exemple quand la madone tient dans la main un serpent au lieu de l'enfant Jésus ; on pouvait aussi représenter un prêtre religieux avec des pattes d'animal ; la *pietà*,

---

[1] Cf.Margarido,Alfredo, «ensaio», *in Revista África Literatura-Arte e Volti*, n°5, Africa Editora, Lisboa, 1979, p. 60.

censée incarner une image de piété, exprimait ici une idée de vengeance car la maman tenant la place de la sainte vierge pointe l'épée sur le corps de son fils mort. Cette tendance à vouloir exprimer dans les sculptures tout le contraire du message chrétien n'était rien d'autre qu'une forme de contestation. C'était donc dans ce contexte qu'apparurent de nouvelles formes d'expression culturelle de type contestataire traduisant en même temps une nouvelle forme de conscience sociale, voire politique. Il faut d'ailleurs signaler à ce propos que les dirigeants nationalistes africains, Cabral notamment, avaient, dès le départ, considéré que la culture avait un rôle extrêmement important dans le processus de la lutte pour l'indépendance. Elle est non seulement un moyen d'affirmation d'une identité nationale, mais elle peut être également utilisée comme facteur de mobilisation, en même temps qu'elle permet une meilleure connaissance des réalités sociales. Et, selon Cabral, cette dernière donnée est fondamentale pour mener une lutte conséquente.

Donc, en prolongement de ces attitudes de défi vis-à-vis du colon, beaucoup de paysans s'organisèrent en coopératives dans le but de rationaliser la production et de contrôler la vente des produits agricoles. Ce fut par exemple le cas au Mozambique avec la participation de personnalités très connues comme Lazaro Kavandame devenu plus tard membre du Comité Central du FRELIMO. Le but était d'améliorer leurs conditions de vie, mais les autorités coloniales firent des restrictions sévères face à ces pratiques coopératives, en instituant un système de payement d'impôt et en maintenant les réunions sous stricte surveillance policière. C'est précisément à cette période que le mouvement de résistance au colonialisme commença à prendre un caractère politique et devint totalement hostile aux autorités coloniales.

Mais les conditions étaient encore défavorables à l'expansion des idées nationalistes dans tous les territoires. Les autorités avaient interdit les activités associatives ; tout se faisait donc en secret. La société traditionnelle commençait à être déstabilisée. Sur le plan politique et idéologique il n'y avait pas encore d'actions éducatives conséquentes en milieu rural. Au début, c'était un groupe social réduit qui menait l'action revendicative vers un niveau dépassant les contradictions locales. Cette minorité était composée pour l'essentiel par des individus vivant en milieu urbain ; on y trouvait des intellectuels et des salariés : ils n'avaient plus d'attaches évidentes avec le peuple de l'intérieur. Ils étaient pour la plupart des Africains assimilés et des Métis. Ceci parce qu'en milieu urbain, le fonctionnement de l'administration était davantage plus perceptible. En effet, constituant la couche moyenne de la population, la plupart de ces individus étaient agents de l'administration coloniale ; par expérience, ils avaient donc compris que le pouvoir du colonisateur reposait sur la faiblesse du colonisé, et tirait ses richesses essentiellement de la main- d'œuvre africaine. Etant à l'abri des contraintes tribales, ils avaient une vision plus nette sur les contradictions sociales ; et cela avait servi de stimulant pour initier des démarches unitaires. Ils avaient vite compris que l'union était nécessaire pour venir à bout du système colonial oppresseur.

Encouragés par le libéralisme de la Première République au Portugal (1910-1926), ces groupes se rapprochèrent davantage, et créèrent des journaux à travers lesquels ils menèrent des campagnes contre les abus du colonialisme ; ils commencèrent à réclamer l'égalité des droits, et finirent par mettre en cause le système colonial dans son ensemble.

Comme on l'a indiqué plus haut, la Ligue Africaine fut fondée en 1920 à Lisbonne, regroupant quelques étudiants africains venus en Métropole faire des études. Son objectif était d'organiser les relations entre peuples colonisés ; elle réalisa en 1923 la Deuxième Session de la Conférence Panafricaine, et participa à la troisième organisée à Londres par W.E. Du Bois. Il était significatif que son ambition portât non seulement sur la question de l'unité nationale, mais surtout sur l'union des peuples noirs colonisés pour lutter contre le colonialisme. Mais, en réalité, cette ligue était encore faible, composée seulement de vingt quatre membres, et elle était située loin du théâtre où se déroulaient les souffrances de leurs frères. Leur présence sur le terrain aurait pu rendre leurs actions beaucoup plus efficaces.

En matière d'association à caractère civique ou culturel, il faut dire que dans les territoires africains il y avait une tradition qui remontait au XIX$^{\text{ème}}$ siècle avec la génération de 1890 en Angola, en passant par la ligue Africaine à Lisbonne, au Centre Associatif des Nègres du Mozambique et l'Association des Natifs d'Angola, pour ne citer que quelques exemples.

Sous le couvert de programmes sociaux touchant laux activités d'entraide mutuelle, culturelles ou sportives, toutes ces associations réalisaient des actions politiques. Parallèlement à l'action de ces mouvements associatifs, il y avait toute une campagne de protestation véhiculée par des organes de presse comme par exemple *O Brado Africano*[1] au Mozambique. Cependant, à cause de la répression policière et de la censure fasciste qui sévissaient déjà dans les colonies, les échos de cet organe furent relativement limités.

Le journal *O Brado Africano* fut interdit en 1936, mais jusqu'alors il constituait en quelque sorte le porte-parole du mouvement de contestation. L'esprit qui animait tous ces mouvements pionniers et la nature de leur protestation était en effet bien illustré par l'éditorial du *Brado Africano* du 27 février 1932. On y décrivait clairement le ras-le bol du système colonial,

---

[1] Cf. Capela, José, "A imprensa de Moçambique até a independência", *140 anos de Imprensa em Moçambique*, coord, Fátima Ribeiro e António Sopa, Maputo, Associação Moçambicana da Língua Portuguesa, 1996.

on y réclamait de meilleures conditions de vie, et la fin des discriminations, voire toute une série de mesures tendant à améliorer le sort des Africains. Il apparaissait évident dans ce document que le colonisé s'insurgeait contre le pouvoir du colonisateur et lui niait toute légitimité. Il est même intéressant de constater ici que le colonisé rejetait totalement les valeurs du colonisateur, revendiquait avec orgueil son « état sauvage », tout en qualifiant la civilisation européenne d'usurpatrice « rouba o vosso irmão » (qui vole son frère).

Le mouvement de contestation s'affirmait donc de plus en plus, mais le principe d'indépendance nationale n'était pas encore formulé dans les revendications. Toutefois, cette phase de dénonciation et l'exigence de droits sociaux basés sur l'égalité entre les races, étaient nécessaires au développement d'une conscience politique qui allait mener à la réclamation de l'indépendance. Le processus devait en effet passer par certaines étapes.

L'implantation de l'Estado Novo de Salazar et la vague de répressions qui s'en suivit, muselèrent le mouvement de contestation dans les territoires africains. La corruption et les dissensions internes fomentées par les autorités coloniales transformèrent ces organisations en clubs bourgeois totalement inféodés au régime colonial.

Ce fut donc pratiquement à l'issue de la Deuxième Guerre Mondiale qui mit fin aux principaux régimes fascistes, qu'il fut possible de mener des activités politiques dans les colonies portugaises, avec une liberté, somme toute, très relative. Comme nous l'avons déjà vu, l'Afrique dans son ensemble ne resta pas insensible aux vents de changement qui commençaient à souffler un peu partout dans le monde et ce, malgré la continuation du régime fasciste au Portugal ; les efforts des autorités de ce pays pour préserver les zones qu'elles contrôlaient en Afrique contre l'idée d'autodétermination n'y purent rien en réalité ; cela ne fit que retarder le processus.

Encore une fois, seule une minorité de la population constituée par les cadres africains était en mesure d'accompagner les événements mondiaux ; les contacts avec l'extérieur et le privilège d'avoir une formation intellectuelle, permettaient, en effet, à l'élite africaine d'analyser le phénomène colonial avec une conscience politique plus ou moins poussée.

Dans les colonies, une nouvelle génération s'était donc levée pour faire barrage aux abus de la colonisation et imposer sa propre vision des choses. Elle mettait surtout en cause trois aspects essentiels qui rendaient difficile la situation des Africains, à savoir la discrimination raciale, l'exploitation économique et le manque de prise de conscience politique de la part des colonisés. Elle s'intéressait en général à l'évolution de l'homme dans la société ; et dans cette perspective, elle était très sensible aux luttes des Noirs en Afrique et en Amérique, ce qui contrastait avec la passivité relative des peuples de leurs propres colonies.

Cependant, l'action de cette élite intellectuelle était très limitée à cause du système policier répressif instauré il y a longtemps par le fascisme ; la PIDE opérait insidieusement dans tous les secteurs de la vie dans les colonies. Il y avait surtout le manque de contact entre cette minorité urbaine politisée et les masses analphabètes sans formation politique. Or, c'était justement cette population rurale qui supportait le plus les rigueurs du système colonial ; celles-ci étaient très durement ressenties, notamment à travers le travail forcé, les cultures obligatoires, et les menaces quotidiennes. Il n'est donc pas étonnant que les actions de protestation de cette minorité intellectuelle se soient, au départ, essentiellement manifestées au plan culturel.

## - La contestation littéraire

Au début des années 40, dans pratiquement toutes les colonies portugaises d'Afrique, ce mouvement de résistance eut par conséquent des répercussions dans toutes les manifestations artistiques. Ce fut particulièrement le cas dans le domaine de la littérature où l'expression poétique occupe une place importante. Parmi cette première génération d'intellectuels, on trouvait José Francisco Tenreiro à Sao Tomé et Principe, José Craveirinha, Noemia de Sousa, Luis Bernardo Honwana et Marcelino dos Santos au Mozambique ; au Cap Vert, il y avait Jorge Barbosa, Baltazar Lopes, Manuel Lopes, José Lopes, tous fondateurs de la fameuse revue littéraire *Claridade* (1936). En Angola on peut citer les noms de Castro Soromenho (durant la première phase de son œuvre), Geraldo Bessa Vitor, Tomaz Vieira da Cruz, Mário Antonio, Viriato da Cruz et tous ceux qui s'étaient réunis autour du mouvement culturel des nouveaux intellectuels angolais (MNIA) et ayant pour devise « Allons découvrir l'Angola ». En fait, depuis 1948 déjà, on pouvait constater que des relations étaient établies entre les Africains qui, au Portugal comme en Afrique, avaient l'ambition de promouvoir la reconnaissance et la renaissance culturelle du continent africain. Les intellectuels africains tentaient de donner à leur démarche culturelle une certaine portée politique. Ils étaient influencés en cela par la littérature marxiste, par les revues contestataires comme *Vértice*, *Seara Nova* et par le mouvement littéraire néoréaliste au Portugal ; il y avait également la Négritude dont ils pouvaient sentir les échos à travers la célèbre anthologie de Senghor et les contacts avec la revue *Présence Africaine.*

Au Portugal, malgré la répression, la CEI et sa revue culturelle *Mensagem* (1951) eurent à jouer un grand rôle dans la sensibilisation politique, tout comme les activités du Centre d'Etudes Africaines eurent des échos très favorables auprès de la jeunesse africaine. A Lisbonne, durant toute la décennie 50, les Africains (et aussi quelques Portugais) qui initièrent le processus de sensibilisation politique et culturelle ou qui participèrent activement aux travaux de cette association furent nombreux : Amilcar Cabral, Agostinho Neto, Eduardo Mondlane, Henriques Abranches, Pepetela, Carlos Ervedosa, Manuel dos Santos Lima, Mario de Andrade, Fernando Mourao, Alfredo Margarido, Julieta Espirito Santo, Noemia de Sousa, etc.

## - La prise de conscience dans les colonies

Dans le continent africain proprement dit, on note également à la même époque, un certain bouillonnement culturel et littéraire tendant à forger une conscience politique autour de la problématique économique et sociale. Elle s'était manifestée par exemple au Cap-Vert à travers des revues littéraires comme *Claridade* et *Certeza* (1942) ou en Angola à travers des mouvements littéraires tels que *Mensagem*, *Cultura*, *Imbondeiro*, *Bailundo*, *Capricornio* etc. Comme on a pu le souligner plus haut, on notait également le même genre de manifestations avec la revue *Alvor* (1949) au Mozambique. Le retard culturel enregistré en Guinée explique l'expression tardive du sentiment national, mais les prémisses de revendication apparaissaient déjà dans les poèmes de Cabral ou dans les narrations de Fausto Duarte.

On constate donc que la littérature, en tant que forme classique de résistance et de lutte servait également aux Africains comme moyen d'expression d'une problématique sociale, sans oublier toutefois qu'elle restait toujours assujettie aux conditions de la censure fasciste.

La littérature pratiquée à cette époque était donc fortement marquée par une vision anticoloniale. Les accents telluriques étaient très présents et les thèmes abordés gravitaient autour des questions sociales. En effet, en syntonie avec le Néoréalisme, la poésie africaine de la génération des années 40 et 50, dénonçait les méfaits de la colonisation et soulignait avec force les rapports de domination entre colonisateurs et colonisés. Elle fut dominée par trois thèmes principaux à savoir, la réaffirmation de l'Afrique considérée comme la mère-patrie, comme la référence spirituelle et berceau de futures nations. On s'intéressait également à l'éveil de la conscience noire qui se manifestait dans les autres parties du monde. C'était aussi l'appel à la révolte et la dénonciation des souffrances subies par les peuples colonisés. Dans ce contexte, la publication d'un recueil de poèmes comme *Poésie Noire d'Expression Portugaise* (1953) par Mario de Andrade et José Tenreiro, ne pouvait pas manquer de susciter des inquiétudes de la part du régime fasciste. Le rejet de la colonisation et l'expression du sentiment national y étaient manifestés. A titre d'exemple on peut citer les poèmes « ici nous sommes » de Marcelino dos Santos, « Laisse passer mon peuple » de Noemia de Sousa, « Mam parra m'gaiza » ou « Mamana Saquina » de Craveirinha, etc.

Cependant, l'élite intellectuelle africaine des années antérieures aux luttes de libération, était composée pour la plupart de Blancs ou de Métis. De ce fait ils s'inspiraient encore de la philosophie du luso tropicalisme, c'est-à-dire qu'ils étaient culturellement ambivalents dans la mesure où ils restaient partagés entre la culturelle européenne et la culture créole. D'une part, dans leurs pratiques littéraires et politiques, l'influence européenne l'emportait manifestement sur les autres sources africaines. D'autre part, une bonne partie des intellectuels de cette génération avait toujours vécu en Europe. C'était par exemple le cas de Tenreiro, de Costa Alegre, de Marcelo da Veiga, Viana de Almeida, pour ne citer que ceux-là. Parmi ces écrivains de Sao Tomé seule Alda do Espirito Santo avait pu regagner son pays natal. Marcelino dos Santos, après son séjour en Europe, était revenu également au Mozambique. Même ceux qui étaient restés en Afrique étaient en quelque sorte coupés des masses. Par conséquent, malgré toute leur bonne volonté et leur courage, ils ne pouvaient concevoir la libération du continent africain sans se référer à la civilisation européenne. Ils avaient surtout tendance à défendre la cause de l'Afrique en s'appuyant sur les valeurs et les concepts du colonisateur européen. Donc, à l'image de ce qui se produisait dans les autres colonies françaises ou anglaises, le principe dominant dans la démarche des nationalistes de l'époque était l'assimilation à la culture occidentale. Dans les territoires français par exemple, pendant longtemps les nationalistes «franco-africains» ne luttèrent pas réellement pour la conquête de l'indépendance, mais plutôt pour le droit à la citoyenneté. Ceci fit d'ailleurs le bonheur des Français qui, à loisir, continuèrent à défendre l'idée selon laquelle la connaissance de la langue française était une « nécessité de la civilisation ». Ce fut également le cas des colonies britanniques. Là encore, on remarque que les premiers nationalistes africains préconisaient le modèle européen pour libérer l'Afrique. Cette option était par exemple vigoureusement défendue à la Côte de l'Or (Ghana) par le talentueux publiciste Adoh Ahuma, durant les années antérieures à la Première Guerre Mondiale.

Dans les colonies portugaises proprement dites, la préoccupation des premiers nationalistes n'était pas tout à fait différente, puisqu'ils ne pouvaient considérer le développement de l'Afrique sans une étroite communauté avec l'Europe. Contrairement à leurs successeurs, les intellectuels qui eurent à mener des actions nationalistes durant le XIX$^{ème}$ siècle, disposèrent d'une liberté d'expression relativement importante en rapport avec les opportunités du système libéral. Ils fondèrent ainsi des journaux dans les capitales des colonies, décrièrent la « mal-gouvernance » portugaise, et exigèrent de grandes réformes. Mais, ils firent tout cela dans une perspective qui laissait clairement percevoir leur fidélité aux valeurs européennes. Ils acceptaient les objectifs de la « mission civilisatrice » de l'Europe, tout en repoussant les méthodes utilisées par les colonisateurs. En vérité, ils pensaient que l'homme noir ne pouvait avoir un futur digne que s'il se laissait assimiler par une civilisation qu'il était lui-même incapable de créer.

Assumer le rôle de porte-parole des masses opprimées suppose, fondamentalement, une parfaite connaissance des réalités de leur milieu d'existence. Or, l'éducation reçue par les premiers intellectuels nationalistes qui eurent à se manifester avant les années 50, ne les prédisposait pas à ce genre d'attitudes. C'est pourquoi la lutte qu'ils avaient ambition de mener au nom de ces populations africaines ne fut pas conséquente. Parce que justement la distance idéologique qui les séparait de ces mêmes populations était trop profonde. Et pour n'avoir pas vécu réellement les mêmes difficultés, les messages véhiculés dans leurs œuvres au nom des peuples colonisés manquaient quelque peu d'authenticité mais surtout d'efficacité.

En effet, marqués par l'influence prépondérante de la culture européenne, un grand nombre d'écrivains de cette génération rencontrait quelques problèmes cruciaux notamment celui lié à leur origine africaine. Leurs œuvres littéraires reflétaient fortement ce drame de conscience. La problématique de l'appartenance raciale était devenue de ce fait un phénomène récurrent dans ce genre de poésie ; elle se référait à l'origine ethnique des auteurs ou à la terre natale africaine.

On sentait dans leurs poèmes qui traitent de ces thèmes, une incertitude quant à leur appartenance réelle à la race noire. Cela se traduisait par un conflit intérieur et même par une profonde gêne du fait de vouloir parler au nom des Noirs et de ne pas être Noir. On peut le vérifier pratiquement chez tous les écrivains nationalistes métis ou blancs de cette première génération, comme Tenreiro, Craveirinha, Noemia de Sousa Marcelino dos Santos (dans ses premières œuvres), Antonio Jacinto etc. On peut même remarquer que le complexe de l'identité raciale avait gagné les écrivains des générations postérieures et contemporaines des guerres de libération. C'était par exemple le cas de l'écrivain angolais blanc Luandinho Vieira qui déclarait dans son roman *Nós os de Makaluso* : « j'ai l'impression d'avoir la peau noire. Mais mes cheveux sont crépus comme celui du nègre, je ne cesse de les contempler et chaque fois que je les vois, je passe longuement une brosse sur ma tête et je suis plein d'envie [1] ». Ce désir ardent de ressembler au nègre était d'ailleurs exprimé de façon plus transparente chez un autre écrivain angolais blanc Ernesto Lara Filho quand il dit tout simplement : «je voudrais être nègre». Comme l'affirma donc Pires Laranjeira : « Si au XIX$^{ème}$ siècle le fait d'être nègre constituait un complexe, à partir de la génération de

[1] Vieira, Luandinho, *Nós Os de Makalusu*, Sá da Costa, Lisboa, 1974,p.9.

*Mensagem*, c'était tout à fait le contraire qui se produisit[1] ». Durant cette période, en effet, les nationalistes africains blancs ou métis vivaient mal dans leur peau. D'une part, la conscience d'appartenir à la race blanche, celle qui opprimait les nègres, créa chez eux un lourd sentiment de culpabilité. D'autre part, leur condition bourgeoise constituait un obstacle idéologique qui les empêchait de comprendre la préoccupation profonde des masses. A vrai dire aucun d'eux n'avait connu le calvaire du travail forcé ou les autres aléas du système colonial. Ce qui fait donc qu'on décelait souvent une certaine contradiction entre leur discours et la réalité sur le terrain. Craveirinha par exemple, en parlant du travailleur appartenant à l'ethnie Chope sous contrat dans les mines sud-africaines, affirmait : « il passe toute une semaine au fond de la mine dans les galeries sans lumière en pensant toujours à s'enfuir ». Or, pour des besoins économiques réels, les travailleurs mozambicains acceptaient d'aller travailler en Afrique du Sud, ce qui leur permettait d'échapper ainsi au travail forcé auquel ils n'auraient pu se soustraire s'ils étaient restés. Il ne saurait donc être question de fuir car ce serait contraire à la tradition de l'ethnie des Chopes qui, à l'image de la plupart des cultures africaines, valorise le culte de la bravoure, du goût du risque quelles qu'en soient les conditions. Le souci de subvenir aux besoins familiaux était tel que ces braves travailleurs auraient accepté n'importe quelle besogne pour arriver à cette fin.

Le même mur idéologique apparaît également dans l'œuvre d'une poétesse mozambicaine Noémie de Sousa. En effet dans « Sang noir », nous assistons à la présentation de l'image d'une Afrique « mystérieuse » et « naturelle » (et « violentée » par les « étrangers ») ; ensuite comme si elle se sentait coupable, l'auteur reconnaît avoir pris des distances vis-à-vis du continent et de ses réalités. Elle éprouvait des ressentiments parce qu' elle s'était laissée entraîner et aliéner par la vie urbaine moderne (la fréquentation des cinémas et des cafés) ; c'est pourquoi elle regrettait de n'avoir pas connu les soirs au clair de lune dans les brousses africaines où ses frères noirs travaillaient comme des esclaves. C'est comme si la vie bourgeoise empêchait l'auteur de connaître la cruauté du système colonial. Noémie de Sousa semblait ainsi fortement ébranlée par le fait que son statut social privilégié ne lui avait pas permis de s'imprégner des dures réalités vécues par ses frères africains dont elle prétendait, pourtant, être une des porte-paroles.

L'espace auquel se référaient ces textes prenait très souvent un caractère dichotomique, en ce sens que la ville moderne représentait l'espace physique où habitaient les Blancs, tandis que les Nègres étaient éparpillés dans la brousse lointaine, lieu de misère et d'exploitation. Cette configuration

[1] Laranjeira, Pires, *De letra em riste. Identidade, autonomia e outras questões na literatura de Angola, Cabo Verde, Moçambique e S. Tomé e Príncipe*, Afrontamento, Porto, 1992, pp.27-28.

géographique créait ainsi des frontières raciales et révélait des barrières économiques entre Blancs privilégiés et Nègres exploités. Par conséquent, le complexe de culpabilité de ces auteurs s'accroissait davantage dès lors qu'eux-mêmes avaient toujours évolué en milieu citadin. C'est pourquoi, dans certains poèmes de Noémia de Sousa comme « Mamanô ! », ce lieu fut connoté négativement, puisqu'il évoquait « l'obscurité blanche maudite » ; et dans un autre poème de l'auteur intitulé « Nossa voz », ce terme «obscurité blanche» servait même à caractériser moralement l'homme blanc : « blanc égoïsme des hommes ».

A travers ces exemples, on constate donc, que dans leur volonté de représenter légitimement les intérêts des Africains, la plupart des intellectuels nationalistes de la première génération se sentaient dès le départ disqualifiés. Leur ascendance blanche et leur culture bourgeoise rendaient difficile et presque impossible l'identification déclarée avec les peuples africains colonisés. Dans la pratique, il y avait un grand fossé entre ces deux groupes. Cependant, leur lutte n'aura pas été vaine, puisqu'ils avaient été les pionniers de la contestation et de la remise en question du système colonial. Ils avaient ouvert la voie aux générations postérieures qui, bénéficiant d'un contexte politique et culturel plus évolué, avaient lancé des batailles plus hardies et plus conséquentes. Et à partir des années 60, certains nationalistes blancs et métis se convertirent totalement à la cause africaine et jouèrent un rôle prépondérant dans le processus de libération, soit en restant écrivains militants, soit en devenant écrivains guérilleros à côte d'autres intellectuels africains noirs. Ce fut le cas de Marcelino dos Santos, de Mario de Andrade, de Luandinho Vieira, de Pepetela pour ne citer que ceux-là. Mais pour ce faire, il a fallu que ces nationalistes africains fussent capables de dépasser leur complexe de supériorité ou d'infériorité et d'être en mesure de résoudre la vieille contradiction entre « l'intellectuel européanisé » et le « nègre de la brousse ».

Les jeunes générations de nationalistes qui apparurent à partir des années 50 réussirent donc à s'intégrer parfaitement parmi les masses laborieuses. Ce fut la jonction entre la minorité d'intellectuels qui avaient eu la possibilité de recevoir l'éducation occidentale et la grande majorité des populations rurales analphabètes. La tâche ne fut pas facile, mais au prix d'un grand effort, ces défenseurs du nationalisme africain y parvinrent. C'est ainsi qu'ils arrivèrent à former dans la clandestinité, de nouveaux groupes ; ou plus exactement des embryons de groupes nationalistes, qui se révélèrent plus tard très efficaces. Il s'en suivit une seconde phase coïncidant avec le début des années 60. Elle fut plus dure encore, car les autorités coloniales alarmées par le succès grandissant du nationalisme africain dans les territoires voisins, incitèrent la PIDE à démasquer et à détruire ces mouvements embryonnaires. Ce fut la période des grandes répressions. En 1959 et 1960 on assista donc à plusieurs tueries à la mitraillette exercées à grande échelle sur des civils africains qui avaient suivi les appels à la révolte des groupes nationalistes.

Cette montée de la violence répressive et d'autres actions du même genre, constituèrent un aiguillon pour le développement d'une autre phase qui se produisit vers 1960. Jusqu'alors, les groupements nationalistes, ou tout au moins ceux parmi eux qui étaient inspirés par de sérieux objectifs, avaient quelque peu espéré que les manifestations pacifiques pouvaient amener la dictature à procéder à des réformes. Ce n'était pas faire preuve de naïveté car à cette époque, la voie des réformes semblait se présenter comme la seule envisageable.

Mais cette possibilité fut totalement anéantie. Le régime fasciste continuait d'exercer une série d'actes de répression et se montrait fermé à toute réforme. Privés ainsi de cette solution, les nationalistes africains restèrent sans autre alternative dynamique sinon la résistance armée. La violence du système colonial provoquait par conséquent une riposte appropriée, c'est-à-dire tout simplement le recours à la violence par les Africains.

Durant la quatrième phase, qui fut déterminante dans le processus de libération africaine, on assista à une meilleure orientation politique et à une prise d'initiatives plus audacieuses de la part des groupes nationalistes. Dans cette perspective, ils révélaient toute leur capacité politique et tout leur potentiel militaire. C'est parce qu'ils demeuraient tous convaincus que la lutte armée était la seule voie capable de réaliser les objectifs politiques visés ; mais cet espoir fut plus ou moins compromis par une série de facteurs négatifs ; parmi ces facteurs, il y avait surtout la difficulté à trouver les moyens nécessaires et aussi l'intervention des forces contre-révolutionnaires émergeant dans les rangs des Africains eux-mêmes. Ces forces réactionnaires ne pouvaient être négligées car, comme on a pu le constater, par exemple, en Angola spécialement vers les 60 et 70, elles avaient été à l'origine des divisions au sein des mouvements nationalistes, et avaient considérablement affaibli la résistance contre les Portugais. Ces divisions s'étaient même prolongées après les indépendances. Il est vrai qu'après la mort de Jonas Savimbi en l'an 2000, le climat politique est devenu plus apaisé, mais il reste vrai que les conflits hégémoniques qui ont longtemps séparé le MPLA et l'UNITA ont laissé des séquelles. Force est de reconnaître, cependant, que les facteurs positifs furent prépondérants qui permirent ainsi de renforcer la conscience nationale et de créer une forte cohésion par rapport à la dynamique de la lutte armée. Comme aspect positif important, on doit surtout noter l'émergence du projet sur la notion de nationalité qui commençait à faire l'objet d'un consensus de la part des Africains. L'on se rappelle que cette question avait toujours constitué un tabou dans l'idéologie culturelle du colonialisme. Mais, le nationalisme des années 60 avait pu faire tomber cette référence que le régime colonial voulait imposer.

Les mouvements nationalistes évoluèrent donc dans des conditions extrêmement difficiles, mais ils obtinrent par la suite de grands succès militaires et politiques avec la libération des anciennes colonies portugaises d'Afrique.

Cette percée spectaculaire était due essentiellement à deux facteurs importants. Le premier s'explique par la volonté et l'effort des dirigeants pour supprimer le fossé séparant l'élite de type nouveau qu'ils représentaient et les masses africaines. Cette intégration fut salutaire pour la lutte de libération, dans la mesure où ces mêmes masses furent suffisamment capables de populariser et d'élargir l'action des mouvements nationalistes. Et, sans cette solidarité populaire, la lutte de ces groupes révolutionnaires n'aurait certainement pas eu l'efficacité qu'on connaît.

La seconde explication de ce succès dérive de la première. Elle reposait précisément sur le changement d'option ; celle-ci allait d'un nationalisme de type réformiste vers un autre plus radical, réclamant une véritable révolution sociale. Comme nous l'avons déjà vu, l'évolution de la conjoncture internationale à partir des années 50 a été d'un apport considérable pour le mouvement indépendantiste dans le monde, et notamment en Afrique. Elle avait permis ainsi de gagner des batailles sur le terrain diplomatique et de nouer des alliances dont l'impact fut remarquable dans le domaine de l'assistance matérielle et de la solidarité tout court. Cependant, il convient de reconnaître que l'action dynamique et irréversible des mouvements de libération a été l'élément déterminant dans ce processus. Ils en ont été les véritables chevilles ouvrières. En effet, l'application des techniques spécifiques de la guérilla sous-tendue par une forte conviction idéologique et politique avait permis de gagner d'énormes succès sur le terrain militaire ; cela fut un atout extrêmement important à la veille des indépendances en 1974.

## B3. L'appui des mouvements anticolonialistes

En décembre 1957, des étudiants et des intellectuels, originaires des colonies portugaises et d'autres pays européens, fondèrent à Paris le Mouvement de Libération Nationale des Colonies Portugaises, désigné par la suite Mouvement Anticolonial (MAC). On y retrouvait déjà les représentants du MPLA et du PAIGC comme Viriato da Cruz, Marcelino dos Santos, Amilcar Cabral, Agostinho Neto ou Mario de Andrade qui fut même chef de la rédaction de la revue *Présence Africaine*.

Le manifeste du MAC proclamait entre autres que « le droit à l'insurrection contre la privation injuste de la liberté et contre la domination coloniale est inhérent à tous les peuples qui souffrent » ; en conclusion, le manifeste affirmait que «l'unique voie, pour la réalisation d'un futur digne pour les peuples africains des colonies portugaises, est la lutte contre le colonialisme portugais, en vertu de notre droit à l'insurrection contre l'oppression coloniale». En juillet 1960 à Tunis, le Front Révolutionnaire Africain pour l'Indépendance(FRAIN) fut créé ; il remplaça ainsi le MAC, tout en s'inspirant des idéaux de ce dernier. Son programme avait pour objectif « la conquête immédiate de l'indépendance nationale et la liquidation totale du colonialisme portugais en Afrique ». Le 18 avril 1961, le FRAIN organisa à Casablanca au Maroc la Conférence des Organisations Nationalistes des Colonies Portugaise (CONCP), à laquelle participèrent les représentants des organisations nationalistes de l'Angola (MPLA), de la Guinée et du Cap-Vert (PAIGC), de S. Tomé et Principe (Comité de Libération de S. Tomé et Principe–CLSTP), du Mozambique (Union Nationale Démocratique du Mozambique –UDENAMO) et de Goa ; l'UPA (Union des Peuples de l'Angola) de Holden Roberto fut écartée du FRAIN et du CONCP. Ce mouvement nationaliste était en bonne intelligence avec les Occidentaux, comme on le verra. Or, dans le FRAIN et la CONP, l'idéologie révolutionnaire était le critère prédominant.

Les participants à la Conférence de Casablanca considérèrent que la politique du gouvernement portugais se caractérisait par la «suppression des libertés fondamentales», avec l'intensification des «méthodes fascistes de répression contre les nationalistes ; au lieu « d'envisager une solution spécifique pour établir un dialogue entre les peuples de ces pays et l'administration coloniale », elle avait créé des foyers de guerre et pratiquait ainsi le génocide. En conséquence, la CONCP proclama en avril 1961 : «l'unité d'action des organisations nationalistes pour la lutte contre le colonialisme portugais et contre toute autre forme d'oppression. Dans cette perspective, aucun moyen de lutte n'était exclu. La CONCP préconisa par ailleurs des actions, en vue d'éclairer le peuple portugais sur la justesse de la lutte des peuples des colonies et l'établissement de contacts avec les organisations démocratiques au Portugal. La conférence de Casablanca désigna une commission consultative, présidée par Mário de Andrade, leader du MPLA, et un secrétariat permanent avec comme secrétaire général Marcelino dos Santos, dirigeant de l'UDENAMO, installé à Rabat.

Le Maroc était alors la Mecque des révolutionnaires africains et le plan Khatib – du nom du ministre marocain des affaires étrangères appuyé par le mozambicain Marcelino dos Santos et par le goanais Aquino de Braganca, établissait qu'une période de temps devait être accordée au Portugal pour qu'il « procède à la décolonisation totale, par des moyens politiques ». Passé ce délai, les membres de la CONCP constitueront « des corps expéditionnaires africains pour appuyer l'action des militants nationalistes des colonies portugaises ».

La deuxième conférence[1] de la CONCP eut lieu à Dar es Salam en Tanzanie du 3 au 8 Octobre1965, et constitua un panel représentatif du système d'alliance de l'époque. Il y avait le MPLA, le PAIGC, le FRELIMO et le CLSTP(Comité de Libération de Sao Tomé et Principe), avec des délégations dirigées respectivement par Neto, Cabral, Mondlane et Tomas Medeiro, plus des observateurs comme l'URSS, la Chine, la RDA, Cuba, la Yougoslavie, l'Algérie, le Maroc, la République de Guinée, l'Egypte, le Congrès National Africain (ANC), le Mouvement de libération du Congo, des délégations de l'Italie et des progressistes du Portugal représentés par le Front Patriotique de Libération Nationale (FPLN) composée de Pedro Ramos de Alda do Espirito Santo et de Rui Cabeçadas. Après avoir débattu de quelques questions liées précisément à la lutte armée et à l'identification de l'ennemi dans le cadre de la lutte de libération, la conférence préconisa l'option pour la voie socialiste de développement. A cette occasion, Cabral qui avait auparavant proposé d'attaquer le Portugal sur son propre territoire, apporta des éclaircissements en précisant « que l'ennemi n'est pas le peuple portugais, ni le Portugal en tant que tel : pour nous, combattants de la liberté des colonies portugaises, cet ennemi est le colonialisme portugais représenté par le gouvernement colonial fasciste du Portugal. Mais nous luttons contre Salazar, contre le système colonial portugais. Nous ne perdons pas de vue que même sans Salazar le colonialisme peut encore durer ». En ce qui concerne la lutte armée, Cabral partait sur des bases optimistes, car il estimait que bien qu'étant originaires de pays pauvres, ils étaient capables de mettre en déroute un ennemi non seulement plus avancé techniquement, mais bénéficiant aussi de l'appui des puissances impérialistes du monde. Il soulignait également au nom du CONCP, que la lutte n'était pas destinée uniquement à créer un drapeau et un hymne national mais à faire disparaître l'exploitation. Ne confondons pas, ajoutait-il en substance, l'exploitation ou les facteurs d'exploitation avec la couleur de la peau ; nous ne voulons plus d'exploitation, même si c'est fait par des nègres, concluait le leader du PAIGC.

Sur le plan international, la CONCP se situait dans le camp des pays non-alignés. Toutefois, Cabral faisait remarquer que «non alignement ne signifie pas ignorer les problèmes fondamentaux de l'humanité, de la justice. Non-alignement, pour nous, veut dire ne pas se compromettre avec les grands blocs et ne pas s'aligner sur les décisions des autres. Nous nous réservons le droit de décider par nous-mêmes et pour nous-mêmes, et si par hasard, nos options, nos décisions correspondent à celles des autres, ce n'est pas de notre faute[2]». Les participants à la conférence de Dar Es Salam qui partageaient

[1] Cf. Bonnie, K. C. Ampbell, *La conférence de Dar-es-Salam*, édition CONCP, Alger, Août 1967.
[2] Amilcar, Cabral, «Sur la situation de Notre lutte de Libération Nationale», Conakry, PAIGC, 1970.

largement les points de vue de Cabral, se considéraient solidaires de la lutte de tous les peuples opprimés contre l'impérialisme, pour la dignité, pour la liberté et pour le progrès. Ils ne manquèrent pas à cette occasion de manifester leur solidarité pour les « peuples amis » comme le Vietnam, le Congo (en lutte contre Maurice Tschombé), de Cuba, les Noirs des Etats-Unis, les réfugiés de la Palestine, les peuples d'Afrique du Sud ; ils affirmaient par ailleurs qu'ils avaient des alliés sûrs chez les pays socialistes.

L'URSS et les autres pays de l'Etat donnèrent alors un appui au MPLA et au PAIGC, tandis que la Chine appuyait le FRELIMO et le FNLA exclu de la CONCP mais soutenu également par les Etats-Unis. L'appui des pays de l'Est augmentait progressivement en fonction de la clarification idéologique de chaque mouvement, mais aussi par rapport aux intérêts stratégiques de chaque territoire.

A la conférence de la Havane qui réunit, en septembre 1965 les mouvements nationalistes africains, asiatiques et latino-américains, la volonté déclarée était de coordonner l'action de tous ces mouvements contre l'ennemi commun : l'impérialisme américain, mais aussi de définir clairement la question des alliances. Et dans ce cadre précisément, l'option en faveur du bloc de l'Est ne faisait aucun doute. Comme on peut le constater par exemple dans un article du journal Le Monde du 12/8/65, le MPLA considérait « le peuple soviétique et son gouvernement comme les amis les plus loyaux ».

La CONCP se constitua et se consolida donc sur la base des affinités idéologiques entre le MPLA, le PAIGC et le FRELIMO. Ainsi dans leurs analyses, les dirigeants africains semblaient privilégier la lutte de classes. C'est ce qui apparaît dans le manuel politique du PAIGC ; et pendant le premier congrès du FRELIMO en septembre 1964, ces idées ont été fortement affirmées. Lúcio Lara, un dirigeant du MPLA, déclarait en janvier 1972 dans le journal *Africasie* : « Nos analyses se basent évidemment sur les méthodes scientifiques du marxisme ; nos textes affirment que seules les classes populaires peuvent diriger la lutte et la mener à terme ». La communauté linguistique, mais surtout les affinités idéologiques, ont été des éléments considérables de rapprochement entre ces divers mouvements africains qui luttaient surtout pour la même cause. Ces affinités permirent de définir les alignements stratégiques et politiques, et tracèrent en même temps les vecteurs de la solidarité internationale.

En janvier 1969, à Khartoum au Soudan, la première Conférence Internationale de Solidarité avec les Peuples de Colonies Portugaises, d'Afrique du Sud et de la Rhodésie, s'est tenue. La conférence créa une commission pour étudier le financement des mouvements nationalistes et dénonça par la même occasion : « le rôle de l'OTAN dans les activités colonialistes, néo-colonialistes et racistes en Afrique ».

En juin 1969, les représentants des organisations des 101 pays réunis à Berlin, à l'Assemblée Mondiale de la Paix, lancèrent un appel pour aider matériellement le MPLA, le FRELIMO, le PAIGC, la ZAPU et l'ANC, de manière à les doter de moyens capables de « dérouter un ennemi bien équipé ». En juin 1970, des représentants de 177 organisations de 64 pays se réunirent à Rome, à l'occasion de la 2ème Conférence sur la Solidarité Internationale. Parmi les nombreuses délégations on pouvait compter celle du MPLA dirigé par Neto, celle du FRELIMO, composée par Marcelino dos Santos et Armando Guebuza, celle du PAIGC, constituée par Cabral et Joao Bernardo Vieira(Nino) ; il y avait également les délégués de l'Action Socialiste Portugaise (ASP), du Parti communiste Portugais (PCP), du FPLNP (Front Portugais pour la Libération Nationale) et du Mouvement pour la Paix. La Conférence qui coïncida avec l'audience accordée par le Pape Paul VI aux leaders africains du MPLA, du FRELIMO et du PAIGC, définit les termes et les conditions de la solidarité internationale vers les mouvements nationalistes ; la déclaration générale élaborée à l'issue de cette conférence recommandait en effet, aux pays donateurs que «cette Solidarité fût traduite immédiatement en actions concrètes déterminées par l'évolution de la situation dans chaque territoire ; elle devait aussi tenir compte des conditions spécifiques de chacun de ces territoires. En premier lieu, il s'agissait d'exiger du Portugal qu'il concédât l'indépendance immédiate et totale à ces peuples dont la souveraineté s'exerçait déjà dans plusieurs zones libérées par le MPLA en Angola, par le PAIGC en Guinée et par le FRELIMO au Mozambique. Il était donc nécessaire d'isoler davantage les colonialistes portugais en dénonçant l'appui massif qui leur est accordé par l'OTAN en général, et en particulier par les Etats-Unis, par l'Allemagne Fédérale, par la Grande Bretagne et par la France». Dans l'esprit des conférenciers la solidarité idéologique n'avait de sens que si elle pouvait se convertir en actions concrètes et efficaces, surtout quand le camp d'en face possédait des moyens puissants et ne ménageait aucun effort pour sauvegarder ses intérêts.

Le Conseil Œcuménique des Eglises, tout comme les pays d'Europe du Nord avaient souvent de sérieux problèmes diplomatiques avec le Portugal. Tout simplement parce qu'ils apportaient des appuis constants au MPLA et au PAIGC, tant au niveau privé qu'à l'échelle gouvernementale. En avril 1973, sous l'égide de l'OUA, de l'UNESCO, de l'OMS et de l'OIT, la Conférence Internationale pour l'Aide aux Victimes du Colonialisme et de l'Apartheid eut lieu à Oslo en Suède. 56 pays étaient représentés, plus la présence des délégués de 9 mouvements nationalistes dont le MPLA, le FNLA, le FRELIMO, le PAIGC, l'ANC, le PAC, la ZANU, la ZAPU et la SWAPO. Très souvent l'appartenance idéologique était déterminante pour participer à ce genre d'instances. Cette initiative eut donc un caractère exceptionnel, puisque la conférence n'avait pas tenu compte de ce critère de représentation ; elle avait réussi ainsi à regrouper des mouvements nationalistes d'Angola, d'Afrique du Sud et de la Rhodésie, combattant tous sur le terrain mais ayant des idéologies différentes. Cela n'avait pas empêché que les conclusions finales fussent marquées par de violentes critiques à caractère idéologique et politique dirigées contre les puissances impérialistes, comme c'était de mode vers les années 60. Le système d'appui aux mouvements nationalistes avait parfois subi les aléas des relations entre pays appartenant pourtant au même bloc idéologique. C'est ainsi que le conflit sino-soviétique était venu interférer dans l'idéologie et dans la politique de ces mouvements, s'ajoutant de ce fait à l'effet déjà produit par la confrontation entre l'Est et l'Ouest. L'alignement sur tel ou tel pays régulait l'appui dont les mouvements nationalistes pouvaient bénéficier.

Tout au long des années 60 et 70, la solidarité avec les mouvements nationalistes de la part des nouveaux États africains indépendants, dépendait également de l'état de leurs relations avec l'ancienne métropole. Aussitôt après la déclaration d'indépendance sous la direction de Patrice Lumumba, le Congo Léopoldville constitua le premier appui à la lutte pour l'émancipation en Angola. Mais cet appui fut coupé à cause de l'immixion des États-Unis et de la Belgique dans les affaires de ce pays. Et ce furent la République de Guinée et celle de Tunisie qui, à partir de 1969, assurèrent la principale aide financière et la formation politique et militaire ainsi que la fourniture d'armes aux guérilleros angolais. Devenu indépendante en mai 1962, l'Algérie apporta une aide importante aux mouvements rebelles ; et ce fut sur la proposition du leader algérien Ahmed Ben Bella que fut élaboré, lors de la création de l'OUA, un programme panafricain pour appuyer les luttes d'émancipation dans les colonies portugaises.

Les changements successifs du scénario politique dans divers pays africains modifièrent sérieusement le cadre des actions de solidarité. En 1963, l'année de création de l'OUA, des pays comme le Congo-Brazzaville dirigé par l'abbé Fulbert Youlou, le Libéria, le Nigeria et la Sierra Leone négocièrent avec le Portugal des hypothèses de solution pour la question coloniale ; La Tunisie, la République de Guinée Conakry et le Tanganyka repoussèrent une telle initiative, préconisée du reste par l'ONU ; le Maroc et le Ghana restèrent dans l'expectative. Dès le début de sa création, l'OUA reconnut le FNLA comme unique mouvement nationaliste d'Angola et recommanda la dissolution du MPLA ; sur influence du président sénégalais Léopold Sédar Senghor, l'organisation africaine refusa aussi de reconnaître le PAIGC. A la même période, et malgré les décisions de l'OUA, l'Algérie de Ben Bella, la Tunisie de Habib Bourguiba, le Nigeria d'AboubaKar Taphawa Balewa, la Guinée d'Ahmed Sékou Touré, le Ghana de Kwame Nkrumah et l'Ethiopie de l'empereur Hailé Sélassié, respectaient les promesses d'aides faites aux mouvements nationalistes. Entre-temps, les changements politiques étaient survenus au Congo-Brazzaville avec la substitution de Fulbert Youlou par Alphonse Massamba Débat qui assura le plus grand appui au MPLA ; la Zambie accéda à l'indépendance et il fut possible au MPLA d'ouvrir un front de guerre à l'Est en Angola, et au FRELIMO de combattre dans l'isthme de Tete au Mozambique ; mais, dans ce dernier cas, les conditions de l'aide étaient assujetties aux fluctuations politiques du président Kenneth Kaunda qui appuya également l'UNITA contre le MPLA, et le COREMO contre le FRELIMO ; au Ghana le président Nkrumah paladin du panafricanisme et du socialisme africain fut déchu par l'armée en 1966 ; au Congo-Léopoldville, le sergent Mobutu accéda à la tête de l'État en 1965, assumant progressivement tous les pouvoirs et conditionnant les intérêts des mouvements nationalistes angolais à des intérêts particuliers ; au Nigeria, la guerre du Biafra commença en 1967 qui vint créer des divisions profondes au sein des États du continent africain et même à l'OUA. Les positions des modérés, c'est-à-dire ceux qui étaient conciliants vis-à-vis de l'ancienne métropole commencèrent à gagner du terrain ; elles furent défendues par Senghor et Houphouët Boigny, qui eux ne parvinrent pas à créer le consensus dans le continent pour des raisons purement idéologiques. La question de l'alignement idéologique déterminait naturellement les opportunités que ces nouveaux États pouvaient tirer auprès des grandes puissances. Donc, le moins qu'on puisse dire concernant l'aide des pays africains aux mouvements de libération, c'est qu'elle était fluctuante et tributaire des relations que ces pays entretenaient avec l'ancienne puissance colonisatrice. D'où la plainte des leaders nationalistes africains.

Agostinho Neto, président du MPLA se plaignait en 1969 en déclarant : « Les luttes de libération nationale en Afrique sont chaque fois plus isolées, elles ont chaque fois moins de possibilités de rencontrer la compréhension et l'appui des autres pays africains[1] ». Cinq ans auparavant, en janvier 1964, Holden Roberto leader de l'UPA/FNLA, connu pour ses idées pro-occidentales, avait surpris le monde entier en annonçant à Léopoldville qu'il avait décidé d'accepter l'aide des pays communistes de l'Europe de l'Est : « Les communistes m'ont garanti que je pourrais recevoir des armes et l'argent nécessaire. Nous avons décidé fermement d'accepter cette offre. Seulement les communistes ne peuvent pas nous donner tout ce dont nous avons besoin ». Et le leader du FNLA de dénoncer à son tour l'ambigüité des puissances occidentales. Il l'exprime ainsi dans cette formule ironique : « l'Occident est anticolonialiste le dimanche mais banquier et arsenal militaire du Portugal durant le reste de la semaine[2] ».

---

[1] Cf. *Textos e documentos do MPLA sobre a Revolução angolana*, Edições Maria da Fonte, Lisboa 1974, p. 49.
[2] Cité par Joao Paulo, Guerra, *Memórias das guerras...Op.Cit.*, p.108.

C'est donc dire que l'aide aux mouvements nationalistes africains par les pays occidentaux était fluctuante. Ce fut à ce moment là qu'intervinrent les appuis solidaires de l'Union Soviétique, des pays de l'Europe de l'Est, de la Chine, de la Corée du Nord et de Cuba. Cette solidarité fut intéressée mais fut effective aussi ; elle s'était traduite par des aides financières, par la fourniture d'équipements militaires, de techniciens et par la formation de cadres africains.

Du côté de la métropole portugaise, le ton et la démarche étaient différentes. Le Portugal s'orientait davantage vers la déstabilisation des pays africains. Ce fut ainsi que le 16 août 1960, quand l'ère des indépendances commença, Salazar définissait la politique portugaise face aux nouveaux États indépendants : « la plus étroite et amicale collaboration, s'ils le jugeront nécessaire ; la plus grande correction si nous serons dispensés de collaborer ; la défense des territoires qui constituent Portugal jusqu'à la limite de nos moyens humains et de nos ressources, s'ils comptent transformer leurs menaces en actes de guerre, et la transporter jusqu'à nos territoires[1] ».

Pendant toute la guerre coloniale, le Portugal s'impliqua activement dans la politique intérieure du continent africain : il participa avec la Rhodésie et l'Afrique du Sud à la formation d'un «bastion blanc» stratégique en Afrique Australe ; il joua un rôle décisif dans la déclaration unilatérale d'indépendance initiée par les Blancs en Rhodésie et dans le processus séparatiste du Katanga et du Biafra ; il poussa à la déstabilisation du régime du Malawi, comme il tenta de faire tomber ceux de la république de Guinée Sékou Touré, du Congo et de la Tanzanie ; il maintint avec les pays voisins des colonies une politique de convenance, recourant tantôt au dialogue, tantôt à la manière forte.

---

[1] Cf. Oliveira, Salazar *Discursos e notas políticas*, Coimbra Editora, Coimbra, 1967.

# II. Les traditions de résistance

## A. La déstabilisation des sociétés africaines

### A1. Le code esclavagiste

Notre propos n'est pas de faire ici l'histoire de la résistance africaine. Il s'agit seulement de mentionner quelques exemples qui montrent que la présence européenne en Afrique n'a jamais été de tout repos et ce, depuis les premiers contacts. Contrairement à l'historiographie européenne qui a voulu délibérément occulter ces faits, il convient de souligner que la période coloniale précisément, a été marquée par des guerres perpétuelles, parce que tout simplement les Africains refusaient de supporter les affres du colonialisme. L'occupation effective décidée à la Conférence de Berlin n'avait pas manqué de créer des rebellions parmi les populations africaines vivant dans les colonies. Ce furent les fameuses « guerres de pacification[1] » de 1895 qui prirent fin dans les colonies portugaises seulement vers 1920. En Guinée Bissau, la résistance dans l'archipel des Bijagos se termina en 1936. Et cela n'aurait été possible sans la supériorité militaire des Portugais. En effet, comme le souligne Basil Davidson : « Dans ce genre de situations, la possession d'armes modernes constitue un avantage décisif[2] ».

Les révoltes des années 60, qui avaient atteint leur paroxysme avec les guerres de libération, furent le résultat d'une série de frustrations et de souffrances accumulées durant des siècles. Comme on le sait, la période la plus sombre de l'histoire de l'humanité fut le trafic négrier du XV$^{ème}$ siècle qui a privé l'Afrique de ses fils les plus valides. Point n'est besoin de souligner que cette saignée démographique est l'une des causes du retard[3] économique du continent africain. La main-d'œuvre servile transportée vers les Amériques a été à la base du développement de l'Europe à travers le commerce triangulaire. L'on sait également que la révolution industrielle du XIX$^{ème}$ siècle avait commencé en Angleterre dans le domaine du textile. Or, le textile était produit en Amérique grâce au travail des esclaves africains. Par conséquent, les Noirs ont fortement contribué à l'avènement de ce progrès fondamental dans l'histoire de l'humanité.

Survenue en 1869, l'abolition eut essentiellement pour cause l'avènement du système industriel qui venait ainsi introduire un nouveau mode de production économique. C'est simple : l'utilisation de la machine rendait

---

[1] Cf. Coquery-Vidrovitch, Catherine, *Afrique Noire-Permanences et ruptures*, Paris, Payot, 1985.

[2] Davidson, Basil, *The people's cause, a history of guerillas in Africa*, Longman, Londres, 1981, p.21.

[3] Cf. Uribe, *Op.Cit.*

obsolète le travail servile. C'est pour dire que l'humanisme du *Siècle des Lumières* ne fut pas le facteur décisif de la cessation de l'esclavage, comme on a tendance à le faire croire. D'ailleurs, il est paradoxal que les mesures les plus répressives contre les esclaves soient apparues durant cette période. Ce fut notamment le cas du fameux « Code noir de Louis XIV de 1685[1] ». Ce document était constitué par un arsenal de règlements juridiques promulgués dans les colonies françaises particulièrement ; mais, toutes les autres puissances coloniales s'en étaient servies pour légaliser la déshumanisation des Noirs.

Toutefois, le changement du système de production ne signifiait pas la fin du calvaire des Africains. En effet, le fonctionnement de l'industrie européenne nécessitait des matières premières. A partir de ce moment-là, le regard des Européens était de nouveau tourné vers l'Afrique. C'était donc la seconde ruée vers le continent noir. En effet, la colonisation décidée à la conférence de Berlin en 1884 s'était traduite par une exploitation effrénée des richesses africaines. D'où le besoin de partager l'espace continental africain afin d'éviter les conflits entre puissances exploitantes. Il s'y ajouta que d'autres pays réclamaient avec véhémence une redistribution des matières premières essentielles qu'ils prétendaient accaparées par les puissances coloniales.

A partir de 1934, l'Allemagne, le Japon, l'Italie, la Pologne, pour ne citer que les principaux mécontents, entamèrent des revendications qui troublèrent[2] la SDN.

Mais, pour acheminer les produits coloniaux vers l'Europe, il fallait construire les infrastructures adéquates ; donc, les Européens avaient encore besoin de la main-d'œuvre africaine. Le travail servile étant aboli, les prestations devaient se faire maintenant sur des bases apparemment légales ; c'est-à-dire moyennant une rémunération et une durée de travail déterminée. Donc un travail libre. C'est la raison pour laquelle le fameux contrat fut inventé, qui a prévalu durant la phase de la colonisation. Par conséquent, dans toutes les colonies d'Afrique, les puissances coloniales créèrent une série de législations[3] tendant à organiser le système d'exploitation économique pour en tirer le maximum de profits. L'accent était surtout mis sur la question de l'utilisation des travailleurs noirs.

## A2. Le code de l'Indigénat

La mise en vigueur du fameux « Code de l'Indigénat » réglait le problème, car si les Noirs devenaient libres, ils ne voudraient plus travailler pour les

---

[1]Cf. Molins, Louis, Sala, *L'Afrique aux Amériques, le Code noir ou le calvaire de Canaan*, Paris, PUF, 1987.

[2] Cf. Labouret, Henri, *Colonisation, Colonialisme, Décolonisation*, Larose, Paris, 1952, p.45.

[3] Cf. Cruz, Elizabeth, Vera, *O Estatuto do Indigenato*, Novo Imbondeiro, Lisbonne, 2005.

Blancs. Il fallait donc les y obliger. Le code du travail indigène entré en vigueur en 1899 était prévu pour cela. Il s'agissait d'une série de mesures contraignantes tendant à juguler la main-d'œuvre africaine. Donc, jusqu'en 1960, le travail forcé est resté l'unique système adopté pour toutes les activités économiques dans les colonies portugaises. Ce code fut modifié en 1914 mais on ne notait pratiquement pas d'évolution. Tout le système restait encore dominé par le travail forcé.

Parmi les formes de prestations prévues, Il y avait le travail correctionnel destiné à punir les Noirs qui avaient enfreint la loi ou qui refusaient de travailler comme c'est indiqué dans l'article 2 : « Tout indigène valide sans domicile fixe et sans moyens de subsistance, sans profession régulière, [...] sera jugé [...], condamné et remis aux autorités administratives... ». Les articles 31 et 32 précisent : « S'ils refusaient de travailler, les indigènes pouvaient être condamnés au travail correctionnel ».

Il existait surtout le travail obligatoire imposé quand les travailleurs volontaires étaient en pénurie ; c'est bien indiqué dans plusieurs articles, notamment dans l'article 96 : « Les indigènes qui désobéiraient à la réquisition et résisteraient au travail, ou s'évaderaient de lieux où il leur a été donné de travailler [...], seront repris, remis au curador (juge) ou à ses représentants pour être jugés comme vagabonds et condamnés à la prison ou au travail correctionnel ». Puisque de nombreux adultes étaient déjà requis pour le travail forcé, ce fut souvent à des vieillards, à des adolescents, à des femmes et même à des enfants que l'on faisait appel. Par comble de misère, ces travailleurs devaient utiliser leurs propres outils.

Il y avait surtout le fameux travail contractuel ou travail forcé ; c'était la forme la plus courante à laquelle avaient recours non seulement l'État mais aussi les entreprises privées. Dans ce dernier cas précisément, le recrutement se faisait sous la contrainte à partir du moment où les Africains ayant vécu ce régime en avaient une expérience très amère. Citons un passage du manifeste[1] publié en 1958 par le parti nationaliste UPA (Union des Populations de l'Angola) qui décrit de façon éloquente le drame du travail forcé : « On applique le système des travaux forcés qui consiste à recruter des hommes, des femmes et des enfants, appelés "contratados" (travailleurs contractuels), dans des villages par les soins des surveillants africains appelés "Regedores" (contremaitres), sous la direction des "Chefes de posto" (chefs de poste) et à les livrer aux colons qui se servent de cette main-d'œuvre aux fins de travaux dans les plantations de café et de cacao. Dans maints cas, les membres de la même famille travaillent dans des plantations différentes et, bien souvent, à la fin de leur contrat qui dure parfois 24 mois,

[1] Voir Moser, Pierre A, *La révolution angolaise*, Société L'Action d'Edition et de Presse, Tunis, 1966, pp. 25-26.

ils ne se retrouvent pas. Certains d'entre eux ont été abattus ou sont morts au cours des travaux. Les heures de travail sont de 5 heures du matin à 7 heures du soir, soit 14 heures par jour, dimanche compris. Chaque travailleur a une besogne déterminée qu'il est appelé à finir à la fin de la journée au risque d'être persécuté. Le salaire[1] qui leur est alloué est non seulement ridicule puisqu'il n'atteint que difficilement 7.200 francs CFA-(soit 30 dollars-US) pour les vingt quatre mois, mais on y retient un montant pour l'impôt qui est fixé par l'autorité chargée du payement. Cette retenue s'opère automatiquement sans que le travailleur ait à discuter, sous peine de se voir déporté [...], les travailleurs ¨contratados¨sont soumis à des conditions d'esclavage en contradiction avec la convention anti-esclavagiste de 1926. Il en découle d'ailleurs une mortalité qui dépasse de très loin la natalité [...], dans beaucoup de cas, les habitants des villages, pour échapper au recrutement, se réfugient dans les forêts pendant des mois. Des perquisitions sont alors opérées dans les villages, obligeant les indigènes à payer des taxes supplémentaires sur les objets qu'ils possèdent ».

On constatait ainsi que les salaires étaient sans commune mesure avec le travail fourni quels que soient la nature et le lieu de travail. Ceux qui partaient étaient maintenus de force ; c'est-à-dire que leur séjour dépassait la durée prévue par le contrat ; le plus souvent ils ne revenaient jamais plus. L'archipel de Sao-Tomé et Principe, devenu par excellence une colonie de plantation, offre les meilleurs exemples. Il suffit tout simplement de se rappeler du sort dramatique des travailleurs contractuels qui y étaient envoyés pour travailler dans les plantations de café ou de cacao. Rappelons qu'en 1898, l'archipel produisait le meilleur cacao d'Afrique et assurait 11‰ de la production mondiale[2]. Malgré le contrat juridique qu'ils détenaient, ces travailleurs qu'on appelait *serviçaes* (serviteurs ou manœuvres) étaient presque réduits en esclaves ; d'une part, ils étaient capturés[3] à l'intérieur des territoires ou achetés par des marchands portugais ; d'autre part, ils vivaient sous un régime de déportation. C'est-à-dire, leur retour n'était pas garanti à la fin du contrat de travail. C'est la raison pour laquelle des voix s'étaient élevées, à cette époque, pour dénoncer les conditions inhumaines auxquelles étaient soumis les travailleurs émigrés venant des différentes colonies portugaises. Parmi les principaux détracteurs, il y avait le grand chocolatier quaker anglais William Cadbury[4] qui, après s'être rendu lui-même dans l'archipel, demanda à sa firme et aux sociétés anglaises de boycotter le cacao venant de Sao Tomé. D'ailleurs, la situation dramatique que vivaient les *serviçaes* fut confirmée en 1947 par Henri Galvão, inspecteur chargé d'enquêter sur le fonctionnement des services administratifs portugais en

[1] *Ibid.* (Chiffres publiés en 1960, basés sur des données de 1958).
[2] Pélissier, René, *Le naufrage des caravelles*, Editions Pélissier, Orgeval, 1979, p. 222.
[3] *Ibid*., p.221.
[4] Cadbury, William.A., *Os serviçaes de S. Thomé*, Bertrand, Lisboa, 1910, p.127.

Angola et à Sao Tomé et Principe. Comme nous l'avons signalé plus haut, dans ce rapport confidentiel intitulé : *Recrutement de la main d'œuvre à Sao Tomé*, il déclarait « que le recrutement et le contrat se font de manière coercitive, le temps de travail indiqué dans le contrat est dépassé, le salaire est bas et souvent non payé, on note surtout une très grande mortalité chez les travailleurs, le rapatriement n'est pas effectué, etc.[1] ». En 1953, cette situation scandaleuse fut à l'origine d'une émeute provoquée par les natifs de l'île, allergiques au travail des plantations (*roças*). C'était la révolte de Batepá qui donna lieu à une répression sanglante qui fit près de 100 morts. Rappelons que Sao et Tomé et le Cap Vert avaient un statut privilégié puisque les natifs de ces territoires étaient plutôt considérés comme des citoyens portugais et non comme des Indigènes qui eux, étaient assujettis au travail forcé. On les appelait *filhos da terra* (natifs du pays). Ils estimaient par ailleurs qu'ils étaient les propriétaires légitimes des terres que les Blancs voulaient leur extorquer ; mais, compte tenu de la pénurie de main-d'œuvre dans l'île, l'administration coloniale, sous l'influence des patrons de plantations, voulait les impliquer de force comme manœuvres. C'est cela qui fut à l'origine de la rébellion qui se déroula à Batepá, près de Trinidade, faisant plusieurs morts. Après la vague de répressions, il y eut des milliers de détenus ; certains furent internés dans des camps de concentration que les journaux de l'époque qualifièrent de « chambres à gaz[2] ». Les suspects, les oisifs et tous les mécontents étaient conduits sur le chantier de Fernao Dias que les Insulaires considéraient comme le goulag de Sao tomé. Là aussi, il y eut beaucoup de morts.

Il y avait aussi le cas des leaders, c'est-à-dire ceux qui s'opposaient ouvertement à la politique coloniale mais qui étaient des cadres puisqu'ayant eu la possibilité de faire des études de haut niveau. Ceux-là furent déportés à l'île de Principe qui était restée en dehors des remous. Le martyre des fils de Sao Tomé n'aura pas été vain ; car, chronologiquement, on peut considérer la guerre de Batepá comme le début du nationalisme qui a atteint son point culminant en 1961 avec la création du CLSTP (Comité de Libération de Sao Tomé et Principe, devenu après le congrès de 1972 MLSTP (Mouvement de Libération de Sao Tomé et Principe).

Il convient de signaler que la construction des infrastructures pour acheminer les matières premières vers la métropole avait un coût humain très élevé. A ce propos l'historien Joseph Ki-Zerbo affirme : « Les routes, les ports, les voies ferrées, par absence de matériel (on limitait au maximum l'achat de machines), ont été construites à la main par des hommes et des femmes (…). Le chemin de fer du Congo-Océan et celui du Thiès-Kayes sont d'ailleurs

---

[1] Cité par Davidson, Basil, *The Africa Awekening*, Harmondsworth: Penguin Books, London, 1955, pp.204-206.

[2] *Tricontinental*, n° 40, 1953, p.41.

jalonnés de cimetières. A défaut de prestataires, parfois en fuite, on mettait la main sur leurs femmes qui, en Afrique Equatoriale, étaient entassées comme otages dans des cases de la mort, car les otages n'étaient pas nourris [1] ». Ki-Zerbo parle ici des colonies françaises mais, comme on l'a indiqué plus haut, cela vaut davantage pour les territoires portugais où le niveau de mécanisation était plus faible.

La question de l'exploitation de la main-d'œuvre africaine fut donc cruciale durant la colonisation. Le sacrifice des travailleurs noirs fut très lourd en termes de pertes de vies, de dislocation des familles et les tourments subis étaient nombreux.

Il est établi que la mise en œuvre du projet colonial passait nécessairement par l'occupation des terres ; l'affirmation de la souveraineté de la métropole sur ses territoires d'outre-mer et sur ses habitants, reposait sur « la mainmise effective sur tous les biens immobiliers situés dans l'espace colonial » ; c'est ainsi qu'il fut stipulé par un décret de loi intitulé « Règlement pour la Concession de Terrains de l'Etat dans les Colonies d'Afrique[2] ».

L'on sait qu'en Afrique, la terre, même si elle appartient symboliquement à une famille, reste la propriété de tout le groupe dans la mesure où elle constitue un facteur de production essentiel qui permet à la collectivité de vivre. Le droit de propriété est virtuel. Or, en exigeant la présentation de documents écrits en guise de titre foncier, les Portugais introduisaient un moyen de déposséder les individus et la communauté de leurs terres. La loi imposée par les autorités coloniales interdisait d'ailleurs aux Africains le droit d'accès à la propriété individuelle. L'objectif visé était bien entendu d'exproprier les Africains aux fins d'exploitation de leurs terres ; mais, c'était aussi pour libérer des bras valides afin d'avoir une main-d'œuvre disponible. C'est la raison pour laquelle on procéda à une classification des terres. Celles classées de 1$^{ère}$ et de 2$^{ème}$ catégorie, c'est-à-dire les plus fertiles, étaient destinées aux Européens ou aux personnes de culture européenne, tandis que les Indigènes étaient confinés dans la 3$^{ème}$ catégorie avec des terres non seulement réduites, mais encore de qualité moindre. Donc, une véritable discrimination. Dans cette perspective, l'État portugais envoyait auparavant des experts pour étudier la nature des sols afin de localiser les zones les plus favorables. Une institution coloniale comme la Société de Géographie, à l'instar des mêmes institutions qui existaient en Europe, s'y était beaucoup employée, nonobstant sa grande contribution à l'éclosion du savoir scientifique. Cela permettait ainsi aux colons de se fixer sur les terres les plus arables moyennant un appui financier de leur État. Aujourd'hui

[1] Ki-Zerbo, Joseph, *Histoire de l'Afrique Noire*, Paris, Hatier, 1978, p.433.

[2] C'est le règlement du 22 Juin 1944(décret no33727). Un autre décret antérieur, datant de 1937 indique la même chose. Voir AHU, Lisbonne, salle 2, Etagère XVII, rayon 22, pile 2927.

encore les méfaits de cette discrimination sont visibles dans des pays comme le Zimbabwe ou l'Afrique du Sud. Le président Robert Mugabe fut critiqué par les Occidentaux quand il a procédé à une redistribution plus démocratique des terres depuis longtemps détenues par une minorité de Blancs. On a l'impression que le président zimbabwéen, héros de la libération nationale, ayant réussi la réconciliation entre Noirs et Blancs avant même que l'Afrique du Sud de Mandela ne le fasse, a commis un sacrilège ; il a osé toucher à un privilège acquis depuis le temps où on dépossédait les Noirs de leurs biens les plus légitimes.

Pour en revenir au domaine colonial portugais précisément, on constate qu'en matière foncière les formes les plus usitées étaient l'expropriation et l'expulsion pure et simple ; tout cela était circonscrit dans un cycle de répressions sans répit.

Cependant, l'aliénation des terres ne s'était pas faite sans la réaction des populations africaines. Les fameuses guerres de pacification, qui eurent lieu en 1895, ne furent rien d'autre que des actions de force menées contre des peuples qui ne voulaient pas céder leurs terres. C'est-à-dire ceux qui luttaient contre l'occupation européenne. Le Portugal eut à livrer officiellement près de 141[1] guerres de ce genre dans l'ensemble de ses colonies, durant presque 80 ans (1840-1922). C'est donc dire que le problème de l'occupation étrangère constituait un enjeu majeur pour les Africains. Rappelons que la loi votée lors de la Conférence de Berlin exigeait des puissances européennes qu'elles occupent effectivement les territoires coloniaux qui étaient sous leur tutelle. En 1961, l'occupation des terres par les Portugais fut également à l'origine des soulèvements[2] qui se produisirent au Nord de l'Angola sous l'égide de l'UPA /FNLA. Les mêmes problèmes s'étaient posés également dans d'autres colonies entraînant la même violence et les mêmes atrocités. Disons que la perte des terres ancestrales par les Africains constitue un facteur important pour comprendre les guerres de libération des années 60 dans les différentes colonies portugaises en Afrique. On observe d'ailleurs des pratiques similaires dans les colonies françaises et anglaises ou belges voisines. C'est donc un trait spécifique de toute colonisation que d'usurper des terres appartenant aux communautés qui y vivent depuis des millénaires.

Un autre aspect qui a aggravé le calvaire des sociétés africaines durant l'occupation coloniale, fut le payement des impôts obligatoires. Le Portugal ne faisait pas exception puisque cette mesure a été appliquée par toutes les

---

[1] Cf.Seabra, Jorge, «O império e as memórias de Chaimite», *in Revista das Ideias*», Vol.17, *Op.Cit.*, pp.32-78.

[2] Cruz, Bety, Vera , *O Estatuto do Indigenato*, *Op. Cit.*, p. 53. Voir aussi, Edmundo, Rocha, *Contribution à l'étude de la genèse du nationalisme moderne angolais* (1950-1964). *Témoignage et étude documentaire*, Lisbonne, Ed .de l'auteur, 2003.

puissances européennes. Cette levée d'impôts créa la ruine des populations africaines et provoqua des exodes massifs. L'éclosion des guerres d'occupation de 1895 était aussi liée à ce phénomène. En effet, l'administration portugaise était assujettie à des dépenses énormes pour entretenir sa machine de guerre face à la résistance farouche des Africains. Elle avait donc instauré une loi[1] sur le payement d'impôts afin de pouvoir assurer toutes ces dépenses. C'étaient l'impôt par tête d'habitant et l'impôt sur le toit (palhota). Ces contraintes avaient aussi pour but d'exploiter le maximum de mains-d'œuvre car, comme l'affirmait monsieur Duchene, un haut responsable français durant le Congrès Colonial International en 1900 : «le meilleur moyen pour se procurer de la main d'œuvre indigène serait d'obliger les Noirs à payer des impôts très élevés...car s'ils ne peuvent pas payer, ils tombent sous le coup d'une sanction prévue par le Code de l'Indigénat [2]». Il faut dire que le Code de l'Indigénat est semblable à plusieurs égards au code noir du temps de l'esclavage ; il fut aboli dans les colonies françaises en 1946 mais seulement en 1961 dans les colonies portugaises ; il permettait aux autorités de recruter de force un Indigène quand celui-ci ne s'acquittait pas de son impôt. Mais, les Africains refusaient de supporter cette charge qu'ils trouvaient injuste. Par conséquent, les autorités coloniales durent recourir à la violence. Un régime de contrainte et de terreur leur fut ainsi imposé ; certains habitants étaient obligés d'émigrer en masse pour échapper à la tyrannie. William Ponty, à l'époque gouverneur du Sénégal, qui connaissait bien la Guinée Portugaise, déclare à ce sujet : « les Mandingues et les Fulas, installés sur les rives du fleuve Geba, molestés et ruinés par les Portugais, étaient les seuls à payer les impôts ; les Felupes, les Balantes, les Manjaques, les Biafadas, les Papels et les Oincas refusaient de payer[3] ».

On constate ainsi que le régime colonial portugais, à l'instar des autres puissances coloniales, créa une série de contraintes qui exacerbèrent la vie des populations noires. A la répression, au travail forcé, aux cultures obligatoires et au service militaire entre autres, vint s'ajouter le calvaire de l'impôt.

L'usage de la violence était inhérent à tous ces régimes. Les témoignages sont nombreux qui attestent des mauvaises intentions affichées dès le début pour soumettre les populations noires.

En 1895 par exemple, Joseph Chamberlain, secrétaire colonial britannique, justifiant l'usage de la force pour imposer l'administration coloniale,

---

[1] *Journal officiel* n°228, (7 Novembre 1903), BOGP, no 45, 7 Novembre 1903, pp.213-215.
[2] Cite par Crowder, Michael, *West Africa under colonial rule*, Hutchinson and Co., London, 1968, p. 186.
[3] Cité par Mendy,Peter, Karibe, *A tradição de resistência na Guiné- Bissau*(1879-1959), INEP, Lisboa, 1994, p.210.

observait « qu'il n'était pas possible de faire des omelettes sans casser des œufs[1] ».

En 1908, Louis Gabriel Angoulvant, gouverneur français de la Cote d'Ivoire, exprimait la même chose mais avec plus de cruauté en déclarant que : « quelques Noirs devaient mourir... c'est inévitable et même souhaitable[2] ».

Un an avant la chasse aux Noirs déclarée par Angoulvant, à l'occasion d'une visite effectuée à la colonie du Tanganyika, Dernburg, secrétaire allemand, nota : « qu'à Dar-es-Salaam (la capitale), tous les Blancs portaient des fouets. J'en ai vu un sur la table du bureau central du Trésor public ; et sur le bureau de la station du chemin de fer de Usambara, il y en avait un à côté de l'agent ; presque tous les Blancs se promenaient avec une chicote pour corriger un Noir quand bon leur semblait[3] ».

Cinquante ans après, un administrateur colonial portugais en Angola parlait un langage similaire pour caractériser les pratiques officielles du régime colonial portugais : « Nous Portugais, nous considérons l'indigène comme un enfant et, en tant que bons pères, nous devons lui administrer des coups de fouet de temps en temps [4] ». Le châtiment corporel était d'ailleurs étendu à toutes les catégories sociales africaines[5]. Même les collaborateurs des Portugais, les auxiliaires d'administration-cipayes, interprètes et autorités traditionnelles- étaient assujettis aux sévices physiques. Il arrivait souvent que les chefs indigènes soient battus publiquement devant leurs propres administrés.

Tous les autres pouvoirs coloniaux en Afrique-Belgique, Italie et Espagne ont plus ou moins procédé de la même manière.

On ne peut cependant citer les abus de violence coloniale sans faire référence à la situation du Congo au temps du roi des Belges Léopold II. Entre 1885 et 1908, le Congo est devenu sa propriété. Mais, sous son administration, les peuples congolais avaient subi un bain de sang qui réduisit encore, de moitié, le nombre des habitants. Voici ce qu'en dit l'auteur Adam Hoschschild : « Ce qui s'est produit au Congo était indubitablement un assassinat de masse à grande échelle, mais la triste vérité, c'est que les hommes qui l'appliquaient au nom de Léopold II

---

[1] Cité par Crowder, *Op. Cit.*, p.128.

[2] *Ibid.*, p. 110.

[3] Cité par Temu.A. B. Swai, *Historians and Africanist History : A critique*, Zed Press, Londres, 1, p. 47.981

[4] Cité par Duffy,J, *Portuguese Africa*, Harvard University Press, Cambridge, Massachussets, 1961, pp. 16-17.

[5] Cf. Cruz, Elizabeth, Vera, *O estatuto do Indigenato*, *Op.Cit.*, p. 93.

n'étaient pas plus meurtriers que de nombreux Européens à l'œuvre dans d'autres régions d'Afrique[1] ».

Pour les populations africaines, tout cela était donc motif de frustrations, de vexations aggravant ainsi le désir de soulèvement et de révolte.

Par conséquent, on constate que dans tous ces territoires coloniaux des formes de résistance plus ou moins organisées s'étaient manifestées contre les autorités coloniales et les Africains qui collaboraient avec eux.

## A3. Les luttes de résistance

Il convient d'affirmer qu'en Afrique il y a toujours eu une tradition de résistance contre l'envahisseur blanc. Elle remonte de loin dans le temps, et s'est manifestée au long des siècles. Durant le trafic négrier par exemple, les révoltes étaient nombreuses qui se produisaient sur le sol africain, durant la traversée et aussi aux Amériques. Rappelons-nous les *quilombos* brésiliens ou les *palenques* des colonies espagnoles, qui étaient des espèces de forts construits en pleine forêt, et à partir desquels les esclaves fugitifs lançaient des assauts de résistance contre les Blancs. Le quilombo de Palmares, situé au Brésil, demeure le plus célèbre à cause de sa forte cohésion sociale et de sa bonne organisation qui lui avaient ainsi permis de tenir longtemps contre les attaques des patrons esclavagistes. L'exemple le plus illustratif reste cependant Haïti, première république noire créée au prix d'une lutte héroïque contre la prestigieuse armée de Napoléon en 1806.

En termes de luttes de résistance, on peut considérer l'histoire des grands royaumes d'Afrique comme élément précurseur du nationalisme qui s'était développé durant la colonisation. Il suffit tout simplement de rappeler le bon souvenir de l'empire du mandingue au XIII$^{ème}$ siècle avec le prestigieux Soundiata Keita. Cet empereur avait réussi à bâtir un Etat fort militairement et puissant économiquement, tandis qu'en Europe, on ne rencontrait pas encore une entité de la même envergure. Ce fut donc grâce à cela qu'il avait préservé son peuple de l'esclavage introduit par les Arabes et les Européens. Ses conquêtes lui avaient même permis d'unifier plusieurs territoires pour former un espace aussi grand que l'Allemagne et la Belgique réunies. L'épopée[2] mandingue regorge d'images montrant l'empereur Soundiata comme un bâtisseur mais surtout comme un patriote qui a lutté farouchement pour sauvegarder la dignité de la race noire.

En 1882, au Sénégal, le roi Lat Dior Diop refusa aux Français l'autorisation de construire une voie ferrée entre Dakar et Saint-Louis qui allait traverser

---

[1] Hochschild, Adam, *Les fantômes du roi Léopold, un holocauste oublié*, Paris, Belfond, 1998.
[2] Cf. Kesteloot, Lylian, *L'épopée traditionnelle*, Fernand Nathan, Paris, 1971, pp.6-12.

son royaume indépendant, le Cayor. Voici un passage de la lettre qu'il adressa au gouverneur du Sénégal, Servatius : « Tant que je serai en vie, soyez sûr que je m'opposerai de toutes mes forces à la construction de ce chemin de fer... chaque fois que je recevrai une lettre concernant ce projet, je répondrai toujours non et non. Je ne donnerai aucune autre réponse. Même si je devrais mourir, mon cheval Malaw répondra toujours non[1] ».

Pour renforcer sa position, Lat Dior donna des instructions à tous ses chefs de province pour qu'ils punissent sévèrement toute personne étant son administré qui participe à la construction, ou surpris en train d'aider ceux qui y participent. Mieux encore, Lat Dior interdit la culture de l'arachide et ordonna à tous ceux qui vivaient aux alentours des postes de commerce français de retourner dans leurs villages d'origine. Ceux qui ne prendraient pas au sérieux cette décision verraient leurs maisons brûlées et leurs biens confisqués.

Quatre ans plus tard, le nationaliste Lat Dior mourut avec deux de ses fils et huit guerriers, lors d'une bataille mémorable contre les Français, le 27 octobre 1886 à Dekhelé. Dans l'intention de contrarier les propos de Lat Dior, les Français avaient mis son cheval Malaw en selle et le dirigèrent vers le chemin de fer ; mais, comme par miracle, il succomba avant d'y arriver. Il resta fidèle à l'esprit de son maître. D'où la chanson devenue célèbre (*Malaw n'a pas vu les rails*) chantée par tout le peuple, comme pour immortaliser cette période particulièrement glorieuse de l'histoire du Sénégal. Le roi Lat Dior demeure aujourd'hui pour tous les Africains un exemple de vertu et de courage parce qu'il s'était opposé farouchement aux colons pour sauvegarder les intérêts de sa race.

Dans l'espace colonial portugais un des premiers personnages historiques qui incarne le mieux la résistance africaine fut le roi du Congo, dont le royaume était situé au Nord de l'Angola. En I662, le Mani-Congo (roi du Congo) s'appelait Antonio 1$^{er}$ puisqu'il s'était converti au christianisme, plus pour une question de circonstance que par conviction. Il voulut reprendre le contrôle des richesses du pays en déclarant caducs tous les accords conclus avec les Portugais par son prédécesseur, en l'occurrence son père Garcia II. Etant donné que l'exploitation de ces richesses était vitale pour leur économie, les Portugais choisirent d'envahir le pays dont ils avaient perdu le contrôle. Devant cette menace, le roi réagit dignement en faisant publier un édit dans lequel il demandait à ses administrés de défendre : « nos terres, nos biens, nos enfants, nos femmes, nos vies et nos libertés que la nation portugaise veut conquérir et dominer[2] ».

---

[1] Cité par Guéye Mbaye et Boahen.Adu, «African initiatives and resistance in West Africa, 1880-1914 », *in A. Adu. Boahen, Adu(ed)*, *UNESCO, General History of Africa*, vol.VII: *Africa Under colonial domination, 1880-1935*, UNESCO, Paris, 1985, p. 47.

[2] Cf. Basil, Davidson, *Mère Afrique*, Paris, PUF, 1965, pp. 140-141.

La même attitude nationaliste fut assumée par une reine particulièrement guerrière, Anne Zinga. Elle a régné également en Angola au XVII$^{ème}$ siècle. Son pouvoir fut marqué par une lutte farouche contre l'occupation portugaise. Elle demeure un grand symbole pour tous ceux qui, des siècles plus tard, ont lutté pour sauvegarder la dignité et les intérêts de leurs peuples. Ses continuateurs sont donc au XX$^{ème}$ siècle, Patrice Lumumba et tous ceux qui ont participé à la guerre de libération en Angola. En effet, tous défendaient les mêmes causes : libérer leur pays du joug de l'étranger.

Au Mozambique, en 1895, le roi de Barue, Macombe Hanga était motivé par le même désir de souveraineté face aux ambitions impérialistes des Portugais. Il tenait à maintenir dignement le flambeau légué par ses ancêtres glorieux qui avaient toujours repoussé la présence européenne. Aussi, aimait-il se considérer comme le continuateur de cette tradition : « ...je resterai macombe comme mes parents l'ont été[1] ».

Dans ce même territoire et durant la même période, Gungunhana, empereur de Gaza (Sud du Mozambique) donna beaucoup de fils à retordre aux troupes portugaises. A la tête d'une grande armée, il opposa une résistance farouche durant presque 11 ans. Sa bravoure a traversé le temps à tel point qu'au moment des luttes de libération, Samora Machel président du FRELIMO, l'avait choisi comme héros emblématique.

En plus de la confrontation armée, il y eut d'autres formes de résistance, comme les grèves et les interruptions de travail. Vers 1939, les syndicats étaient progressivement reconnus dans les colonies françaises et anglaises. Ce ne fut pas le cas chez les Portugais et les Belges. Cela n'a pas empêché pourtant qu'il y ait eu des mouvements de revendication de grande envergure impliquant des travailleurs du secteur cotonnier comme on a pu l'observer au Mozambique durant les années 40 et 50. On constate surtout que la lutte pour des revendications d'ordre économique entraînait progressivement des exigences politiques et même d'indépendance nationale.

Compte tenu du sentiment constant de frustrations parmi les ouvriers et les paysans, il existait donc « une connexion entre les conditions commerciales défavorables, la baisse des rendements, le pessimisme des années 1930-1945 et l'émergence du mouvement anticolonial[2] ». On peut pousser plus loin ce constat en affirmant comme Hodgkin, que « les syndicats africains de la période 1930-1945 peuvent être considérés non seulement comme des organes de revendication économique en faveur des salariés, mais aussi comme des moyens d'affaiblir le régime colonial et de l'éliminer

[1] Cté par Allen, F. Isaacman, *The tradition of resistance in Mozambique: Anti-Colonial activity in the zambest valley, 1850-1921*, Heinmann, Londres, 1976, p. 56.
[2] Hopkins, A.G, *An Economy, History, of west Africa*, Longman, Londres, 1973 p. 266.,

éventuellement à travers une lutte politique de remise en question permanente[1] ».

On ne doit pas oublier d'intégrer dans ce registre les mouvements à caractère religieux qui ont eu aussi à jouer un rôle non négligeable dans le cadre des résistances africaines. Les prêtres des cultes traditionnels et les médiums furent très actifs durant les guerres de résistance africaine. Leur rôle était essentiel dans la société en tant que tradi-praticiens, gardiens des rites et du savoir ancestral. Ils étaient consultés sur toutes les questions concernant la vie de la communauté. D'où cette légitimité qui leur conférait le pouvoir de conseiller et de bénir la lutte contre la domination coloniale. Ils étaient capables d'aider[2] aux recrutements et aussi de provoquer des soulèvements comme le fit, par exemple, Kinjikitile Ngwale durant l'insurrection des Maus-Maus au Tanganyika en 1905.

Face à la destruction de la société traditionnelle, le seul lieu d'expression d'une identité authentique africaine était la secte religieuse, qui revendiquait une autre religion différente de celle du colon. On y retrouvait une identité africaine véritable et la fierté d'être noir, par le port vestimentaire africain, la langue locale et les cultes traditionnels. Les difficultés créées pour faire face aux partis et aux autres organes de revendication avaient donné aux mouvements religieux le privilège d'être des lieux d'expression politique. C'est ainsi que le Kimbandisme avait prospéré au Congo belge. Il attirait surtout les paysans détribalisés, prolétarisés, d'où son sens social affirmé et sa rapide diffusion. Son programme civique et politique pouvait se résumer ainsi : « refus de solliciter les services de l'administration coloniale, de porter des habits européens, de payer les impôts, de fréquenter les hôpitaux et les écoles ; en revanche, il était question de faire des revendications sur les problèmes agraires[3] ».

S'inscrivant dans la même mouvance religieuse, le Tokoïsme eut un grand impact sur les Angolais. Le fondateur du mouvement Simon Toko implorait la volonté divine pour faire disparaître le joug colonial en Angola. Enseignant dans une mission baptiste en 1938, mêlant tradition africaine et Ancien Testament, il transposa l'exploitation coloniale en langage religieux. Le succès de ses prêches dépassait le cadre de son ethnie d'origine (Zombos du Nord de l'Angola) et touchait aussi d'autres ethnies, en particulier les Bakongos. Même si son action nationaliste resta circonscrite aux limites d'une ou deux tribus, il n'en demeure pas moins que le Tokoïsme fut un

---

[1] Hodgkin.T, *Nationalism in colonial Africa*, New York, University Press, New York, 1957, p. 135.

[2] Tungamirai,Josiah chef politique de ZANLA, cité par D. Lan, *Guns and Rain: Guerillas and Spirits Mediums in Zimbabwe*, James Currey, Londres, 1985, p.147.

[3] Merlier. M, *Le Congo, de la colonisation belge à l'indépendance*, Maspero, Paris, 1962, p. 82.

précurseur dans le mouvement de résistance au colonialisme en Angola. En tout cas il avait constitué un premier passage pour plusieurs nationalistes.

En Afrique occidentale, durant la colonisation, l'islamisme fut une force contre l'expansion européenne. Comme le souligne l'auteur Crowder, les sociétés islamiques considéraient que « l'imposition d'une administration blanche représentait la soumission aux infidèles et ceci était intolérable pour un bon musulman [1] ».

Particulièrement au Sénégal, durant la première décennie du XX^ème^ siècle, l'islamisme était devenu suspect aux yeux des autorités coloniales. Des confréries comme le mouridisme eurent périodiquement des conflits avec les Français. Son fondateur Cheikh Ahmadou Bamba fut exilé deux fois. Aujourd'hui, au Sénégal, un grand pèlerinage est organisé tous les ans à Touba, une ville dont il est le fondateur. D'autres célébrations sont régulièrement organisées un peu partout dans le monde pour honorer sa mémoire.

On constate ainsi que les luttes de libération dont il est question dans cette étude, trouvent leurs sources dans les mouvements de résistance qui se sont produits avant et pendant la colonisation. En Afrique portugaise, il existe des rapports étroits entre les résistances antérieures et les guerres de libération nationale ; c'est l'avis de Rodney et Isaacman qui affirment que « les combattants de la lutte de libération en Angola déclarent eux-mêmes qu'il y a une connexion entre leur guerre de libération nationale et les résistances antérieures, et qu'ils sont convaincus que les masses populaires se souviennent des événements tels que la guerre de Bailundu comme d'un passé mythique [2] ». Rappelons que la province du Bailundu est située au centre (haut plateau) de l'Angola. Le roi s'appelait Ekuikui II qui développa la production agricole d'exportation, notamment le maïs et d'autres produits transportés en caravane vers la côte de Benguela. Cela lui conféra un certain pouvoir économique et lui permit ainsi d'entretenir une petite armée. Il fit alliance avec le royaume voisin de Bié pour lutter contre les Portugais en 1888. En 1891, ces derniers matèrent difficilement cette révolte de grande ampleur avant de conquérir la capitale. Ils ne purent s'installer définitivement qu'en 1902. Et jusqu'en 1940, le Portugal dût livrer plusieurs batailles pour mettre fin à des révoltes du même genre. La mémoire populaire en garde encore des souvenirs vivaces.

Selon toujours Isaacman, la popularité du FRELIMO dans la vallée du Zambèze est liée à la longue tradition de résistance qui a perduré dans cette région. Durant toute la période coloniale, poursuit-il : « les anciens de cette

---

[1] Crowder.M, *West Africa Under Colonial Rule, Op. Cit.*, p. 72.

[2] Rodney.W, cité par T. O. Ranger, «African initiatives and resistance in the face of partition and conquest », A. Adu Boahen, *op. cit.*, pp. 46-47.

région racontaient des histoires de résistance africaine, ce qui rendait fiers les jeunes et les faisaient rêver de combats futurs[1] ».

L'histoire de la Guinée Portugaise fut aussi jalonnée de guerres de résistance contre l'envahisseur blanc. Il est évident que cela contribua beaucoup à forger un front de refus permanent, qui se matérialisa en action révolutionnaire grâce à l'influence idéologique du PAIGC. A ce sujet, l'opinion d'Amilcar Cabral faisait foi quand il affirma : « La résistance du peuple de Guinée et du Cap Vert n'avait jamais cessé de se manifester par des révoltes, par une résistance passive, par l'émigration en masse vers les pays voisins et le refus total de payer les impôts malgré la répression coloniale... Notre lutte vient de là[2] ». On peut donc dire que la mémoire des luttes contre l'oppression portugaise fut une source d'influence constante en Guinée Bissau. C'est la raison pour laquelle Caby na Tuk, un vieillard d'origine balante de Tchugue, habitant dans la région de Tombali, n'avait pas hésité à rentrer dans les rangs du PAIGC : « Nous n'acceptons pas d'être traités comme des animaux, d'être frappés à mort pour un oui ou pour un non[3] ».

Il faut souligner cependant, que les divisions ethniques qui ont pratiquement existé dans toutes les colonies portugaises, ont rendu difficile l'efficacité des luttes africaines de résistance. Si on ajoute à cela la supériorité des armes portugaises, la victoire des Africains était hypothéquée malgré leur l'héroïsme. Donc, tout le mérite des partis nationalistes qui menèrent les luttes de libération en 1960, c'était d'avoir réussi à dissiper considérablement les dissensions ethniques qui minaient la cohésion sociale. C'était surtout d'avoir réussi à inculquer aux citoyens une conscience idéologique, afin de les mobiliser ainsi autour d'un objectif commun : la libération nationale.

## B. Les antécédents des luttes de libération

### B1. Les premiers massacres

Dans les colonies portugaises d'Afrique, l'intention première des mouvements nationalistes n'était pas d'entrer immédiatement en guerre contre le Portugal. Du point de vue politique et militaire, les conditions n'étaient pas encore objectivement réunies pour une telle aventure. L'on se rappelle que des dirigeants comme Cabral ou Neto n'avaient eu de cesse d'informer l'opinion internationale sur la nécessité de résoudre

---

[1] Allen. F. Isaacman, *The tradition of resistance in Mozambique, Op.Cit.*, p. 199.

[2] Cabral, Amilcar, *Revolution in Guinea*, Stage 1, London, 1969, p.17.

[3] Caby na Tuk, «We Don't Accept Being Treated like Animals», *in* O. Gjerstad e C. Sarrazin, *Sowing the first harvest: National Reconstruction in Guinea-Bissau*, LS M, Information Center, Oakland, 1978, p.39.

pacifiquement la question de la décolonisation. Mais, le Portugal n'avait jamais voulu libérer ses colonies s'appuyant sur la théorie de la nation « une et indivisible ».

## - Le massacre de Pidjiguiti

Les événements sanglants qui se sont déroulés en Guinée Bissau, en Angola et au Mozambique servirent en quelque sorte de déclencheurs des luttes armées. Ce furent pourtant des mouvements pacifiques de travailleurs, mais qui ont dégénéré en massacres de la part des autorités coloniales. En Guinée par exemple, il y a eu le fameux massacre de Pidjiguiti. Le 3 août 1959 les travailleurs du port de Bissau entrèrent en grève pour réclamer de meilleurs salaires. Mais les autorités portugaises considérèrent cette démarche comme une menace. Il leur fallait donc réagir énergiquement pour mater toute autre velléité de contestation. C'est ainsi que les forces militaires entrèrent en action et tuèrent « 50 travailleurs africains en faisant plusieurs blessés[1] ». Cet acte eut des conséquences importantes. D'une part, il permit aux mouvements nationalistes clandestins comme le PAI guinéen ou le MLG (Mouvement de libération de la Guinée) d'unifier leurs actions contre l'ennemi commun : le colonialisme. D'autre part, le massacre de Pidjiguiti fut considéré comme le symbole de la lutte de libération du peuple de Guinée-Bissau. Les leaders nationalistes comprirent surtout que les travailleurs sont le fer de lance de la révolution. A partir de ce moment, Cabral reconnut lui-même que la stratégie de son parti était erronée car Pidjiguiti montra « la nécessité d'organiser et de mobiliser les masses paysannes dont le rôle est fondamental dans la lutte de libération, comme l'expérience l'a prouvé[2] ». Quoiqu'il en soit, Pidjiguiti marqua le début de la lutte de libération puisque, quatre ans après cet événement, une longue guerre commença et ne finit qu'en 1973 avec l'indépendance de la Guinée et celle du Cap Vert en 1975.

## - Le massacre dans la Baixa de Cassanje

En Angola, on observe presque le même phénomène. Une répression sanglante s'abat sur des travailleurs du coton entrés en grève pour revendiquer de meilleurs salaires. Il est vrai que l'action répressive du colonialisme portugais était une pratique systématique, permanente et étendue à tout le territoire angolais, mais elle avait atteint une ampleur particulière avec les événements du Baixa Cassanje en janvier 1961. Ceci était dû à la violence démesurée, au nombre de victimes, et surtout parce que cela avait mobilisé de gros moyens militaires alors qu'il s'agissait d'une manifestation simplement pacifique. La lutte armée commença

[1] Cabral, Amilcar, *Unidade e luta: a arma da teoria*, Vol. 1, Lisboa, Seara Nova, 1976, p. 84.
[2] Cabral, Amilcar ,*Revolution in Guinea*, *Op.Cit.*, p. 31.

véritablement le mois suivant de façon mieux organisée, avec des objectifs précis. En effet, le 4 février 1961, venant des *muceques* (bidonvilles), de petits groupes de militants du MPLA lancèrent des actions de guérilla urbaine à Luanda en attaquant simultanément la Maison de Réclusion Militaire, La Prison Civile, la Station de radio et le quartier général annexe de la Police Portugaise. Leur objectif était de libérer des leaders nationalistes détenus (le procès des 50). La répression fut d'une sauvagerie sans nom. Les Portugais, protégés par la police, se vengent. Il y eut donc beaucoup de morts du côté des Africains. Pour calmer la révolte des Africains, les autorités de Luanda rendent la liberté aux dirigeants les plus influents. Comme en Guinée Bissau, les militants du MPLA avaient surpris la direction extérieure. Le sentiment de révolte était si fort qu'ils n'avaient pas hésité à passer à l'attaque, et ceci, même sans armes efficaces et sans plan d'attaque. En vérité, cette révolte n'était que l'expression d'une longue frustration durement subie par ces populations. Selon Viriato da Cruz, un dirigeant du MPLA, les soulèvements des années 60 « résultèrent du coup mortel porté contre les structures traditionnelles des Africains par l'économie de marché que l'administration coloniale portugaise avait introduite[1] ». En effet, on note une profonde dégradation de la société angolaise qui s'accéléra à partir de la Deuxième Guerre Mondiale. De 20.000 colons en 1920, on passa à 44.000 colons en 1940. L'occupation des terres de culture par ces colons poussait les paysans africains vers les villes. Cet exode vint aggraver la misère urbaine. Le sentiment d'injustice avait augmenté parmi les membres de cette communauté, puisqu'ils étaient dépossédés de leurs meilleurs biens et frustrés de leurs droits les plus absolus. D'où ce sentiment de révolte intérieure qui n'attendait que les moments opportuns pour exploser. Un phénomène semblable s'était également produit dans le Nord du pays, cette fois-ci sous l'égide de l'UPA (Union des Peuples d'Angola) dirigée par Holden Roberto. C'était le 15 mars 1961. Dépossédé de ses terres et soumis au travail forcé, ce jour-là le peuple n'avait d'autre choix que d'utiliser les moyens du bord et lutter à côté des combattants de l'UPA. Malgré la légitimité de leur combat, le manque de préparation leur fut fatal. Ils détruisirent tout sur leur passage, massacrant Portugais et « Assimilados ». Viana de Lemos, à cette époque responsable dans le gouvernement portugais, estima les victimes à 1200 morts chez les Blancs et 6000 du côté des Africains[2]. La réaction des Portugais mieux armés ne se fit pas attendre : « Appuyés par des bombes à fragmentation et à napalm lâchées par les appareils que la force aérienne avait achetés à ses alliés de l'OTAN, les bataillons portugais partent pour le Nord en mai [3] », et

---

[1] Cité par le groupe Afrique Centrale du CEDETIM, François Maspero, Paris, 1977, p.84.

[2] Henrique,Carlos, Lemos Viana de, *Duas crises*(1961-1974), Ed. Nova Gente, Lisboa, 1977, p.35.

[3] CEDETIM, *op.cit*., p.86.

la révolte fut anéantie au cours des six mois suivants. Aux massacres commis par les Africains, les Portugais répondaient aussi par des massacres. Toutefois, la manière dont cette révolte a été menée n'avait pas manqué de susciter des critiques contre les dirigeants de l'UPA qui utilisaient les mouvements populaires pour sauvegarder leur propre image. En vérité, par cette manière d'agir, l'UPA démontra son manque d'idéologie dans le sens moderne du terme, car elle basait son action uniquement sur des considérations tribalistes, comme nous le verrons plus loin.

Il reste vrai cependant que ces soulèvements populaires révélèrent que le mécontentement populaire avait atteint son paroxysme. Ils montraient surtout que les couches sociales démunies possédaient une capacité de mobilisation insoupçonnée et qu'elles constituaient le fer de lance de la lutte armée.

### - Le massacre de Mueda

Au Mozambique, le fait le plus important qui a précédé la lutte armée fut le massacre de Mueda au Cap Delgado le 16 juin1960. Là aussi, les travailleurs s'étaient mobilisés pour réclamer de meilleures conditions de travail. Sortis des villages environnants, ils s'étaient réunis à Mueda pour présenter leurs doléances au gouverneur. Après une réunion qui avait duré quatre heures, et à l'issue de laquelle il n'y avait eu aucun accord, le massacre était survenu. Les troupes portugaises tirèrent sur la foule, faisant beaucoup de morts surtout chez les Macondes, l'ethnie dominante dans cette région. La première action armée du FRELIMO commença véritablement le 25 septembre 1964 avec l'attaque à Chai (Cap Delgado).

## B2. La crise avec la Guinée Conakry et le Sénégal

### - Le coup d'État manqué contre le président Sékou Touré

Face à l'avancée de la guérilla sur le terrain des combats, le Portugal n'avait d'autre alternative que de procéder à des attaques d'intimidation sur les pays voisins pour les obliger ainsi à cesser tout appui au PAIGC. La Guinée et le Sénégal abritaient les bases arrière du PAIGC et jouaient un rôle extrêmement important sur le plan du ravitaillement et de la diplomatie en faveur de ce mouvement de Libération.

Il n'y eut jamais une quelconque tentative de dialogue ou de compromis de la part des autorités coloniales portugaises avec la république de Guinée Conakry, pays frontalier de la Guinée Bissau.

Le Président guinéen Ahmed Sékou Touré, un révolutionnaire africain radical, fut parmi les premiers leaders du continent à appuyer la lutte d'émancipation dans les colonies portugaises. Ce fut à Conakry que s'établit la direction du MPLA, après les grandes vagues de répression vers la fin des années 50 en Angola ; et en août 1961, le leader guinéen dirigea en Afrique le mouvement d'appui à la cause des nationalistes angolais. En même temps, Conakry abrita la direction du PAIGC qui installa ses bases dans ce pays, et lança vers la Guinée Bissau une série d'actes de sabotage. Pendant toute la guerre, Conakry fut le plus solide rempart du PAIGC ; et c'est pourquoi à diverses reprises, la république de Guinée se plaignit auprès des instances internationales contre les violations de son territoire par les troupes portugaises. La première plainte fut présentée le 13 mars 1962 et concernait la violation de l'espace aérien guinéen par le Portugal. Compte tenu des plaintes répétées de Conakry, les Nations Unies condamnèrent le Portugal. Ce fut le cas par exemple en décembre 1969, quand le Conseil de Sécurité réprouva le comportement du Portugal, réclamant aux autorités portugaises qu'elles « cessent de violer la souveraineté et l'intégrité territoriale de la république de Guinée ». Le pouvoir de Lisbonne n'avait pas obéi à cette décision, et en novembre 1970, les autorités portugaises organisèrent la plus grande opération militaire contre un pays tiers, qui n'était pas directement impliqué dans la guerre coloniale. L'invasion de la république de Guinée par les troupes portugaises stationnées à Bissau, sous l'aval du chef du gouvernement portugais, avait en effet pour but de destituer le Président Sékou Touré et de le remplacer par des dissidents guinéens formés et entraînés en Guinée Bissau, d'où ils avaient reçu tout l'équipement nécessaire. Certains opposants guinéens s'étaient exilés au Sénégal, en Gambie et en Côte d'Ivoire ; mais le noyau le plus important, constitué par le Front National de Libération de la Guinée, était en contact étroit avec les autorités portugaises de Bissau. Le général Spinola planifia ce coup de force dans l'espoir de décapiter le PAIGC dont le quartier général était basé à Conakry.

Selon les plans prévus, une fois installé au pouvoir après l'intervention, le Front demanderait officiellement l'aide du Portugal pour éliminer les dernières forces fidèles au président Sékou Touré. Face à cet appel, les troupes militaires portugaises installées déjà le long de la frontière, envahiraient la république de Guinée et prêteraient main-forte au Front National de libération pour lui permettre de consolider son pouvoir. Pendant le déroulement de l'attaque, les bases du PAIGC en Guinée Conakry seraient détruites. C'est ainsi que Spinola planifia le coup. L'opération se déroula du 20 au 23 novembre 1970, sous le nom de code « Mar verde » (Mer verte), exécutée par une force navale, le TG 27-2, sous le commandement de l'officier militaire Alpoim Calvão.

En collaboration avec l'inspecteur Mato Rodrigues de la DGS (ex. PIDE), Calvão avait reçu les appuis, notamment du Bureau of State Security (Boss) d'Afrique du Sud, du Service de Documentation Extérieure et de Contre Espionnage de la France, du Bundes Nachriechten Dienst (BND) de l'Allemagne Fédérale et de la Central Inteligence Agency (CIA) des États-Unis. C'est donc dire que la préparation de cette opération de déstabilisation du régime de Sékou Touré et du démantèlement des bases du PAIGC avait une envergure internationale[1]. Mais ce fut un échec à cause de l'inexactitude des informations. Ni Sékou Touré, ni Cabral ne se trouvaient dans les lieux indiqués, d'une part ; d'autre part, l'impossibilité de localiser la base de stationnement des MIG'S 15 et 17 de la Force Aérienne de la république de Guinée, ne permit pas de les détruire au sol comme prévu. Ce coup manqué provoqua par conséquent un gros scandale international.

Le 10 décembre 1970, le Conseil de Sécurité de l'ONU condamne le Portugal mais les États-Unis et la France qui avaient participé au coup d'État s'abstinrent. Le Portugal fut également condamné par l'OUA, et aussi par de nombreux gouvernements et instances internationales.

## - Relations difficiles avec le Sénégal

L'autre voisin immédiat de la Guinée portugaise est le Sénégal. Ses relations avec le Portugal furent marquées par une très grande ambigüité. Le Sénégal coupa ses relations diplomatiques avec le Portugal le 27 juillet 1960 au début des guerres coloniales, et le 29 décembre il accusa le Portugal de violer son espace aérien et ses frontières. En juillet 1963, en même temps qu'il proposait à Lisbonne la discussion d'un plan d'autonomie interne pour la Guinée, le Président Senghor participa à un boycott africain contre le Portugal et l'Afrique du Sud, et interdit l'utilisation de l'espace aérien du Sénégal à ces deux pays.

Valsant entre les pressions de la communauté africaine et celles de ses alliés occidentaux, craignant aussi de mettre en danger l'équilibre politique interne de son pays, Senghor maintint avec le Portugal une relation très complexe, contradictoire et ambiguë. La fréquence avec laquelle le Portugal, même durant les périodes de rapprochement, utilisa la pression des armes dans les frontières sénégalaises, conduisit le président sénégalais à restreindre la circulation et les activités du PAIGC dans son pays. A plusieurs reprises, entre 1961 et 1969, le Sénégal fut victime de violations de frontières et d'agressions de la part des troupes portugaises stationnées en Guinée-Bissau. En 1969 par exemple, le village sénégalais Samine situé à la frontière fut bombardé ; la ville de Ziguinchor fut survolée par des avions portugais jetant

[1] Antunes, José, Freire, «A Baía dos porcos do general Spinola», *in Semanário,* 29 oct et 10 déc, 1988.

des tracts dans lesquels, le gouvernement portugais menaçait de bombarder le Sénégal au cas où il continuerait d'aider le PAIGC. Le Sénégal s'en était plaint auprès de l'ONU qui, en 1965, avait déjà condamné le Portugal à l'unanimité. Mais ces mesures n'eurent pas d'effet efficace, ce qui poussa le Sénégal à fermer ses hôpitaux au PAIGC et à interdire le transit d'armes en faveur de ce mouvement. L'objectif était bien sûr d'éviter des représailles du Portugal mais aussi par crainte que ces armes ne soient utilisées éventuellement par les opposants au régime de Senghor. Ce dernier n'entretenait pas de bons rapports avec Sékou Touré et il craignait par conséquent l'influence du dirigeant guinéen sur le PAIGC d'autant plus que la Guinée Bissau, vu sa proximité avec le Sénégal, pouvait une fois indépendante, renforcer davantage la position de Sékou Touré dans la bataille idéologique qui l'opposait à Senghor. Il s'y ajoute que la partie sud du Sénégal, la Casamance, est un démembrement de la Guinée Portugaise. En effet, en 1886, le Portugal dut céder cette région[1] à la France. De telle sorte que certains dirigeants sénégalais craignaient que la Guinée Bissau ne réclame son ancien territoire une fois son indépendance acquise.

Pour se justifier devant la communauté africaine, Senghor affirma à cette occasion que le PAIGC n'était pas l'unique représentant du peuple guinéen puisqu'il existait aussi le FLING (Front National de libération de la Guinée Bissau) dirigé par Benjamin Pinto Bull, J Fernandes et Henri Laberi. Mais, ce mouvement parrainé par Senghor, avait en réalité une représentativité réduite et une activité presque nulle : « le gouvernement sénégalais semble avoir favorisé la cause d'un petit mouvement, le FLING qui disposait d'un bureau à Dakar. Composé d'une poignée d'émigrés, le FLING se présentait lui-même comme un parti de tendance modérée face au PAIGC, et il jouissait sans doute de la sympathie des Portugais qui le considéraient comme une organisation avec laquelle ils pourraient négocier, si jamais l'on parviendrait à des négociations. Selon Basil Davidson : « le FLING ne représentait guère plus que sa poignée primitive "d'ascensionnistes" – bénéficiant de la sécurité supplémentaire d'avoir leur "pic", leur point de ralliement à Dakar, loin de tout danger-à laquelle ne vinrent s'ajouter que quelques individus pour qui la politique du PAIGC représentait un sacrifice trop grand et trop périlleux[2] ». Cependant, à la fin de 1967, le gouvernement sénégalais et le président Senghor lui-même reconnurent le rôle prépondérant du PAIGC dans la cause nationaliste de la Guinée portugaise. Cabral fut invité à la Conférence annuelle de l'UPS, parti dirigeant au Sénégal ; il était, en la circonstance, le seul délégué frère d'un pays africain non-indépendant. C'était en quelque sorte une totale réhabilitation, d'autant plus qu'en 1967 déjà, des accords étaient signés qui régularisaient la

---

[1] Oramas,Oscar, *Amilcar Cabral para além do seu tempo*, Ed. Hugin, Lisboa, p. 1988, p. 98.
[2] Davidson, Basil, *Révolution en Afrique, Op.Cit.*, p. 99.

situation du PAIGC sur le sol sénégalais, lui accordant un statut officiel comparable à celui qu'il avait obtenu en république de Guinée Conakry.

## B3. L'assassinat de Cabral et de Mondlane

Malgré tout, les autorités portugaises n'abandonnèrent pas en définitive leur projet de déstabilisation du régime de Sékou Touré. Une autre opération dénommée Saphir était planifiée pour juin et juillet 1974. Et, en janvier 1973, un des objectifs centraux de l'opération avortée « Mer Verte » fut atteint avec l'assassinat d'Amilcar Cabral. Depuis mars 1972, le leader du PAIGC avait pressenti et dénoncé ces tentatives qui faisaient « partie d'un plan du colonialisme pour liquider le parti ».

Amilcar Cabral fut en effet assassiné le 20 janvier 1973 à 22 heures 30 minutes, devant sa résidence de Kaloum, à 11 km de Conakry. Ce soir-là, Joaquim Chissano, membre du Comité Exécutif du FRELIMO, de passage à Conakry, donnait une conférence à l'intention des 9 cadres du PAIGC. Aussi, comme on devait s'y attendre, cet événement retint toute la nuit un grand nombre de militants et de responsables.

Cabral, cependant, ne se trouvait pas là. Il assistait avec sa femme à une réception qui se tenait à l'ambassade de Pologne. Son adjoint Aristide Pereira était aussi absent. Il était resté au secrétariat du parti, attendant le retour de Cabral, prévu à 23 heures.

Ce fut dans ces environs, que Cabral accompagné de son épouse Anne Marie, sortit de l'ambassade de Pologne, au volant de sa Volkswagen.

Le dirigeant africain était assez serein cette nuit-là. Les derniers communiqués des fronts de l'intérieur confirmaient que les troupes du PAIGC maintenaient l'initiative du combat. Les récentes modifications apportées dans les structures du parti par le Comité Exécutif de Lutte réuni à Boké (Guinée Conakry), allaient donner un nouvel élan à l'offensive. La dernière réunion de l'OUA était favorable aux combattants guinéens. Et, l'Assemblée Populaire qui venait d'être élue dans les territoires libérés, allait proclamer l'indépendance de la Guinée portugaise. Un grand nombre de pays africains et non africains avaient promis une reconnaissance immédiate.

La route de Ratoma est déserte et la Volkswagen file doucement. La résidence n'était pas très éloignée, mais subitement son chauffeur est aveuglé par des phares d'une voiture. Cabral demeure surpris, et, reconnaissant une « Jeep » du parti, s'arrêta et sortit aussitôt.

- Que se passe -t-il ?

Trois hommes sortent de la voiture militaire et braquent leurs armes sur lui. Il reconnut parfaitement celui qui semble diriger l'opération. C'est Inocencio

Kani, un vétéran du PAIGC, qui fut un des commandants de la Marine du PAIGC, mais qui eut par la suite des complications avec le parti.

- Accompagne-nous, lui ordonna Kani.

Cabral refuse et appelle la sentinelle qui devait être de garde à sa résidence.

Mais personne ne répondit. Nabonia, plus connu sous le surnom de « Batia », membre de la garde personnelle du Secrétaire Général, avait informé les comploteurs sur les déplacements du leader. Ils savaient donc que Cabral devait être seul cette nuit-là ; qu'Aristide Pereira l'attendrait au siège et que les militants se trouvaient à la conférence.

- Entre, répète Inocencio Kani, sinon je vais employer la force.

Un des agresseurs s'approche, tenant une corde.

- Vous ne me prendrez pas ainsi, répondit Cabral. Je ne me suis jamais laissé enchaîner... et je ne permettrai jamais qu'on enchaîne les autres...

Nous nous battons précisément pour rompre les chaînes

La peur s'empara de Kani. Mais c'était trop tard. Il hésita un instant, sortit son arme et tira à bout portant. Atteint à la joue, Cabral tomba par terre, saignant abondamment.

Kani disparut pendant quelque temps, certainement pour aviser ses complices sur la tournure des événements.

Entre-temps, Cabral réussit à se redresser du sol entaché de sang. Il n'était pas mort, il était encore lucide. Dans une dernière tentative, il se dirigea vers les deux autres personnes de la bande et leur dit : Pourquoi cela camarades ? S'il y a des divergences, on en discute, c'est la règle du Parti. C'est sur ces entrefaites qu'une rafale vint l'achever. Son épouse terrorisée et impuissante assista à toute la scène de l'intérieur de la voiture. Elle fut prisonnière ainsi qu'Aristide Pereira, secrétaire général adjoint du Parti, Vasco Cabral, José Araujo et d'autres militants fidèles à Cabral. Tout cela se passa dans une grande confusion, puisque l'ordre n'était pas de tuer Cabral, mais de l'acheminer jusqu'à Bissau devant les autorités portugaises.

L'alarme fut donnée par l'ambassadeur de Cuba qui résidait non loin du lieu de l'assassinat. Les auteurs s'enfuirent par la mer. Une fois avisée, la Marine guinéenne réagit promptement sur ordre de Sékou Touré, et parvint ainsi à saisir les fuyards et à libérer les otages.

Sur l'initiative du président Sékou Touré, une commission d'enquête préliminaire fut constituée le 21 janvier pour enquêter sur les circonstances de cet attentat qui a conduit à la mort de Cabral, « O homem grande » (le grand homme) comme l'appelaient ses camarades. Parmi les membres de la commission, il y avait les responsables du FRELIMO, du parti démocratique de Guinée (PDG), plus les ambassadeurs de Cuba et de l'Algérie. Mais plus tard, cette commission fut élargie à d'autres pays.

Les traîtres furent démasqués et parlèrent durant douze heures sans interruption. Ce sont notamment Raphael Barbosa ancien président du PAIGC, Mamadou Touré dit Momo, Aristides Barbosa, João Tomaz, Soares da Gama, Mamadou NDiaye Koba, Nabonia (Batia), Valentino Mangana, Néné et Inocencio Kani qui tua Cabral. Tous avaient occupé des fonctions plus ou moins importantes au sein du PAIGC, mais tous avaient également eu des démêlés avec le Parti ; ils avaient déjà été accusés d'actes de trahison. Momo, Aristides Barbosa, João Tomaz, Soares de Gama étaient des personnages douteux ; ils avaient déjà été éliminés des rangs du PAIGC, quelques mois auparavant. Momo et Aristides Barbosa se trouvaient en prison à Conakry au moment de l'assassinat, accusés de haute trahison. Ils furent libérés pour se joindre au groupe. João Tomaz avait été accusé de complicité avec les Portugais, et fut condamné à 10 ans de travaux forcés et amnistié par la suite à l'occasion de l'anniversaire du PAIGC.

Devant la commission, les principaux accusés nièrent être de connivence avec les autorités portugaises. Mais les autres dirent la vérité. Les aveux de Valentino Mangana mirent à nu le plan machiavélique de Lisbonne. Il montra de façon précise le processus d'organisation et d'application de diverses méthodes d'intervention, visant non seulement l'élimination du secrétaire général du PAIGC, mais principalement la liquidation du mouvement.

Il explique en effet que les autorités coloniales leur avaient promis que le Portugal était prêt à concéder l'indépendance aux Noirs dans les conditions suivantes :

1- Que le PAIGC soit supprimé en premier lieu

2- En second lieu, que tous les Cap-Verdiens soient exclus de tout mouvement nationaliste, parce que le Portugal désire conserver les îles du Cap-Vert, qui constituent pour lui et ses alliés une base stratégique d'une importance capitale (vu l'embargo qui frappait le Portugal et l'Afrique du Sud, l'aéroport de Sal constituerait une ouverture essentielle vers l'extérieur).

Pour cela, les Noirs doivent se débarrasser de tous les Métis, après quoi le Portugal va constituer un gouvernement en Guinée Bissau avec ceux qui mettront à exécution ce plan. Et les forces portugaises concentrées au Cap-Vert, donneront tout l'appui nécessaire aux responsables guinéens noirs qui vont assumer le pouvoir.

Mangana indiqua que certains responsables furent sensibles à cette promesse des colonialistes portugais et acceptèrent d'organiser le coup. C'est alors que des agents africains de la PIDE/DGS infiltrèrent les rangs du PAIGC, en se présentant comme des déserteurs de l'armée coloniale et comme des nationalistes convaincus. Ils ont donc été utilisés pour participer au projet d'assassinat.

Les aveux de Mangana ont été complétés par ceux de Lansana Bangura, un militant de dernière heure ayant participé au coup monté, et qui expliqua en détail un plan d'agression qui devait être dirigé simultanément contre les républiques de Tanzanie et de Zambie avec l'aide d'agents infiltrés au PAIGC, au FRELIMO et au MPLA.

Néné, un des responsables des services de communication du PAIGC, reconnut avoir fait passer par radio l'information sur la liquidation de Cabral. C'était une preuve que les conjurés étaient entièrement manipulés par les services secrets portugais et que Mamadou Touré était leur représentant à Conakry.

Un autre complice, Nabonia, membre de la garde personnelle de Cabral, reconnut avoir distribué aux assassins le programme de Cabral durant cette nuit fatale. Il a toujours joui de la confiance totale de Cabral. Complètement effondré, il demanda lors de cette audience que son témoignage soit enregistré. Inocencio Kani et quatre autres coupables furent fusillés, le 31 juillet 1973. D'ailleurs, selon le plan stratégique du gouvernement portugais, l'année 1973 était considérée comme décisive pour la liquidation des mouvements de libération en Afrique. Dans son communiqué[1] radiodiffusé, le président Sékou Touré affirma que les objectifs des auteurs de l'attentat étaient fondamentalement de créer des divisions au sein du PAIGC, en opposant « des combattants métis et noirs », « combattants de l'intérieur » et « dirigeants de l'extérieur », et en suscitant des « oppositions à caractère tribal ». Il existait effectivement au sein du PAIGC des conflits de ce genre, et selon le journal sénégalais, *Le Soleil*, « les Portugais le savaient et les ont exploités[2] ». Dans son témoignage, Mangana confirmait ce fait, puisqu'il affirmait que « les Portugais auraient promis de donner le pouvoir à quelques Guinéens s'ils se débarrassaient des Cap-Verdiens[3] », et « s'ils supprimaient la direction du PAIGC en empêchant aussi aux Cap-Verdiens de participer à la lutte de libération, car le Portugal avait besoin du Cap-Vert comme base stratégique[4] ».

---

[1] Cf. Guerra, Joao, Paulo, *Memórias das guerras coloniais*, *Op.Cit.*, p.231.
[2] *Ibid.*
[3] Cf. Tomas, Antonio, *O fazedor de utopias*,*Op.Cit.*, p. 276.
[4] Cf. Cadernos Textuais, *Paz para os povos*, *o assassinato de Amilcar Cabral*, Vale Formoso, Sd, p. 18.

Il convient de signaler que la tension entre Guinéens et Cap-Verdiens est historique même si l'on doit admettre que ces deux peuples ont des liens de sang, compte tenu du processus de peuplement des îles. Rappelons que la population capverdienne fut formée avec la rencontre de deux races toutes deux étrangères dans ce territoire inhabité jusqu'alors : le colon portugais (force dominante) et l'esclave africain, originaire surtout des côtes de Guinée. Grâce au métissage, la société capverdienne préserve fondamentalement plusieurs traits de la culture noire. D'ailleurs, des deux côtés, les créoles parlés se ressemblent beaucoup.

Il se trouvait que les Métis, compte tenu de leur ascendance portugaise, étaient socialement plus favorisés que les Noirs. Ils avaient eu la chance de fréquenter l'école, ce qui fait que durant la lutte de libération jusqu'aux indépendances, tous les postes clés du PAIGC étaient occupés par les Capverdiens. Or, du point de vue de la participation aux combats, ils représentaient « moins de 1‰ des combattants[1] ». Etant donné que l'effort de guerre était essentiellement assuré par les Guinéens, on comprend aisément le mécontentement de ces derniers. Le climat anti-capverdien qui régnait au sein du PAIGC avait même provoqué beaucoup d'abandons, notamment celui d'Antonio Mascarenhas Monteiro, qui fut président de la république du Cap Vert. Selon l'opinion de José Araujo, dirigeant du PAIGC, « l'assassinat de Cabral devait être présenté par les instigateurs du crime comme une révolte générale des Guinéens contre la direction occupée par les Capverdiens[2] ». Et le mois qui suivit la mort de Cabral, un commandant cubain avait enregistré, dans un *rapport* secret, les affrontements entre Métis capverdiens et Guinéens noirs, au sein des unités du PAIGC[3].

Aquino da Bragança, un responsable nationaliste de Sao Tomé, déclara dans le journal *Afrique-Asie* du 19 février 1973 qu'il s'agissait d'une conspiration impliquant « des dissidents et des transfuges du PAIGC recrutés par la PIDE et dirigés par Raphael Barbosa », « de cadres du PAIGC basés à Conakry, mais travaillant pour le compte de la PIDE et de l'Armée Portugaise ». Le journaliste de *Jeune Afrique* Bruno Crimi alla plus loin en écrivant dans le numéro du 31 janvier 1975 que la conspiration fut organisée par la PIDE/DGS, par l'intermédiaire de l'inspecteur Barbieri Cardoso, en collaboration avec les services secrets français allemands et italiens. Il affirma que le général Spinola était mis au courant de l'opération, puisque celle-ci était confiée au Département des Opérations Spéciales, commandé à cette époque par un militaire, le lieutenant-colonel Firmino Miguel.

---

[1] Castanheira, José, Pedro, *Quem mandou matar Cabral*, Ed. Relógios d'Água, Lisboa, 1995, p. 160.

[2] Araujo, José, *in Voz di povo*, décembre, 1981.

[3] Cf. *Jeune Afrique*, 03/01/ 1973.

Quoi qu'il en soit, les autorités portugaises étaient impliquées au plus haut point. La disparition tragique de Cabral fut une grande perte pour le PAIGC, mais il stimula le Parti dans ses efforts pour l'indépendance.

Le 3 février 1973, Aristides Pereira fut désigné comme successeur d'Amilcar Cabral. Il fut secondé par Luis Cabral comme secrétaire général adjoint, Francisco Mendes et Joao Bernardino Vieira « Nino » comme secrétaires. Durant toute cette année-là, le PAIGC déclencha l'« Opération Cabral », intensifiant l'action militaire ; et le 24 septembre 1973 à Madina de Boé, il déclara la république indépendante de Guinée Bissau, comme Cabral l'avait déjà prévu.

Auparavant, au Mozambique, Eduardo Mondlane, le leader du FRELIMO, avait été victime d'un attentat s'inscrivant dans un plan soigneusement mûri par les colonialistes portugais, pour liquider physiquement les dirigeants africains, afin de déstabiliser leurs mouvements.

En effet, au mois de janvier 1969, à la suite du deuxième congrès du FRELIMO, Eduardo Mondlane avait l'intention de présenter lors de la première réunion du Comité Central, un dossier portant sur les cas des chefs de tribu qui maintenaient des relations avec l'appareil colonial portugais. Le principal personnage visé était Lázaro Kavandame, chef de tribu Maconde, devenu célèbre vers les années 50 en créant des coopératives agricoles dans la zone du Cap Delgado. Fait prisonnier par les autorités coloniales qui l'accusaient d'être un agitateur et un subversif, Kavandame réussit à se libérer et à se refugier alors au Tanganyka ; il y fonda une petite organisation tribale qui, par la suite, vint s'intégrer à l'UDENAMO, participant de ce fait à la formation du FRELIMO. Au congrès constituant, Kavandame fut désigné comme membre du Comité Central. En 1968 il était devenu secrétaire régional du Cap Delgado chargé du commerce et du ravitaillement dans les zones contrôlées par la guérilla. Selon un communiqué du FRELIMO, publié après la mort de Mondlane, le vieux Kavandame aurait été dénoncé par la population du Cap Delgado pour faits de corruption[1] et de complicité avec l'ennemi. C'était donc un motif suffisant pour l'écarter des instances politiques du FRELIMO. Le même communiqué l'accusait également d'avoir collaboré à l'assassinat du chef militaire Paulo Kankhomba le 22 décembre 1968.

Le 3 février 1969, Eduardo Mondlane se rendit au siège du FRELIMO à Dar-ès-Salam, il prit son courrier et se dirigea vers un local situé dans la banlieue où il avait l'habitude de s'isoler pour travailler. Une demi-heure plus tard, il était mort d'un attentat au colis piégé. Il s'agissait d'un livre de Plekhanov traduit en français et qui lui était adressé personnellement. Le 13

---

[1] Cf.Saul, John, *O marxismo-Leninismo no contexto moçambicano*, Ed. Universidade Eduardo Mondlane, Maputo, 1983, p. 192.

février, la police de Dar-ès-Salam intercepta une seconde correspondance dirigée cette fois ci à Marcelino dos Santos, et le 10 mars, un autre colis destiné à Uria Simango fut encore intercepté.

Selon le rapport d'investigation de la police de Dar-ès-Salam, en collaboration avec des experts de Scotland Yard et de l'Interpol, les pièges étaient identiques, l'explosif et le système de détonation semblables. Les timbres apposés faisaient croire à une provenance extérieure, mais en réalité, les colis étaient déposés par quelqu'un à la poste de Dar-ès-Salam. Et, toujours selon l'enquête policière, les charges explosives étaient d'origine militaire, le système de détonation alimenté par une batterie de type japonais faisait partie d'un lot vendu à la firme Praff ayant son siège à la rue Joaquim Lapa au n°5, à Lourenço Marques au Mozambique. Concernant le transport des colis jusqu'à la poste, l'enquête faisait peser de lourds soupçons sur Lázaro Kavandame et Silvério Nungu, secrétaire administratif à la direction générale du FRELIMO.

Selon un rapport des services secrets italiens présenté quatre années après la mort de Mondlane, et divulgué plus tard par des agents nord-américains, le leader du FRELIMO aurait été victime d'une conspiration méticuleuse, impliquant le vice-président du FRELIMO, Uria Simango, Lázaro Kavandame, Jorge Jardim, un colon portugais très raciste installé au Mozambique. Ce dernier dirigeait dans cette région diverses opérations secrètes ; il y avait également des agents de la PIDE parmi lesquels Casimiro Monteiro (l'assassin du général Humberto Delgado, l'opposant de Salazar aux élections de 1958) et l'Aginter-Press, une pseudo-agence de presse installée au Portugal et qui opérait dans des missions d'espionnage au service des ministères de la Défense et des Affaires Etrangères. Cette agence infiltra les rangs du FRELIMO à Dar-ès-Salam par l'intermédiaire d'un agent Robert Leroy ; un de ses rapports fournis à la PIDE aurait servi à planifier et à exécuter l'opération contre Mondlane. Le rapport en question donnait d'amples informations sur l'organisation, sur le fonctionnement, sur les divergences et les habitudes des dirigeants du FRELIMO. D'autres informations sues ultérieurement révélèrent que Robert Leroy, en dehors de l'Aginter-Press, travaillait également pour le compte de l'OTAN[1] depuis 1958.

Avant l'annonce par les journaux, Jorge Jardim était déjà au courant de la nouvelle de la mort de Mondlane. D'après le témoignage du chef de la rédaction de *Notícias da Beira*, Jardim apparut à la rédaction le jour même de l'attentat, ce qu'il n'avait pas l'habitude de faire ; il attendit de longues heures l'arrivée d'une « importante nouvelle », précisément celle de l'attentat contre Mondlane. Toutes les investigations sur la mort de

---

[1] Cf Guerra, Joao Paulo, *Memórias*, *Op.cit.*,pp. 255-262.

Mondlane désignent Casimiro Monteiro exécuteur de la PIDE comme le responsable de la préparation du plan d'exécution de l'attentat en accord avec Jorge Jardim.

Il y eut également d'autres crimes commis par la PIDE sur les dirigeants du FRELIMO dans les pays voisins. Par exemple, en août 1966, la police de Lusaka avait accusé la PIDE de la mort de Jaime Siganke, survenue le 12 juin de cette année là, aux environs de la capitale Zambienne. Siganke avait été prisonnier au Mozambique en 1962. Deux années plus tard il réussit à s'évader de sa cellule à Lourenço Marques ; il se fixa en Zambie où le FRELIMO lui confia sa représentation. Selon le communiqué de la police de Lusaka, l'assassin de Siganka serait un agent de la PIDE du nom d'Oscar Cardoso, placé à Lourenço Marques et qui maintenait des contacts secrets avec la Rhodésie du Sud et avec l'Afrique du Sud.

Certes, le Portugal était impliqué dans la mort de Mondlane, mais il existait de graves conflits internes au sein du FRELIMO. Jorge Jardim, la PIDE et l'Aginter-Press avaient profité de ces divergences pour exécuter leur plan d'assassinat des leaders du FRELIMO. Leur objectif était bien entendu de déstabiliser le mouvement, comme dans le cas du PAIGC.

C'est aussi la PIDE qui organisa l'assassinat de Matheus Mutemba à Dar-ès-Salam, et de Samuel Kankhomba en Tanzanie près de la frontière mozambicaine. Tous deux étaient également dirigeants du FRELIMO.

A la suite de l'assassinat de Mondlane, Kavandame fut considéré par le FRELIMO comme l'ennemi numéro un du peuple mozambicain et de la révolution mozambicaine. Sachant qu'il était recherché, Kavandame rejoignit les autorités coloniales ; vu son importance dans le bureau politique du FRELIMO, celles-ci considérèrent ce geste comme un acte de reddition du mouvement nationaliste, et déclarèrent par conséquent que la guerre était terminée. La mort de Mondlane et la désertion de Kavandame furent largement diffusées par les organes d'information au Portugal. Mais, la Commission Exécutive du FRELIMO réunie le 3 janvier 1969 démit Kavandame de toutes ses fonctions, et estima que son passage vers l'ennemi portugais n'aura aucun effet sur la lutte de libération. Il ne faisait aucun doute, à la suite de son implication dans une série de crimes, que Kavandame n'avait d'autre issue que de fuir. Le FRELIMO considéra donc que le Portugal exploitait ces évènements uniquement à des fins de propagande. Dans un communiqué, le FRELIMO, après avoir dénoncé le caractère odieux de ces attentas, soulignait que : « l'ennemi tente de démoraliser le parti et le pousser à abandonner la lutte. Mais il se trompe. Rien ne pourra faire désister le peuple mozambicain de sa lutte de libération[1] ».

---

[1] Cf.*Colonialismo e lutas de libertação, 7 cadernos sobre a guerra colonial,*Arquivo I, Afrontamento, Lisboa , 1978, p. 228.

Cependant, le 13 novembre 1969, le FRELIMO traversa une grave crise qui remit en question le principe d'unanimité des décisions de ses membres. Uria Simango, membre du Conseil de la Présidence, fut publiquement accusé de violer les principes et les règles de l'organisation et de commettre des actes d'indiscipline, en divulguant un document qui critiquait d'autres membres comme Marcelino dos Santos et Samora Machel.

Uria Simango était entré dans la lutte politique en 1953, quand il dirigeait dans la province de Manica et de Sofala un mouvement de désobéissance de paysans contre le recrutement forcé pour le travail dans les mines d'Afrique du Sud. Il fut plusieurs fois prisonnier, mais après sa libération, il refusa une bourse des autorités coloniales pour aller étudier à Lisbonne préférant faire ses études chez lui au Mozambique. En 1960, il adhéra à l'Union Démocratique, une organisation dirigée par Adelino Chitope Gwembe, et rejoignait après l'UDENAMO à Dar-ès-Salam. En 1962, il dirigea le comité d'unification des mouvements nationalistes mozambicains. Il se présenta au congrès constituant du FRELIMO, et fut battu par Mondlane. Dès cette époque, des divergences profondes avaient surgi entre lui et ses camarades de parti, quant aux questions liées à la conduite de la lutte armée. Comme le soulignait Aquino de Bragança : « l'ex-président du FRELIMO n'a jamais compris que la conception stratégique de la guérilla défendue par l'aile politico-militaire, devait se traduire par une guerre prolongée, en vue de la liquidation de la domination portugaise»[1] ».

Entre 1967 et 1969, les autorités coloniales portugaises cherchèrent à exploiter avec succès les crises internes du FRELIMO, intensifiant en même temps la guerre coloniale. En juin 1969, le général Kaulza de Arriaga un dur du régime de Lisbonne fut envoyé au Mozambique pour diriger les forces terrestres. Il arriva dans ce pays avec la ferme intention de « désarticuler et de mettre en fuite » l'ennemi. Il fallait donc que les mouvements nationalistes se réorganisent et trouvent des leaders efficaces pour remplacer ceux disparus. Dans cette perspective, en mai 1970, le comité central du FRELIMO définit le profil du futur dirigeant comme suit : «Il doit provenir des rangs de la guérilla, se distinguer par sa dévotion à la lutte de libération nationale, par son abnégation et sa volonté de se consacrer entièrement à la lutte et savoir la cause du peuple». À cette période précisément, un grand stratège de la guerre de libération, Samora Moises Machel, faisait son ascension dans le FRELIMO. Il semblait correspondre à ce profil. C'est la raison pour laquelle le 10 mai 1970, il fut désigné président du FRELIMO et Marcelino dos Santos, vice-président. En novembre 1971, Samora Machel dirigea l'organisation des centres d'éducation du FRELIMO ; et à cette occasion il définit plus clairement l'idéologie et la stratégie du Front : « *Nous répétons fréquemment que la victoire consiste à savoir transformer*

[1] Cf.Bragança, Aquino de, «o itinerário de Uria Simango», *in Afrique-Asie*, 24/11/69.

*la lutte de libération nationale en Révolution. En d'autres termes, l'objectif final de notre lutte n'est pas de hisser un drapeau différent de celui du Portugal, de faire plus d'élections transparentes à l'issue desquelles des Noirs et des Blancs seront élus ; ce n'est pas non plus avoir un président noir au Palais du Point Rouge à Lourenço Marques, au lieu d'un gouverneur blanc. Nous disons que notre objectif est de conquérir l'indépendance complète, installer un pouvoir populaire, construire une société nouvelle sans exploitation de l'homme par l'homme, pour réaliser le bonheur de tous ceux qui se sentent mozambicains*[1] ».

Le nouveau leader rappela ainsi les objectifs de la lutte armée qui devait mener vers l'indépendance. Il insista par ailleurs sur la nécessité d'établir un pouvoir populaire, seul garant de la souveraineté nationale et seule structure capable de faire disparaître l'exploitation que subissait le peuple mozambicain. Samora Machel ne manqua pas également d'avertir sur les dangers qui venaient de l'extérieur et qui menaçaient la cohésion du parti, prenant exemple sur la paralysie qui avait marqué le FRELIMO entre 1967 et 1969. Les Portugais, soulignait-t-il, en infiltrant le mouvement de libération, cherchaient à saper les bases de leur organisation, et dévier ainsi les objectifs de leur lutte révolutionnaire.

Le discours fortement idéologique et résolument marqué par des accents marxistes autant que les objectifs stratégiques révolutionnaires de Samora Machel, attirèrent autour de lui un noyau dirigeant restreint, mais très soudé et déterminé ; ce groupe dirigea la lutte avec conviction, transcendant les appartenances régionales et le tribalisme. En 1974, le FRELIMO était ainsi opérationnel sur plusieurs fronts, au cap Delgado au Nyassa, à Tète au Zambèze et aussi dans la région de Beira et de Villa Perry ; il avait réussi à percer les tampons militaires successifs établis par les Portugais et qui, au début, empêchaient l'évolution de la guérilla armée.

[1] Cf. Machel, Samora, *Estabelecer o Poder Popular para servir as masssas*, FRELIMO, Maputo, 1979,p.49.

# III. Origines du «Mouvement des capitaines»

## *A. Facteurs de crise dans les Forces Armées Portugaises*

### A1. Les Premières déroutes

### - Ouidah

La première mise en danger du régime colonial portugais survint à Saint Jean Baptiste de Ajuda (Ouidah). C'était une forteresse érigée par les Portugais en 1471 à Ouidah sur la côte du Dahomey, où ils exercèrent leur souveraineté sur une superficie de moins de 1 km2, avec seulement trois fonctionnaires comme habitants. Après son indépendance concédée par la France, en août 1960, le Dahomey demanda au Portugal de lui remettre cette enclave comme l'avait préconisé l'ONU en décembre de la même année. La position du Portugal fut sans équivoque : il n'était pas question de céder la souveraineté de la patrie. Ainsi, en juillet 1961, quand la nouvelle armée nationale dahoméenne attaqua le fort, le ministre portugais d'outre-mer ordonna au commandant Agostinho Borges de ne livrer la localité en aucune manière. C'est pourquoi, quand ils furent obligés de se rendre, les Portugais préférèrent brûler leurs maisons avant de quitter. Et ce fut seulement après la défaite que le gouvernement portugais se préoccupa de négocier avec les autorités dahoméennes. En échange du maintien de leur souveraineté sur l'enclave, il proposait d'y construire un centre culturel et diplomatique. Mais, les Dahoméens, comme c'était prévisible, refusèrent l'offre.

### - En Inde

Cette intransigeance qui frise l'irréalisme politique, et qui à la longue sera fatale pour le Portugal, allait se répéter dans ses possessions situées aux Indes. Ce sont les enclaves commerciales de Goa, Damion et Diu, avec d'autres territoires adjacents d'une totale superficie de 4242,5 km$^2$ et une population de 625 631 habitants en 1960, parmi lesquels seulement 2,3% savaient lire et écrire portugais. L'Inde, découverte par Vasco de Gama en 1485, représentait le joyau de la couronne de l'empire colonial portugais. La lutte émancipatrice commença en 1930 avec la création du Comité du Congrès de Goa imitant ainsi le Congrès National Hindou. Mais, c'est à partir de 1945, avec l'aide des nationalistes hindous, qu'elle prit forme.

Octroyée par la Grande-Bretagne en 1947, l'indépendance de l'Inde eut une grande répercussion sur le territoire colonial de Goa, où fut créée l'Armée de Goa libre qui compta avec l'appui du gouvernement de New Delhi. La

France avait également dévolu à l'Inde les territoires qu'elle occupait dans le Pondichéry en 1954. Seul le Portugal continuait donc de s'impliquer dans la défense de ses colonies situées sur la péninsule hindoustanique.

En 1950, six mois après son indépendance, l'Inde réclamait la reprise de ces territoires qu'elle considérait comme faisant historiquement partie de son fief. Le 20 juillet 1955, Nehru déclara devant le Parlement indien que « l'occupation de Goa par les Portugais est le cas le plus scandaleux qui puisse exister politiquement, ethniquement, géographiquement et religieusement. Historiquement, politiquement, économiquement et même religieusement, Goa fait partie de l'Inde[1] ». Un accord fut conclu dans ce sens en 1949 entre les deux pays, établissant un calendrier de négociations pacifiques qui puisse permettre à l'Inde de réintégrer ses possessions légitimes. Mais, devant la tactique dilatoire du gouvernement portugais, l'Inde décida de fermer sa représentation diplomatique à Lisbonne en 1953. En 1954, l'Inde occupa les petites dépendances de Dadra Nagar-Avely fermant ainsi l'accès aux autres territoires occupés par le Portugal. Le gouvernement portugais saisit l'ONU et le Tribunal International de la Hayes se prononça sur l'affaire. Le Portugal estima qu'il avait gagné ce procès ; mais le verdict était ambivalent, puisque tout en reconnaissant à ce pays le droit de transit commercial et de personnes, il lui interdisait, toutefois, le passage de troupes militaires.

De juillet 1954 à septembre 1955 il y eut des conflits répétés à la frontière entre les forces portugaises et les Satyâgrahas (groupes de civils non armés qui voulaient occuper pacifiquement le territoire). L'intervention de l'armée portugaise fit plusieurs morts et blessés. Le recours de l'Inde à la force était donc inévitable. Mais Salazar avait averti les autorités hindoues qu'il était disposé à défendre ses colonies vaille que vaille. Dans le fond, il pensait que le Premier ministre de l'Inde, Jawaharlal Nehru (1889-1964), n'attaquerait jamais militairement car, étant paladin du pacifisme, il aurait été discrédité aux yeux de l'opinion internationale s'il utilisait la violence. En plus, par mesure préventive, le Portugal tenta de mobiliser ses alliés, spécialement la Grande-Bretagne pour qu'elle fasse pression sur son ancienne colonie afin que celle-ci n'utilise pas les moyens militaires.

Les territoires portugais de l'Inde étaient militairement indéfendables, surtout en cas d'attaque massive. Et c'est la solution que l'Inde choisit quand elle prit connaissance du verdict du Tribunal International. D'une part, elle estimait que cette décision de justice ne faisait qu'éterniser la situation ; et d'autre part, elle savait que le climat international était défavorable au Portugal, à cause de ses réticences en matière de décolonisation. Devant l'imminence de l'offensive indienne, Salazar envoya au gouverneur

[1] Robinson, Richard, *Contemporary Portugal*, George Allen & Unwin, Londres, 1979, p. 103.

portugais de l'Inde, le général Manuel Vassalo et Silva, un message d'un cynisme particulier : « *La mission de l'armée doit être d'organiser la défense de manière à rehausser le courage des Portugais comme ils l'ont toujours démontré, notamment lors de la découverte des Indes. Il est horrible de penser au sacrifice, mais je recommande et j'espère que ce sacrifice soit ici la seule manière de nous maintenir à la hauteur de nos traditions et d'assurer le futur de notre Nation. Je ne prévois ni de possibilités de trêve, ni de prisonniers portugais, comme il n'y aura pas non plus de navires en reddition ; mais je sens qu'il ne peut y avoir que des soldats et des marins victorieux ou morts. Il convient que la lutte, d'un point de vue politique, soit maintenue au moins durant 8 jours, temps nécessaire au gouvernement pour, en ultime recours, mobiliser les instances internationales*[1] ».

Les effectifs de l'armée indienne, de plus de 40 000 hommes, renforcés par l'aviation, attaquèrent le 12 décembre 1961 et prirent possession de Goa, Damion et Diu en quelques heures. Les troupes portugaises faisant seulement 3 000 militaires, reculèrent vers d'autres refuges à Panjim et le 17 décembre à 12 heures, le général Vassalo et Silva signa la reddition inconditionnelle. Ainsi 3 000 militaires portugais restèrent prisonniers durant 3 mois à Goa sans la moindre réaction du gouvernement portugais en vue de négocier. Au Portugal, le Ministère des Affaires Etrangères contesta ces informations et la presse officielle, pendant 3 jours, inventa des nouvelles sur la résistance des troupes portugaises. Les alliés du Portugal manifestèrent une indifférence absolue face aux prétentions de Lisbonne, profitant ainsi de la situation pour critiquer en même temps l'entêtement du régime colonial portugais et l'impatience de Nehru. Le 11 décembre, Salazar essaya d'invoquer le Traité Anglo-portugais, mais sans succès. En effet, depuis 1954 la Grande-Bretagne refusait toute aide, déclarant que l'alliance de 600 ans avait des limites, surtout quand un membre du Commonwealth comme l'Inde se trouvait impliqué. La Grande-Bretagne n'avait plus besoin des ports portugais pour transiter vers ses colonies, et le Portugal pouvait aussi se passer de la protection de plus en plus réduite de la Marine britannique. De nouvelles forces alliées, comme l'OTAN, avaient clairement substitué le Traité Anglo-portugais aussi bien dans les principes que dans la pratique.

Libérés en mai 1962, Vassalo et Silva et 9 autres officiers militaires furent renvoyés des Forces Armées en mars 1963 ; ils étaient accusés d'être responsables de la honteuse défaite de l'armée portugaise. C'était une bonne occasion d'accuser les militaires d'être à l'origine de la mauvaise politique coloniale du Portugal. Ils étaient en quelque sorte des boucs émissaires. Mais ,la longue durée de la détention subie par le contingent militaire portugais affecta décisivement le moral des troupes qui étaient dans d'autres

---

[1] Cann, John P.*Contra-Insurreição em Àfrica*(1961-1974), Atena, Lisboa, 1998, p. 61.

territoires. Durant les campagnes d'Afrique, les forces armées étaient conscientes « qu'une menace pesait sur elles du fait que le gouvernement cherchait à les manipuler en les poussant à sacrifier leurs vies dans des missions sans espoir et en leur faisant croire que les survivants éventuels seraient traduits devant le Conseil de guerre[1] ». Le général Antonio de Spinola, qui fut le commandant chef des armées de Guinée (1968-1972), sous-chef d'État-major des Forces Armées entre 1972 et1974) et premier chef du gouvernement aussitôt après la révolution des œillets de 1974, décrivait ainsi l'anxiété de tous les militaires portugais à la veille des guerres de libération en Afrique : « *l'Inde est un précédent dangereux pour l'avenir des Forces Armées. Nous n'avons jamais cru que sa chute était possible. Et, pourtant, quand la tragédie se produisit, l'attention de la nation se porta immédiatement sur un aspect somme toute circonstanciel, relatif au comportement des militaires. Les Forces Armées furent accusées de n'avoir pas défendu héroïquement l'Inde, alors qu'en réalité, elle serait tombée en quelques jours, quelles que soient les forces utilisées pour la défendre*[2] ».

Ce n'est qu'en décembre 1974, huit mois après le 25 avril 1974, que le Conseil de Chefs des États-Majors des Forces armées réhabilita les militaires punis par Salazar en 1963 ; leurs peines furent annulées, certains reprirent service, d'autres allèrent à la réserve ou à la retraite.

Le syndrome de l'Inde, tel une épée de Damoclès, pesa profondément sur l'état d'esprit de la corporation militaire. Le cas des troupes ayant participé à la campagne de l'Inde montrait encore une fois qu'il n'y aurait pas de changement dans la politique coloniale du gouvernement portugais. Par conséquent, la seule voie qui restait aux autres colonies d'Afrique, c'était la guerre.

## - Le congrès des combattants

Comme on l'a constaté, la guerre coloniale ne cessait de créer des remous au sein des Forces Armées Portugaises, et même dans le gouvernement. Certains membres du régime composant « l'Aile Libérale » préconisaient des réformes pour régler le problème colonial ; d'autres, les «Ultras», étaient partisans de la guerre. Mais, cédant à la volonté de l'extrême-droite, le gouvernement organisa le premier congrès des anciens combattants d'outre-mer dans le but de montrer que les militaires appuyaient la guerre coloniale. Réalisé à Porto du 1 au 3 juin 1973 sous les bons offices du ministre de la Défense, le général Horacio Sá de Viana, cet événement suscita de vives critiques de la part des militaires professionnels. Ils étaient interdits d'y

[1] Douglas,Porch, *The portuguese armed forces and the revolution*, Hoover Institution Press, Stanford, 1977, p. 36.
[2] Spinola, Antonio de, *Le Portugal e et le futur*, Editora Arcádia, Lisboa, 1974, p. 235.

participer ; parmi les détracteurs, les officiers du Cadre Permanent de Guinée furent les plus virulents. D'une part, ils contestaient le fait que les organisateurs étaient d'anciens miliciens à la retraite ; d'autre part, ce congrès donnait l'allure d'une manifestation de propagande orchestrée par le régime fasciste pour faire cautionner la guerre coloniale. Tandis qu'à Lisbonne des membres du mouvement des capitaines de Guinée comme Ramalho Eanes, Vasco Lourenço, Hugo dos Santos organisaient des pétitions contre le congrès, en Guinée leurs camarades faisaient la même chose, en recueillant quatre cents signatures. Dans un télégramme[1] envoyé au Congrès à partir de Bissau, les officiers du Cadre Permanent en service en Guinée déclaraient :

« 1.nous n'acceptons de valeurs que celles qui vont dans le sens des intérêts de la Nation ;

« 2. nous ne reconnaissons pas aux organisateurs et, par conséquent au propre congrès, une quelconque représentativité ;

«3. Ne participant pas aux travaux du congrès, nous n'admettons pas en leur absence qu'on prenne des décisions qui engagent les combattants dans leur généralité».

«4. Pour toutes ces raisons, nous considérons et nous déclarons que les conclusions faites au Congrès ne nous engagent nullement».

Ce qu'il est important de souligner ici, c'est que la contestation du Congrès des Anciens Combattants constituait un facteur de rapprochement entre les militaires professionnels. Un signal d'alerte sérieux était ainsi adressé au gouvernement.

Informé par ses services secrets, le gouvernement s'inquiéta de ce remous qui se répandait chez les officiers militaires d'outre-mer et décida de promulguer le Décret de loi 373 /73. C'est la goutte d'eau qui fit déborder le vase.

## A2. Les décrets 373/73 et 409/73

En 1973,la guerre subissait une évolution négative à cause des pertes subies ; cela obligeait le gouvernement à augmenter l'effort de guerre et notamment les effectifs. Il y avait surtout le manque d'officiers de carrière, ceux-là même qui dirigeaient les opérations sur les terrains de combat, c'est-à-dire les capitaines. Faute de remplaçants, on les maintenait en poste le plus longtemps possible. Soit ils restaient en Afrique en dépassant la durée de leurs missions, soit ils y retournaient plusieurs fois pour d'autres missions.

[1] Cf. Rodrigues,Avelino, Braga,Césario,Cardoso,Mario, *O movimento dos capitães e o 25 de Abril*, Pub D Quixote, Lisboa, 2001, p. 303.

La lassitude se faisait donc sentir parmi ces officiers encore opérationnels. Pour remédier à la situation, les autorités de Lisbonne décidèrent de recruter large. C'est-à-dire qu'il fallait trouver des hommes partout, sans distinction de classe sociale. Pour ce faire, l'enseignement à l'Académie Militaire, école longtemps réservée aux enfants de l'aristocratie, devenait maintenant gratuit. Le fameux décret de loi 373/73 fut créé dans ce sens et publié le 13 juillet 1973 ; il autorisait le recrutement d'officiers miliciens qui allaient ainsi rejoindre le groupe des officiers professionnels du Cadre Permanent. Désormais, les étudiants des universités, les élèves des lycées et collèges techniques pouvaient accéder à l'Académie Militaire sans examen d'entrée. Après seulement deux semestres de formation accélérée ils ont le même grade que les officiers de carrière qui eux avaient passé quatre ans à ladite Académie. Le décret permettait également aux militaires de carrière qui n'appartenaient pas encore au Cadre Permanent d'y entrer après une formation accélérée à l'Académie Militaire en même temps que les étudiants et élèves. Toutefois, leur promotion ne commencera que lorsqu'ils auront obtenu le diplôme. Cette nouvelle loi sur les recrutements des militaires ne tenait plus compte de l'ancienneté. Les militaires concernés estimaient qu'ils avaient risqué leurs vies en Afrique pendant que les autres étaient encore au lycée. Donc, malgré dix ans de service, ils étaient tous sur le même pied en sortant de l'Académie. Dans ces conditions, les militaires de carrière se trouvaient dépassés en avantages par les jeunes miliciens. Il leur était donc difficile d'accepter un traitement pareil. Apparemment, le décret 373/73 présentait plusieurs inconvénients. En effet, parmi les griefs, il y avait le fait que les militaires professionnels promus au Cadre Permanent, estimaient que leurs promotions étaient bafouées, d'une part ; d'autre part, ils constataient que le contingent militaire envoyé dans les colonies en guerre, était largement dominé par des militaires non professionnels. Par ailleurs, les officiers qui avaient toujours été dans le Cadre Permanent, en l'occurrence les capitaines, pensaient que l'Académie Militaire, école de prestige quand elle fut créée en 1959, se trouvait dévalorisée. Ils déploraient l'accès banalisé et le diplôme au rabais. Ils étaient donc mécontents, puisque leur profession était menacée. Ce fut par exemple le cas d'Otelo Saraiva qui, pour marquer sa désapprobation, affirma : « nous tombions au niveau d'une garde prétorienne ». Le décret 373/73 constituait donc la goutte qui fit déborder le vase et c'est la raison pour laquelle le malaise risquait de se généraliser au sein des Forces Armées.

Présidant la cérémonie consacrée à la Journée de l'Infanterie militaire le 1er août 1973, le ministre de la Défense rendit hommage aux militaires de carrière en déclarant : «le Cadre Permanent constitue la force principale de l'Armée», et que « ce sont eux qui supportent le plus le poids de la guerre[1] ». Il confessa à cette occasion que le décret 373 portait des lacunes qui n'étaient pas prévues au départ. C'est ainsi qu'il essaya de le rectifier en prenant le décret 409/73 promulgué le 8 mai du même mois. Cette nouvelle mesure apportait de légères modifications en augmentant les salaires des majors, mais laissait intacte la situation des capitaines.La colére montait du côté des officiers : « On ne nous achète pas », dirent-ils. Ce décret de rectification ne suffisait donc pas pour enrayer le mouvement des capitaines qui s'engagea définitivement vers la révolte. Les officiers dépassèrent ainsi le corporatisme du début pour s'orienter résolument vers la voie de la prise de conscience politique.

Le 5 septembre 1973, une lettre fut adressée par 136 capitaines au Président de la république, au Premier ministre, aux ministres de l'Education et à celui de la Défense, mais elle resta sans suite. A partir de ce moment, le mouvement des capitaines s'orientait vers une lutte ouverte contre le régime.

Dans cette dynamique de contestation, les officiers de Guinée furent toujours à l'avant-garde. Comme cela s'était passé lors du congrès des combattants, ils réagirent énergiquement contre les décrets. Leurs réunions tenues à ce sujet étaient élargies à tous les officiers concernés et même au delà. Ils formaient certes un petit noyau, mais politiquement, ils étaient les plus conscients. Ils cherchaient à divulguer cette conscience politique auprès du plus grand nombre de camarades, notamment ceux de la métropole. Il est vrai que les contacts multiples qu'ils avaient développés avec leurs collègues de la métropole avaient un but syndical, mais, en réalité, les officiers de Guinée visaient plus loin. En effet, ils profitaient de ces occasions pour manifester publiquement le malaise latent au sein des Forces Armées, malaise causé surtout par la guerre coloniale. Le problème des décrets mobilisait la plupart des militaires, mais la question qui marquait toujours les préoccupations des capitaines de Guinée, c'était celle relative à la guerre coloniale. Ce fut précisément le cas lors d'une réunion tenue le 20 août 1973 à Bissau pour signer une pétition contre les décrets. Le discours tenu à cette occasion par l'officier Jorge Golias, ingénieur de Transmissions, ne laissait aucun doute sur les véritables intentions du groupe des capitaines : «Nous sommes en train de perdre du temps à réfléchir et à discuter sur le contenu du document et le moyen de l'envoyer, alors que nous devions nous préparer pour la révolution armée, car ce qui importe c'est d'abattre le régime et cela ne peut se faire que par un coup de force[2]».

[1] Almeida, Dinis de, *Origens e evolução do movimento dos capitães,* Edições Sociais, Lisboa,1977, p. 108.
[2] Cf. Saraiva,Otelo, *Alvorada de Abril,* Bertrand, Lisboa,1977, p. 131.

En favorisant seulement la classe des ex-miliciens et en laissant en rade les officiers de carrière, les décrets avaient créé visiblement des divisions entre ces deux classes. En réponse à la forte contestation des officiers du Cadre Permanent au décret de loi 373/73, les ex-miliciens s'exprimaient par des pamphlets dans un ton provocateur. Par exemple, le langage sémantique qu'ils utilisaient dans leurs tracts, désignait les militaires professionnels par le terme « puros » (les purs), c'est-à-dire ceux qui furent cadets à l'Académie Militaire et les miliciens par « espúrios » (illégitimes), qui eux avaient bénéficié du décret 373.

En publiant donc les deux décrets, le gouvernement avait ouvert une brèche dans le corps des officiers de l'armée. Une dichotomie s'était établie entre ceux qui avaient choisi la carrière militaire par vocation et les autres qui y étaient venus par circonstance.

Curieusement, dans le théâtre des opérations en Guinée, il n'y a jamais eu de frictions entre les capitaines et les ex-miliciens. Mieux encore, tous dénonçaient la situation de guerre qui menaçait constamment leurs vies. Tous avaient compris que cette guerre ne servait pas à défendre la patrie, mais plutôt à protéger « les intérêts des capitalistes comme c'est le cas avec la construction du barrage de Cabora Bassa, ou l'exploration des mines de Diamang [1] ». Leur rancœur était d'autant plus renforcée qu'ils se sentaient tous sacrifiés au profit d'autres fils de la nation qui eux semblaient jouir d'une position privilégiée : « La logique du gouvernement est la suivante : le pays est en train de sacrifier ses militaires mais pas ses avocats, ses banquiers, ses ingénieurs, ses industriels, etc. Pourquoi et sur quelle base morale repose le sacrifice réservé exclusivement à une seule catégorie professionnelle[2] ».

Sur cette question de fond, les officiers du Cadre Permanent et les ex-miliciens étaient en parfaite entente. Et il y avait aussi les miliciens issus des universités qui vont jouer comme on le verra, un rôle fondamental dans ce mouvement de contestation. Il s'y ajoute que tous étaient sous les ordres du général Spinola, lequel semblait donner son aval aux activités des capitaines de Guinée.

La contestation du décret 373/73 et le refus du gouvernement de le révoquer fédéraient pratiquement la plupart des officiers militaires, et spécialement ceux de Guinée. Mais il y avait une différence fondamentale entre ce qui se faisait en Métropole et en Guinée : tandis qu'au Portugal les réunions secrètes des officiers ont commencé avec le problème des décrets (bien qu'il y eût quelques réflexions sur la situation coloniale), en Guinée les officiers avaient très tôt pris position contre la guerre. La question du décret est venue

[1] Cf. Rodrigues,Avelino, Braga,Cesario,Cardoso, Mario, *O movimento... Op. Cit.*, p.161.
[2] *Ibid.*, pp. 161-162.

seulement amplifier le mécontentement. C'est la raison pour laquelle, les officiers de Guinée avaient vite dépassé les revendications d'ordre syndical pour aborder des questions de fond comme par exemple la guerre coloniale ou la démocratisation des Forces Armées. Ils se plaignaient qu'on ne les eût pas consultés avant la publication des décrets, eux les principaux intéressés ; ils demandaient qu'on supprime les castes, en éliminant le corps de l'état-major ; ils voulaient qu'on mette fin à l'intervention du gouvernement dans le choix des généraux ; à cet effet, seul le critère de compétence professionnel et le curriculum vitae devaient prévaloir ; ils revendiquaient également la création d'un « Ordre des Officiers » ayant les mêmes attributions que l'Ordre des Médecins ou celui des Avocats ; ils exigeaient que soient révisées la situation des sergents ainsi que la sécurité sociale des soldats et leurs familles.

Il y avait bien sûr d'autres facteurs de colère : l'armement était désuet, la durée des missions en Afrique était longue et souvent prolongée, les effectifs insuffisants, le manque d'expérience et de motivation des nouveaux recrutés, etc. Certains militaires de condition sociale modeste se plaignaient de la discrimination qui régnait au sein des Forces Armées, car ceux qui étaient issus des classes aisées restaient confinés dans les ministères militaires de Lisbonne ou dans les bureaux climatisés de l'administration militaire des capitales africaines. Les officiers déploraient le fait que des généraux confortablement installés à Lisbonne, décident les plans de guerre, ignorant totalement les réalités des milieux de combat. Tandis qu'eux, les capitaines, risquaient chaque jour leurs vies dans les brousses d'Afrique. Ils avaient conscience que la guerre enrichissait une clientèle politique gravitant autour du régime et se souciant peu des nombreuses vies sacrifiées. Il se trouvait aussi que le régime portugais était impopulaire, puisqu'il avait entraîné le pays dans une guerre longue et trop coûteuse en vies humaines et en argent. Les dépenses de guerre engloutissaient presque 50‰ du budget[1] national en 1970, contrairement aux pays démocratiques d'Europe où la moyenne tournait autour de 10‰. Il y avait également l'augmentation des impôts. Tout cela provoquait ainsi une montée des prix, ce qui était insupportable dans un pays où le niveau de vie était encore bas. Par ailleurs, un sondage[2] effectué par l'IPS (Institut Portugais de Sondage) montrait que sur 50‰ de personnes interrogées les 2/3 étaient contre, mais les 50‰ restants n'avaient pas voulu répondre pour éviter d'éventuelles représailles. On peut donc imaginer leurs avis s'ils avaient la possibilité de s'exprimer librement.

---

[1] Kuntz, Joelle, *Les fusils et les urnes*, Denoel, Paris, 1975, p.71.
Cf. Tomas, Antonio, *O fazedor de utopias...*, *Op.cit.*, p.221.

[2] Correia, Pezarat, Pedro, *Descolonização de Angola, A jóia da coroa portuguesa*, Editorial Inquérito, Lisboa,1991,p.52.

Au sein de l'Armée, le malaise était tel que tout au long des 13 années de guerre, de nombreuses désertions furent enregistrées. D'ailleurs, un grand nombre de jeunes ne voulait pas aller faire la guerre et fuyait vers la France ou l'Espagne. La démotivation gagnait des proportions énormes parmi les combattants. En lisant d'ailleurs la littérature portugaise consacrée au thème de la guerre coloniale, les auteurs, dont la plupart y ont été acteurs, s'appesantissent beaucoup sur ces questions. Par exemple, dans son roman *Jornada de Africa* qui se réfère à l'Angola, Manuel Alegre souligne la psychose engendrée par les guerres d'Afrique et qui poussait plusieurs jeunes à quitter le Portugal pour l'étranger. Il compare d'ailleurs la guerre coloniale des années 60 à l'aventure du roi Dom Sebastien en 1572 à Alcacer Québir au Maroc, plus connue sous la désignation de bataille des trois rois. Le souverain fut tué en Afrique, le trône du Portugal resta inoccupé et le roi Philipe II d'Espagne en profita pour l'annexer. Ce fut donc une catastrophe nationale. Par cette comparaison, l'auteur prévoyait le même sort pour les Forces Armées Portugaises qui luttaient en Afrique. Le général Carlos Matos Gomes, sous le pseudonyme de Carlos de Vale Ferraz, a publié aussi deux romans sur la guerre, dans lesquels il retrace son expérience au Mozambique. Le plus connu, *Nó Cego* fait allusion à la fameuse opération dénommée Nœud Gordien qui avait fait fiasco au Mozambique parce que le général Kaulza de Arriaga avait sous estimé les capacités stratégiques du FRELIMO. Le second roman s'intitule *Soldadó*, dans lequel il nous présente un village du Portugal extrêmement pauvre, découvert seulement à l'occasion d'un recensement, quand il s'était agi de chercher des soldats partout dans le pays. Fergusino de Ô, le soldat recruté dans ce village, est tout content d'enfiler son uniforme, d'avoir une alimentation régulière, c'est-à-dire tout ce qui lui manquait au village. C'est la raison pour laquelle à la fin de sa mission, il a préféré se suicider plutôt que de rentrer au Portugal. A la caserne, il se dédiait à cœur joie à toutes sortes de tâche sauf d'aller combattre. Bref, il avait trouvé dans l'armée un refuge, au moment où toute la jeunesse portugaise répugnait d'y aller. Le message de l'auteur est donc simple : au loin de perdre ses ressources dans une guerre absurde, le régime portugais aurait dû consacrer ces mêmes ressources au développement du pays. *Lugar de massacre*[1] est un autre roman de guerre dont le référent géographique est la Guinée. En mettant en relief toutes les atrocités commises par les troupes portugaises, l'auteur, José Martins Garcia, décrit longuement les rapports difficiles entre le groupe de soldats issus de l'aristocratie, et ceux que ces derniers considéraient comme des plébéiens. En quelque sorte, ils avaient transféré au niveau du corps militaire, des contradictions qui gangrénaient déjà la société portugaise. Il va s'en dire que ce phénomène a beaucoup contribué à saper l'esprit de cohésion qui aurait dû et qui doit prévaloir au sein de toute armée. Ces divers facteurs évoqués

[1] Garcia, José, Martins, *Lugar de massacre*, Afrodite, Lisboa, 1975.

dans ces romans mettent donc en doute la possibilité d'une victoire portugaise. C'est le but recherché par leurs auteurs. Tous ont mis en filigrane la question des rapports de force. D'un côté, des Portugais relativement mieux armés ; de l'autre des guérilleros désorganisés et mal armés mais animés d'une foi politique inébranlable. C'était là, semble t-il, tout le message de ces œuvres.

Toutes ces questions que nous venons d'évoquer alimentaient de façon récurrente la critique que les militaires n'avaient eu de cesse de diriger contre le régime portugais et sa politique colonialiste. Ce fut particulièrement le cas en Guinée où ces préoccupations avaient toujours été manifestées dans les réunions tenues par les officiers.

Autrement dit, la principale ligne de force apparue dans les Forces Armées s'était d'abord manifestée en Guinée. Ensuite elle avait gagné la métropole où, dès le début de l'année 1973 on remarquait que quelques officiers commençaient à accorder un intérêt croissant aux questions politiques ; ce fut particulièrement le cas après le congrès de l'opposition démocratique et aussi durant la campagne electorale à l'occasion des élections libres d'octobre 1973.

Les colonies du Mozambique et de l'Angola n'étaient pas restées en dehors de cette contestation qui avait revêtu maintenant un caractère politique. Le 13 septembre 1973, une pétition contre les décrets fut signée par 107 officiers en service au Mozambique. Le 6 octobre, à Lisbonne, s'était réalisée une réunion d'officiers comprenant des représentants des différents corps de l'Armée et élargie aux délégations venues d'Angola, du Mozambique et de la Guinée. Ce fut pratiquement ce jour là qu'est apparue la désignation de Mouvement des capitaines[1].

Le 24 novembre, à Saint Jean d'Estoril, une nouvelle réunion des capitaines eut lieu et durant laquelle on parla pour la première fois de l'éventualité d'un coup d'état. Le 1er décembre 1973, à Obidos, toujours au Portugal, 88 officiers de tous les corps d'armes élurent une Commission de Coordination composée de 19 officiers, qui ensuite avait créé un Comité Exécutif formé par trois capitaines : Vitor Alves, Vasco Lourenço et Otelo Saraiva de Carvalho. A cette occasion, on discuta aussi du choix d'un chef pour donner au mouvement une crédibilité auprès du peuple. Les noms les plus cités étaient les généraux Costa Gomes, chef d'Etat-Major des Forces Armées, Antonio Spinola et Kaulza de Arriaga. Parmi eux, seul Costa Gomes était membre du Conseil Supérieur et aussi le seul qui s'était prononcé publiquement contre la promulgation des décrets.

---

[1] Cf. Guerra,Joao, Paulo, *Memórias..., Op.cit.*, p. 340.

Mais, les généraux, certains d'entre eux en tout cas, avaient d'autres visées. Le 14 septembre 1973, dans un restaurant de Campo Grande à Lisbonne, Kaulza de Arriaga, Venâncio Deslandes, Antonio Spinola et Fernando Resende se réunirent autour d'un déjeuner. Après une analyse de la situation du pays, ils conclurent que le Portugal vivait des périodes difficiles qui risquaient de se répercuter dangereusement sur les territoires d'outre-mer. Ils affirmaient en outre que cette situation était d'autant plus grave que le gouvernement était incapable d'apporter des solutions. Dans ces conditions, ils estimèrent que c'était le moment de prendre leurs responsabilités. En termes voilés, il s'agissait de recourir au coup d'État[1]. Mais, Spinola avait pris ses distances. Kaulza de Arriaga dirigea donc ce coup d'État qui avorta et qui mit momentanément à bas le projet des capitaines. L'on se rappelle que le général Kaulza fut l'artisan de la fameuse opération militaire « Nœud Gordien » au Mozambique, opération qui était destinée à éradiquer la guérilla du FRELIMO mais qui échoua. Le massacre de Wiriyamu, dénoncé partout dans le monde, eut lieu également quand il était encore commandant militaire au Mozambique. Au Portugal, il faisait partie du groupe des ultranationalistes qui voulaient poursuivre la guerre coûte que coûte et établir une alliance avec l'Afrique du Sud et la Rhodésie, pays où le racisme battait son plein. Par conséquent, il ne satisfaisait pas les capitaines.

Le général Costa Gomes avait beaucoup de prestige auprès des militaires. Il avait mené une lutte magnifique au Mozambique contre la guérilla. Comme Spinola, il était persuadé depuis longtemps que la guerre n'avait pas d'issue militaire. Et il le déclarait publiquement. Néanmoins, les capitaines estimèrent que sa réputation était moins grande auprès du peuple. Il était plutôt considéré comme un homme honnête et humble.

Finalement, le choix des capitaines porta sur le général Spinola. Non sans difficultés cependant. On lui reprochait d'avoir lutté à côté du dictateur, le général Franco lors de la guerre d'Espagne en 1936. Les capitaines se souvenaient également qu'il avait collaboré pendant quelques temps avec les troupes nazies à Stalingrad durant la guerre 1939-1945. Il avait aussi laissé le fascisme perpétrer ses crimes sans protester. Donc, aux yeux de certains membres du groupe, le passé de Spinola n'était pas reluisant. Par contre, on reconnaissait que c'était un homme cultivé, proche de ses soldats. Il était réaliste car il préconisait des solutions politiques, puisqu'il savait que la victoire militaire était impossible dans les colonies. Il jouissait d'une grande popularité dans le pays. Le monocle, les gants de dentelle, la badine, sa présence sur le terrain des combats avaient beaucoup marqué l'imaginaire populaire. En plus, il avait écrit *Le Portugal et le futur*[2], un livre dans lequel

[1] Cf.Guerra,Joao, Paulo, *Descolonização portuguesa, o regresso das caravelas*, Dom Quixote, Lisboa, 1996, p. 46.
[2] Spinola, Antonio, *Le Portugal et le futur*, Arcádia, Lisbonne, 1974.

il dénonçait l'aventure africaine responsable de toutes les difficultés économiques et sociales du Portugal. Donc, le général Spinola offrait au Mouvement des capitaines une face visible, grâce à sa popularité et, en même temps, un drapeau par son fameux livre. Le plus important, c'est qu'il voulait surtout mettre fin à la guerre. Et cela était un grand espoir.

Au beau milieu de la crise, Marcel Caetano procéda à un remaniement important dans son gouvernement. Il changea notamment le ministre qui était à l'origine des décrets. Pour autant, le Mouvement des capitaines n'avait ralenti ses activités.

## - Le Portugal et le futur

Le 22 Février 1974, Spinola publia son livre intitulé *Le Portugal et le futur* qui eut un grand succès auprès du public national et international. Il fit même l'effet d'une bombe. Les thèses défendues par le général étaient très audacieuses, parce qu'elles remettaient en cause la politique coloniale du régime, et condamnaient surtout la guerre en Afrique. Il disait précisément que : « Ce n'est ni par la force, ni par la proclamation unilatérale d'une vérité, que nous réussirons à maintenir les Portugais dans les territoires d'outre-mer ». Spinola considérait inacceptable que le « drame de l'Inde » se répète et aussi qu'on « adopte la solution militaire pour résoudre le problème colonial», et ce d'autant plus que l'expérience historique montre qu'il n'y a jamais eu une guerre de subversion résolue militairement ».Il concluait en affirmant que : « nous avons l'intention de rester en Afrique. Oui ! Mais non par la force des armes, ni par la sujétion des Africains, ni par le maintien de mythes qui nous rendent ridicules dans le monde. Nous avons l'intention de continuer en Afrique. Oui ! Mais par une vision des problèmes dans le cadre d'une solution concertée[1] ». L'on rappelle que le général Spinola n'était pas en faveur de l'indépendance des colonies, mais il défendait une thèse fédéraliste, c'est-à-dire l'intégration des colonies dans une vaste communauté lusophone. Pour ce faire, il fallait dialoguer, mais le faire en position de force. C'est la raison pour laquelle quand il fut nommé commandant en chef des forces militaires en Guinée, il fit intensifier les combats dans le but de gagner des avantages sur le terrain. Il estimait que c'était une stratégie nécessaire qui pouvait produire des effets positifs au moment de négocier. D'où ses appels pressants adressés à Marcel Caetano, vers les années 72 et 73 afin que son gouvernement fasse arrêter la guerre et cherche une solution politique.

Par ailleurs, la lecture de certains passages du livre montrait que l'auteur restait ambigu sur les questions relatives à l'exercice démocratique du

[1] *Ibid.*, p.236.

pouvoir et sur le vote des minorités. Il persistait également sur la solution fédéraliste.

Ce livre ne pouvait donc en aucun cas être considéré comme le support idéologique du Mouvement des capitaines, dans la mesure où cette organisation était finalement dominée par des militaires de gauche qui, eux, voulaient l'indépendance des colonies. De ce point de vue, ils étaient d'ailleurs en accord parfait avec les mouvements de libération africains.

Par contre, ce que ce livre apportait de nouveau c'est que d'une part, il était écrit par un haut dignitaire militaire faisant partie du régime, donc censé défendre les points de vue de ce régime et non le contraire ; il créait ainsi une grosse fissure dans la cohésion du gouvernement ; d'autre part, le général faisait écrouler le discours officiel sur la politique coloniale du régime et prétendait ouvrir un débat national sur cette question tabou. Mieux encore, il préconisait l'arrêt de la guerre.

Sous ce rapport, le Mouvement des capitaines avait accueilli le livre avec enthousiasme. En effet, cet ouvrage reprenait noir sur blanc la plupart des critiques que les officiers avaient adressées au gouvernement pour dénoncer sa politique coloniale. Il défendait également le prestige des Forces Armées régulièrement prises comme son bouc émissaire.

Par conséquent, en ce qui concerne la politique coloniale du gouvernement portugais et surtout l'arrêt de la guerre en Afrique, il y avait une convergence évidente entre le les thèses de Spinola et les revendications de la plupart des officiers du mouvement. Comme l'affirme, d'ailleurs, un des illustres héros du Mouvement des capitaines, celui qui dirigeait le convoi libérateur ce fameux jour du 25 avril, en l'occurrence le capitaine Salgueiro Maia : «…quand nous avons eu connaissance du livre du général Spinola, avec tout l'effet positif qu'il a produit dans beaucoup de milieux, nous fûmes persuadés qu'avec Spinola à nos côtés, notre révolution ne tomberait pas dans la rue[1]». C'est-à-dire qu'elle serait une révolution où l'ordre serait respecté au sein de l'armée mais aussi dans le pays.

Donc, au-delà des approches idéologiques différentes, ce qui importait au premier chef pour le Mouvement des capitaines, c'était l'instauration de la démocratie parce que celle-ci leur apparaissait comme l'unique moyen de servir le pays meurtri par quarante années de fascisme. Pour ses membres, il était urgent de détruire l'Etat fasciste et corporatiste, de supprimer les institutions juridiques et policières, d'ouvrir le champ social au peuple, aux classes sociales et arrêter la guerre dans les colonies. Spinola semblait représenter tout cela, même s'il défendait l'autodétermination plutôt que

[1] Maia, Salgueiro, «crónica dos feitos por Guidage ou os difíceis caminhos da liberdade», *in História Contemporânea de Portugal*,(Prof Joao Medina),Estado Novo,Tome II, pp.245-246.

l'indépendance des territoires d'outre-mer. Il y avait aussi d'autres avantages. D'une part, l'engagement de Spinola rallierait d'autres généraux, ce qui éviterait le désordre. D'autre part, les officiers apolitiques encore hésitants, seraient plus motivés pour adhérer au mouvement.

Le livre avait reçu un soutien de taille, celle de Costa Gomes, chef d'état-major général des Forces Armées(CEMGA).

A partir de ce moment, il y eut une convergence entre les deux lignes de force qui s'étaient forgées durant l'expérience de Guinée : celle représentée par les capitaines, et celle incarnée par le général Spinola.

Toutefois, comme on pouvait s'y attendre, la réaction du gouvernement ne fut pas favorable à Spinola. Après avoir pris connaissance du livre, Marcel Caetano affirma que le « coup d'État militaire qu'il pressentait depuis longtemps était maintenant inévitable[1] ». Le 22 février, il convoqua les deux généraux pour leur suggérer de demander au Président de la république de donner le pouvoir aux militaires. Il s'absenta de Lisbonne quatre jours durant, en attente du coup d'État. Puisque rien ne se produisait, il proposa sa démission au Président de la république Américo Tomas qui refusa. Il décida donc de prendre pleinement ses responsabilités. Le 5 mars 1974, il convoqua une réunion de l'Assemblée Nationale pour solliciter son appui à sa politique coloniale. A cette occasion, il battit en brèche toutes les thèses de Spinola en affirmant que « le Portugal restera en Afrique quel que soit le prix à payer ». Quant aux mouvements de libération, il dit ceci : « Négocier avec des terroristes, pourquoi ? Pour, à travers un dialogue calme et amical, prendre en compte ce qu'ils pensent et ce qu'ils désirent ? Ils le considéreront comme une défaite de notre part et nous en sommes conscients… [2] ». Comme on s'y attendait, il bénéficia d'un vote de confiance de l'Assemblée Nationale, renforcé par le soutien que lui accorda le Président de la république le 11 mars 1974. Il restait maintenant l'aval des hautes autorités militaires. Les généraux des trois corps de l'armée lui firent allégeance au palais du gouvernement de São Bento le 14 mars 1974. L'absence du général Kaulza de Arriaga passa inaperçue parce qu'il était de l'extrême-droite et qu'il avait fomenté un coup d'État de droite. Par contre, celle des généraux Spinola et Costa Gomes fut très remarquée. Ils avaient refusé d'aller à cette cérémonie. Le lendemain tous deux furent démis de leurs fonctions.

En vérité, la soumission des chefs militaires à Marcel Caetano et aussi la destitution immédiate de Spinola et de Costa Gomes bouleversèrent profondément les capitaines. Plus que le livre ne l'avait fait, ces événements renforçaient leur conviction sur la nécessité d'aller jusqu'au bout de leur projet de faire disparaître le régime fasciste.

[1] Caetano, Marcel, Discours à l'Assemblée Nationale Portugaise le 5 Mars 1974.
[2] Caetano, Marcel, «Conversa em família», 28 Mars, 1974.

Les capitaines réalisèrent aussitôt que si le gouvernement était capable d'éliminer deux chefs militaires aussi prestigieux, il n'hésiterait pas à décapiter totalement leur mouvement. Pour lui porter un coup fatal, il suffisait tout simplement d'arrêter une dizaine ou plus parmi ceux qui étaient déjà identifiés comme leaders.

Les choses s'accélérèrent donc du côté du «Mouvement des capitaines», car le discours de Marcel Caetano à l'Assemblée Nationale semblait consacrer momentanément la victoire provisoire des *Ultras*. Mais, le même jour, à Cascais, 194 officiers du Cadre Permanent, appartenant aux trois corps d'armes se réunissaient. Ils élaborèrent un document constituant le manifeste du «Mouvement» intitulé : « O Movimento, As Forças Armadas e a Nação » (Le Mouvement, Les Forces Armées et la Nation). Ils y avaient inséré tout ce qu'ils jugeaient bon dans le livre de Spinola, allant même plus loin que les thèses du général. C'était un programme qui se résumait en trois D : Démocratiser, Développer, Décoloniser. Malgré la réticence de certains officiers représentant l'armée de l'air, ce programme finit par privilégier la question de la décolonisation puisque c'était le seul moyen d'arrêter la guerre. Ils avaient tous conscience que la solution était politique et non militaire. Ils confirmèrent Costa Gomes et Spinola comme futurs chefs du « Mouvement ». C'était visiblement un défi lancé à Caetano et à son gouvernement.

Le 11 mars 1974, le peu de citoyens portugais qui avaient connaissance du manifeste du MFA, n'ignoraient plus que les « capitaines » allaient utiliser leur dernier argument pour la restauration de la démocratie politique ; et celle-ci passait nécessairement par la chute de la dictature.

Quelques jours plus tard, le Mouvement des capitaines, ou plutôt le Mouvement des officiers des Forces Armées, discutait déjà sur les moyens pour mettre à exécution le coup d'État.

Le 16 mars 1974, une colonne de près de 200 militaires du régiment d'infanterie venant de Caldas da Rainha marcha sur Lisbonne. Dès les premières heures de l'aube, le Président de la république et la majeure partie des membres du gouvernement avaient trouvé refuge à Monsanto, près des lieux d'installation des Forces Aériennes. Mais, l'insurrection fut arrêtée aux portes de la capitale par des troupes d'artillerie, de la Cavalerie et de la Garde Nationale, encore fidèles au régime. Les insurgés retournèrent ainsi à Caldas où eut lieu leur reddition. Quelques officiers impliqués dans cette insurrection furent détenus à la prison militaire de Trafaria et ensuite transférés à Ponta Delgado et à Funchal. Parmi eux, les capitaines Vasco Lourenço et Vitor Alves, deux leaders actifs du « Mouvement des capitaines ». Et le gouvernement, à travers un communiqué officiel du

Secrétariat à l'Information et au Tourisme, datant du 16 mars, estima que la situation était réglée et que le calme régnait dans tout le pays.

C'était une manière d'occulter la panique créée par l'action des militaires rebelles.

## A3. La politisation des militaires

Pendant longtemps, en Europe, la carrière des armes était considérée comme un moyen de promotion sociale. Elle était plutôt réservée aux familles aristocratiques et bourgeoises. Après la Deuxième Guerre Mondiale, ce statut connut un déclin. Les monstruosités des deux conflits mondiaux y étaient pour quelque chose. Elles restaient encore gravées dans la mémoire collective. Après 1945, le monde occidental resta encore horrifié par les actes commis contre les mouvements de libération des territoires sous domination coloniale. Le progrès technologique comme le cinéma et les autres moyens de diffusion permirent au grand public de se faire une idée plus précise de cette violence. De nos jours, la maîtrise technique rend les armes plus redoutables. Dans certaines régions, il existe encore des conflits de souveraineté, à l'occasion desquelles les factions rivales ou même les grandes puissances utilisent des armes à grande portée destructive. Les populations civiles continuent d'en pâtir. D'où le cri d'alarme toujours plus fort des mouvements pour les droits de l'homme en faveur des populations innocentes. Ces associations estiment que ce sont des guerres impérialistes.

Avant l'ère des indépendances de 1960, les armées européennes étaient devenues tristement célèbres à cause des guerres coloniales. Par avoir connu les affres de l'occupation allemande, l'opinion occidentale considérait ces guerres comme des guerres d'oppression.

En 1960 les idéaux de liberté étaient en vogue dans le monde, l'influence du marxisme et l'anti-américanisme gagnaient du terrain surtout en milieu universitaire. Pour ces raisons, toutes les armées occidentales étaient considérées comme fascistes ou impérialistes. Si donc l'OTAN a été fortement vilipendée par les esprits révolutionnaires, c'est à cause de son appui aux forces capitalistes. Seuls les mouvements de libération échappaient à cette critique.

Au Portugal précisément, l'armée a été au début un grand pilier institutionnel du fascisme et du colonialisme. Le peuple le percevait ainsi. Il est vrai qu'il y a eu des actes historiques de contestation dirigée par des militaires de haut rang. Mais, certains ne dépassaient pas le stade de la conspiration. L'on sait que la Première République de 1910 avait instauré les libertés civiques et la légalité constitutionnelle. Le coup d'État militaire du 28 mai 1927 avait pour objectif le rétablissement de ces valeurs perdues. Les militaires avaient fait tomber le gouvernement républicain en 1926 et avaient fait appel à Salazar pour redresser l'économie du pays. En 1933, à la suite d'élections frauduleuses, ce dernier prit le pouvoir en main et instaura la dictature, et les militaires retournèrent à leurs casernes. Il se produisit un mouvement de révolte qui eut comme figure principale le général Adalberto de Sousa Dias. Une seconde période de contestation militaire se situe entre 1943 et 1952. Elle fut marquée par une série de complots qui avaient aussi pour objectif la démocratisation du régime. Cette révolte s'inscrivait dans le cadre d'une conjoncture rendue favorable grâce à la victoire des Alliés durant la Seconde Guerre. Le général Norton de Matos en était le principal dirigeant. Il fut ancien haut commissaire en Angola et ministre de la guerre dans le gouvernement de la Première République. En Décembre 1943, se forma dans la clandestinité un mouvement dénommé *Movimento de Unidade Antifascista* (MUNAF), présidé par le même Norton de Matos. Sa cible était le régime fasciste.

En 1958, une nouvelle tentative visant à renverser le régime fasciste se manifesta. Elle se déroula dans un contexte d'élections présidentielles. Celles-ci furent marquées par la figure emblématique du général Humberto Delgado, candidat de toute l'opposition démocratique. On l'appelait le général sans peur. Il sera lui-même l'inspirateur d'une série de complots qui prirent fin au 31 décembre 1961. Il fut assassiné le 13 février 1965 en Espagne par les agents de la PIDE.

Un groupe de jeunes officiers qui avaient pris une part active au combat politique du général Humberto Delgado, créèrent en 1958 *le Movimento Militar Independente* (MMI). A partir de Janvier 1960, ils publièrent un bulletin d'informations, la *Tribuna Militar,* qui circulait clandestinement.

Au début des années 70, on enregistra en métropole une série d'actions de sabotage sur le matériel de guerre à destination des colonies. Entre autres sabotages, on peut citer les actes qui s'étaient produits le 8 mars 1972 et qui avaient détruit quinze hélicoptères et trois avions dans le hangar principal de la base aérienne n°3 située à Tancos. Le 25 septembre, les installations électroniques de Palmela et de Sesimbra de la Radio Marconi furent sabotées. Les saboteurs cherchaient à détruire le système de communication qui reliait le Portugal, les colonies, l'Afrique du Sud, l'Angleterre et les États-Unis. Ce fut un commando militaire de l'ARA (Action Révolutionnaire Armée) qui était à l'origine de ces sabotages anticolonialistes. Rappelons que l'ARA était affiliée au Parti Communiste Portugais et elle était aussi de connivence avec le FPLN (Front Portugais de Libération Nationale), lequel recevait de l'aide de l'Algérie du Président Boumediene. Malgré ces tentatives de la part des militaires, dans les milieux politisés, il existait un antimilitarisme évident. C'est la raison pour laquelle le peuple avait eu dans un premier temps des réserves sur les bonnes intentions révolutionnaires des « Capitaines d'avril ».

La culture scientifique qui dominait en Europe n'avait pas épargné le Portugal. Les métiers libéraux attiraient les fils d'aristocrates et de bourgeois plus que la profession militaire. L'armée était perçue maintenant comme un secteur rétrograde et réactionnaire. Par conséquent, les familles nanties envoyaient leurs enfants à l'université ; après le diplôme, ils pouvaient prétendre à un poste de direction dans le service public et surtout dans le privé. Dans ces conditions, l'Académie Militaire qui fut longtemps réservée aux enfants issus de la haute société, était de plus en plus délaissée par ces derniers. La guerre coloniale faisait également peur. Par conséquent, le taux de fréquentation baissait de façon sensible durant cette période(voir tableau ci-dessous). Ceux qui allaient maintenant à l'Académie étaient issus de la petite bourgeoisie de province. Ils sont de condition sociale plus ou moins aisée mais, dans leurs villages d'origine, ils avaient vécu auprès du peuple. Ils avaient assisté aux difficultés de leurs familles de petits agriculteurs que le gouvernement avait négligés en faveur des grands latifundiaires. Ils avaient fréquenté la même école que les enfants des prolétaires. Bref, ils étaient proches de ce peuple prolétaire. D'une certaine manière, ils s'identifiaient avec ce même peuple. En partant en Afrique, ils étaient encore imbus de l'idéal patriotique qu'on leur inculquait à l'Académie, mais ils avaient vite déchanté quand ils voyaient mourir non seulement les siens, mais aussi les guérilleros. L'exemple du capitaine Salgueiro Maia, un des plus grands héros du 25 avril, est très illustratif. Formé à l'Académie Militaire, à 22 ans il fut envoyé dans la brousse du Mozambique. Il était encore sous-lieutenant du Cadre Permanent. Etant sorti major de sa promotion, il avait choisi de servir dans une compagnie des «Commandos». Son expérience au Mozambique lui avait permis de comprendre que le discours sur la multiracialité qu'on leur enseignait à l'Académie était un discours faux. Dans une interview datée de 1992, il témoignait ceci : « Ce que j'ai vu, c'est le travail forcé, les châtiments corporels, le racisme, le contraire de tout ce que la propagande fasciste déclarait. Je n'avais eu aucun doute sur la manière dont l'histoire allait finir[1] ». A partir de ce moment, les jeunes officiers avaient commencé à s'interroger sur le bien-fondé de cette guerre. Qui profitait de cette guerre dans laquelle on les avait plongés au nom de la Patrie ? Comment la Patrie pouvait prouver qu'elle défendait l'Afrique en massacrant ses populations ? Une série de questions auxquelles ils voulaient obtenir des réponses. Il apparaît donc évident que «l'origine sociale de cette nouvelle catégorie d'officiers les démarquait nettement de ceux qui détenaient le pouvoir économique. Il y avait effectivement une évolution dans l'origine sociale des cadets de l'Académie Militaire ; ces nouveaux venus allaient faire fléchir l'attitude élitiste et ségrégationniste qui

[1] Maia, Salgueiro, «La génération du 25 Avril fut marginalisée», Interview accordée à Joao Paulo Guerra, in *Público*, 17/01/92.

a toujours prévalu chez les officiers vis-à-vis de la société[1]». Cependant, la politisation des militaires est à chercher surtout du côté des miliciens, c'est-à-dire les jeunes recrues de l'université. L'on se rappelle qu'à cause des besoins urgents d'augmenter les effectifs des troupes d'Afrique, le gouvernement avait fait enrôler dans l'armée des étudiants. La majeure partie de ces jeunes devenus capitaines ou majors, était rentrée à l'Académie Militaire au cours des années 60. Il se trouve d'une part, que la plupart d'entre eux était d'origine sociale pauvre ; d'autre part, ils avaient reçu l'influence des idées révolutionnaires qui circulaient partout dans le monde vers les années 60. C'était l'époque des Beatles, c'était Woodstock sur fond de révolution des mœurs ; il y avait l'apparition de la pilule, la révolution sexuelle, l'émancipation de la femme et l'explosion des médias entraînant une meilleure ouverture sur le monde. Malgré la censure fasciste, la jeunesse portugaise n'était pas restée insensible à cette évolution sociale. L'euphorie des événements de mai 68 en France avait beaucoup marqué les esprits. Par conséquent, la génération des « Capitaines d'avril » appartient bien à la génération des années 60. Beaucoup de choses les rapprochaient de la jeunesse d'Europe qui partout scandait : « il est interdit d'interdire » et «faites l'amour et pas la guerre ». Cette jeunesse contestait les institutions politiques et les valeurs culturelles surannées.

[1] Clemente, Duran, *De la révolution des œillets au 3ème millénaire…*, *Op. Cit.*, p. 101.

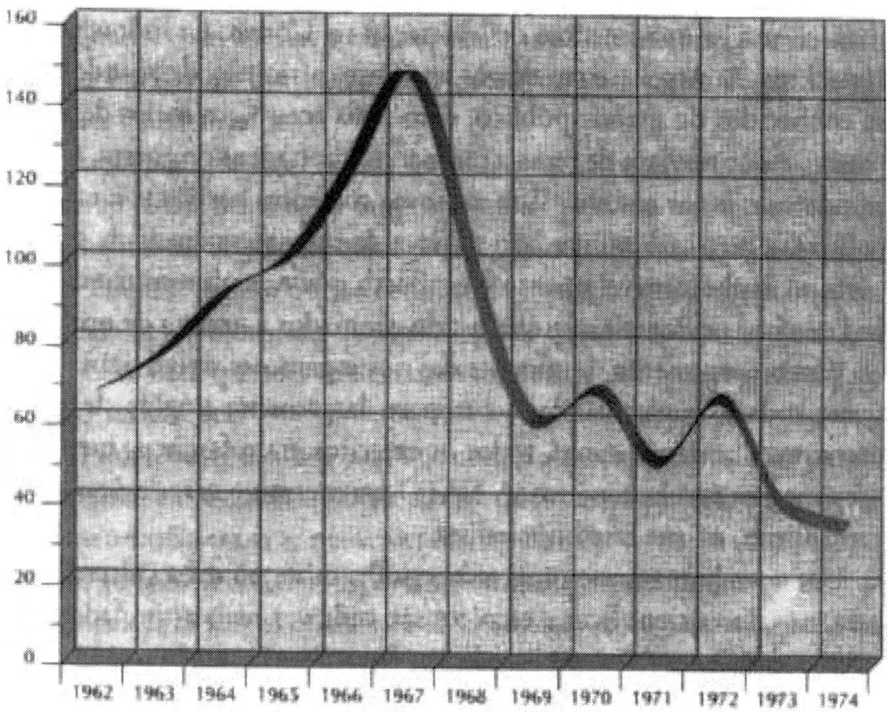


Académie militaire: baisse du rythme de fréquentation durant la guerre coloniale (source: David Martelo, *A espada dos sete gumes*, ed. Eur-América, Lisboa,1999,p.27)

Ils voulaient justement un ordre nouveau, un «New age», qui était devenu à cette période un style de vie, voire une mode pour la jeunesse universelle. C'était donc une génération contestataire qui remettait tout en cause. Elle manifestait de l'irrévérence et du non conformisme face à l'ordre ancien. Elle condamnait la guerre et la violence. Elle avait choisi des symboles de la révolution et de la liberté comme Che Guevara, dont le célèbre poster était affiché dans toutes les chambres. C'était l'époque où les gens préconisaient la victoire des fleurs sur le canon, comme le disait le brésilien Geraldo Vandré dans une de ses chansons. Ce n'est donc pas un hasard si les œillets ornaient les fusils des soldats le jour de la révolution du 25 avril. Il y avait aussi Zéca Afonso, le chanteur proscrit par le régime fasciste à cause de ses idées révolutionnaires. Il était aimé de tous les jeunes Portugais. Sa fameuse chanson *Grândola vila morena* était même devenue un symbole de la révolution des œillets.

Pour tout dire, la jeunesse portugaise envoyée à la guerre coloniale vers les années 60 était imbue d'esprit révolutionnaire. L'Afrique constituait un champ idéal pour expérimenter leurs idées marxistes. L'on se souvient que le pouvoir colonial avait opté aussi pour une autre stratégie appelée guerre psycho-sociale, imitant les Américains au Vietnam. Ce fut précisément le cas en Guinée où Spinola avait lancé le projet dénommé : «Pour une Guinée meilleure» qui devait se concrétiser par la construction d'infrastructures au profit des autochtones. Le but était de convaincre la population africaine des vertus de la présence portugaise. Les jeunes officiers impliqués dans ces opérations avaient reçu un choc quand ils ont découvert toute l'étendue de la misère qui frappait les populations guinéennes. Ils avaient perçu l'énorme mensonge dissimulé dans la propagande officielle. Cette présence physique au milieu des autochtones leur rappelait surtout leurs villages du Portugal où leurs parents vivaient dans la même misère sociale. A partir de ce moment naquit un sentiment de solidarité vis-à-vis de ces populations démunies. Ils avaient compris que ces gens avaient plutôt besoin de protection mais non pas de violence. Leurs croyances marxistes leur imposaient la fraternité avec les prolétaires. Ils considéraient donc que c'était un double crime que de tuer ces innocents. Par conséquent, ces jeunes officiers avaient refusé de combattre par conscience idéologique. Ce fut cet aspect de la guerre qui aura sans nul doute contribué le plus à l'éveil des consciences chez beaucoup de militaires portugais en Afrique. Ils finirent par se convaincre qu'ils combattaient dans la mauvaise guerre. Ils comprirent ainsi que l'ennemi véritable se trouvait à Lisbonne. L'action psychologique finit par manquer sa cible et eut un effet contraire : les jeunes officiers chargés de l'appliquer en voulaient maintenant à leurs autorités.

Il convient de souligner que dans ce processus de sensibilisation idéologique et politique, les miliciens jouèrent un rôle important auprès des officiers professionnels. Comme on l'a vu, ces derniers commencèrent à faire des réflexions de nature politique au contact des réalités africaines. Mais leur prise de conscience fut considérablement renforcée grâce à l'influence de ces civils qui à un moment donné étaient devenus militaires et purent intégrer le « Mouvement des capitaines ». Ce qui est remarquable c'est que rapidement une syntonie s'était créée entre les deux groupes.

Pourtant, certains radicaux du régime voyaient d'un mauvais œil l'enrôlement de jeunes universitaires dans l'armée. Ce fut par exemple le cas du général Kaulza de Arriaga qui estimait que la prolétarisation des forces armées était un grand risque car, une fois devenus officiers, ces militaires issus de milieu modeste seraient une menace pour le régime. Les circonstances lui donnèrent raison, puisque ces miliciens furent les principaux idéologues du « Mouvement des capitaines » qui fit tomber la dictature.

Un autre aspect important à souligner est lié à la fonction même de capitaine. En tant que chef de compagnie dans une guerre de subversion, il joue le rôle d'intermédiaire entre ses hommes et la hiérarchie. Il doit donc intervenir à plusieurs niveaux : opérationnel, administratif, logistique, bien-être des troupes etc. La compagnie qu'il dirige sur le terrain représentait l'unité fondamentale des guerres menées en Afrique. Le capitaine était donc au cœur de la guerre. Isolé dans la brousse africaine, loin des instances hiérarchiques de décision, il était appelé à prendre lui-même les responsabilités face à un ennemi imprévisible. Grâce à l'expérience acquise au cours de nombreuses mobilisations, il était doté d'une grande capacité opérationnelle, associée à un véritable pouvoir de décision. Par conséquent, étant à la tête d'une compagnie, il ne pouvait compter que sur lui-même. Il devait tout seul prendre des solutions rapides quand la situation l'exigeait. Le capitaine se voyait donc investi d'une autorité et d'un pouvoir ; normalement, ces attributs sont ceux d'un officier de rang plus élevé. Cela n'avait donc pas manqué de créer des conflits avec la hiérarchie. Un climat de méfiance s'était ainsi instauré. Les capitaines pensaient effectivement que s'ils se voyaient investis de pouvoirs qui dépassaient leurs compétences, c'est parce leurs supérieurs hiérarchiques n'étaient pas à la hauteur de leurs responsabilités. Ces circonstances avaient contribué à forger leur personnalité, à renforcer leur détermination et leur capacité de décision. Il s'y ajoute que la plupart des « Capitaines d'avril » se connaissaient déjà depuis le lycée, à l'Académie Militaire, à la faculté et surtout dans la brousse africaine. A partir de là, la solidarité de groupe n'avait jamais cessé de se solidifier. Le processus qui a conduit au 25 avril 1974 fut aussi particulièrement lié à ces facteurs.

## - L'influence idéologique des mouvements de libération

Sur le plan idéologique, les programmes politiques des mouvements de libération avaient eu un impact considérable sur les jeunes officiers révolutionnaires durant les guerres de libération en Afrique. En effet, dans leurs discours et dans leurs démarches, certains leaders comme Amilcar Cabral, Eduardo Mondlane ou Agostinho Neto avaient toujours fait la différence entre le peuple portugais ami et le régime colonialiste. Par exemple, Cabral a défini les luttes de libération non pas comme une lutte entre deux peuples ennemis, mais plutôt une lutte contre le colonialisme. Neto, dans sa poésie, notamment *Sagrada Esperança*[1], a traduit le même concept en expliquant que les raisons historiques de la lutte s'expliquent par le désir d'émancipation de leurs pays et par la volonté d'assurer un bel avenir aux peuples africains. Son poème intitulé *A voz igual*[2] (la voix égale) définit bien sa vision du futur. C'était celle d'un monde sans cruauté, un monde de liberté et de fraternité, dans lequel son peuple serait accepté sur la

[1] Neto, Agostinho, «A voz igual», *in Sagrada Esperança*,Ed. Sá da Costa, Lisboa , 1974.
[2]*Ibid.*, pp. 152-156.

base du respect et de l'égalité mutuels. Il ne s'agissait donc pas pour ces leaders d'inciter à la haine raciale, Noirs contre Blancs comme certains africanistes le préconisaient à l'époque. Ils ne voulaient pas d'ailleurs de pays indépendants sans les Portugais, mais de pays sans exploiteurs capitalistes blancs, noirs ou métis.

Les jeunes officiers portugais avaient pu vérifier *in vivo* que leur patrie n'était pas en danger, mais plutôt les intérêts des groupes capitalistes qui gravitaient autour du régime portugais. En effet, le colonialisme servait le capitalisme à partir du moment où il permettait aux firmes portugaises et étrangères d'exploiter, à leur profit exclusif, les richesses africaines. L'on sait que pour pouvoir supporter le poids de la guerre sur trois fronts, le Portugal était obligé d'autoriser les investissements étrangers dans ses colonies. Le colonialisme prenait alors un caractère international. Ce fut notamment le cas de la construction du barrage de Cabora Bassa au Mozambique. On pouvait le vérifier également dans le domaine de l'extraction minière et l'exploitation du pétrole, du fer, du café et d'autres matières premières en Angola, pour ne citer que ces exemples. Une partie de ces profits allait vers les sphères de la haute bourgeoisie portugaise, dont la plupart des membres géraient des compagnies concessionnaires dans les colonies. Or, dans ses analyses, Amilcar Cabral disait que dans le Tiers-Monde, la petite bourgeoisie devait mener les guerres de libération, dès lors qu'elle disposait de certains atouts culturels qui lui donnaient une conscience plus éclairée sur les enjeux politiques et sociaux. Parmi ces atouts, l'instruction et l'éducation, disait-il, occupent une place importante. Mais, c'était surtout parce que la petite bourgeoisie était écartée du pouvoir économique des monopoles. Selon Cabral, cette analyse pouvait s'appliquer au cas du Portugal. C'était donc une grande révélation pour les jeunes officiers, et même une lueur d'espoir. Ils faisaient partie de la classe définie par Cabral. De surcroît, ils étaient exclus du circuit des richesses économiques. Par conséquent, ils se sentaient concernés par la théorie de Cabral. En vérité, ils avaient perçu très tôt que leur présence en Afrique servait uniquement à protéger les monopoles économiques. Le point de vue défendu par Cabral avait donc produit un grand impact idéologique qui sera déterminant dans l'action future des «Militaires d'avril». Il est vrai que les réunions qu'ils tenaient dans les colonies et en métropole laissaient une part prépondérante aux revendications professionnelles, mais l'influence de la théorie «cabraliste» marquait leurs esprits ; c'était surtout le cas parmi les jeunes cadres militaires qui avaient combattu en Guinée. Il n'est donc pas surprenant que les principaux dirigeants du putsch du 25 avril aient tous séjourné en Guinée. C'est ici que réside d'ailleurs l'originalité du MFA (Mouvement des Forces Armées) : d'une part, il s'agit du premier mouvement révolutionnaire qui trouve ses maîtres à penser en dehors du continent européen; d'autre part, c'est le premier mouvement révolutionnaire dont l'origine petite bourgeoise n'est pas une tare, à en juger par les acquisitions politiques du 25 avril 1974. Bien entendu, il y a eu un revirement par la suite, mais un tel acte révolutionnaire ne s'était pas encore produit depuis l'éclosion du marxisme.

L'empathie des officiers portugais pour l'ennemi s'expliquait aussi par les affinités culturelles. Ici encore on note une particularité de la guerre coloniale portugaise par rapport aux autres qui s'étaient déroulées en Indochine ou au Vietnam, par exemple. En effet, des deux côtés, on parle la même langue et on pratique en général la même religion chrétienne. Les dirigeants nationalistes africains avaient fait leur formation au Portugal, où ils avaient tissé de fortes relations avec des Portugais blancs qu'ils connurent sur les bancs de l'université ou dans les groupes de l'opposition. Certains s'étaient même mariés avec des femmes blanches. Bref, ils partageaient la même culture. Ce furent autant de facteurs de rapprochement qui avaient permis d'atténuer l'animosité du début, animosité qui disparut quand, de part et d'autre, on comprit que l'ennemi commun n'était autre que le régime fasciste. Selon le major Manuel Monge, un des héros de la révolution d'Avril, si le régime de Caetano avait tenu compte des bonnes dispositions d'esprit qui se manifestaient chez les Africains et chez les Portugais, beaucoup de vies auraient pu être épargnées. Cette bonne volonté fut illustrée en 1974 à Londres durant les négociations pour le cessez-le-feu. En effet, comme l'explique cet officier ayant participé à ces rencontres, le PAIGC par la voix de Luis Cabral, avait souhaité que « les Portugais restent encore six mois en Guinée pour aider le PAIGC à redresser le pays[1] ». Un autre témoignage de fraternisation entre « les ennemis » nous est donné par un autre héros de la révolution, en l'occurrence le colonel Carlos Fabião. Au moment des négociations, dit-il, les deux camps se congratulaient, les militaires portaient même des T-shirt à l'effigie de Cabral, en hommage à la mémoire du leader du PAIGC. Il était surpris qu'après dix ans de guerre atroce, les ennemis quand ils se rencontrent, s'embrassent[2] et restent causer comme s'ils étaient amis il y a longtemps. Un jour, raconta-t-il : « avant même qu'il n'y eût cessez-le-feu, une patrouille du PAIGC arriva à la porte d'une caserne où je me trouvais, au Sud de la Guinée, et demanda la permission pour entrer. "Ho Camarades, entrez mais laissez vos armes à la porte", leur dit la sentinelle. Ils entrèrent, se rendirent à la cantine, demandèrent de la bière et du tabac, payèrent, sortirent, reprirent leurs armes et retournèrent vers la brousse[3] ».

---

[1] Cf. Guerra, Joao, Paulo, *Descolonização portuguesa, O regresso das caravelas, Op.cit.*, p. 55.

[2] *Ibid.*, p. 100.

[3] *Ibid.*, p. 92.

Le cas du général Otelo de Carvalho peut être cité parmi les exemples les plus illustratifs de l'impact des mouvements de libération sur la préparation organisationnelle et idéologique des « Capitaines d'avril ». Il est issu de la petite bourgeoisie coloniale, puisqu'il est fils de colons portugais installés au Mozambique. Les nationalistes africains étaient justement hostiles à la présence des colons. En retour, ces colons éprouvaient une haine profonde contre le FRELIMO. A l'opposé des gens de son milieu social, Otelo était séduit par le système d'organisation de ce parti nationaliste. C'est la raison pour laquelle, quand il devint le chef des capitaines conspirateurs en avril 1974, Otelo s'inspira du FRELIM0 pour doter le MFA du même type d'organes et y faire appliquer le même mode de fonctionnement, donc le même type de système opérationnel. Peut-être, c'était dû à l'influence de son ami Jacinto Veloso, un Indigène originaire de Goa et membre du FRELIMO. Ils se rencontrèrent d'ailleurs plus tard, en 1974, aux négociations de Lusaka pour l'indépendance. L'un était dans la délégation portugaise, l'autre dans celle du Mozambique. Ce facteur avait dû certainement intervenir dans la trajectoire politique d'Otelo, et même dans l'orientation politique prise par le MFA après la révolution d'avril. En effet, Otelo faisait partie des militaires de gauche dont l'influence explique les options socialistes du gouvernement qui fut instauré après la présidence de Spinola. Dans son livre *Alvorada de Abril*[1], Otelo fait la genèse du Mouvement des capitaines ; les données biographiques qui y apparaissent montrent que son militantisme avait commencé déjà à partir du lycée, vers les années 50 à Lourenço Marques au Mozambique ; à cette époque, certains lycées étaient considérés comme de grands foyers d'agitation communiste. Ils étaient donc sous haute surveillance de la part de la PIDE. Il y avait surtout des Blancs et des Métis parmi les élèves. Mais, après leurs études supérieures en métropole, beaucoup parmi eux firent partie des cadres politiques du FRELIMO. Dans son livre, il témoigne que les autorités coloniales considéraient comme des écrits subversifs, *Os subterrâneos da liberdade,* la trilogie de Jorge Amado, un grand auteur brésilien communiste. La PIDE faisait des incursions dans les maisons et dans les lycées pour saisir le livre et appréhender les suspects. Otelo fit donc ses premières armes de militant progressiste dans cette atmosphère de répression. Une répression instaurée par la PIDE pour combattre toute velléité de contestation au régime fasciste et à sa politique coloniale.

Comme la plupart de ses compagnons d'armes, sa formation idéologique s'était accentuée lors de son séjour en Guinée. Les idées défendues par le leader du PAIGC ne pouvaient pas le laisser indifférent, affirma-t-il. Il avait lu attentivement le livre d'Amilcar Cabral intitulé *Révolution en Guinée-La*

[1] Saraiva, Otelo,Carvalho de, *Alvorada de Abril*, *Op.Cit.*

*lutte du peuple africain*[1] dans lequel l'auteur définit sa politique. Cabral y défendait l'indépendance totale de la Guinée et du Cap Vert, l'unité des peuples des colonies portugaises à partir de leurs affinités culturelles et linguistiques, le panafricanisme, l'instauration d'un gouvernement démocratique, anticolonialiste et anti-impérialiste, l'indépendance économique, la justice et le progrès dans les secteurs de l'éducation et de la culture, l'établissement d'une politique internationale équitable au profit de la nation, de l'Afrique et de l'humanité. Otelo fut ému et en même temps marqué par ce livre. C'est la raison pour laquelle il avoua « qu'il resta profondément impressionné par la force et la noblesse des idées politiques défendues par le PAIGC et son leader[2] ».

## - La Guinée : école politique de Spinola

Le séjour en Guinée avait fortement contribué à la formation idéologique des capitaines d'avril ; de la même manière il avait permis au général Spinola de faire son apprentissage politique.

En effet, son image de marque se renforça davantage en Guinée, tant au plan national qu'international.

Durant sa première mission en Guinée (1968-1970), il s'était fait distinguer par deux actions importantes : l'une d'ordre social et l'autre militaire. En effet, il avait estimé que la guerre sur le terrain devait être accompagnée de mesures à caractère social. D'où son projet de guerre psychosociale. Ce n'était pas nouveau, puisque les Américains l'avaient expérimenté au Vietnam. Cela avait permis de construire quelques infrastructures utiles pour la population. Sur le plan militaire, il avait mis des « durs » pour remplacer certains officiers supérieurs qu'il jugeait inefficaces. Et il mena ensuite une lutte sans répit contre le PAIGC, dans le but de contenir les percées de la guérilla. Ses succès militaires lui valurent ainsi beaucoup de décorations, mais surtout d'être promu général. L'année du départ arriva en 1972, mais son mandat fut renouvelé, ce qui lui permit de revenir en Guinée, après un bref séjour au Portugal. Entre-temps, sa cote de popularité avait considérablement augmenté. Les officiers qui l'entouraient travaillaient beaucoup pour rehausser son image de marque. Le général voulait justement mettre sa popularité à profit pour devenir Président de la république. Le mandat du président Américo Tomas arrivait à terme et Spinola avait des chances puisque sa cote allait crescendo. Il savait qu'il pouvait compter sur le soutien de Marcel Caetano, le chef du gouvernement. Il savait que ce dernier avait l'intention de faire des réformes politiques, mais les durs du régime s'y opposaient. Rappelons que Spinola n'avait aucun doute que la

[1] *Revolution in Guinea, Op.Cit.*
[2] Saraiva Otelo,Carvalho de, *Alvorada ...Op. Cit.*, pp. 98-99.

guerre conduirait à une débâcle militaire du Portugal. Il fallait donc la faire cesser et négocier pendant qu'il était encore temps. Sous l'influence de Senghor, il militait pour une solution fédéraliste. Il l'avait proposée à Caetano qui l'avait refusée. Il était persuadé que seule l'occupation du pouvoir pourrait donc lui permettre de mettre en œuvre ses projets. Il se trouve qu'à cette époque, au Portugal, le Président de la république était élu par un Collège Electoral. Or, ce collège était composé d'*Ultras*, favorables à la continuation de la guerre. Par conséquent, ses chances se trouvaient hypothéquées.

Ayant ainsi perdu l'opportunité d'occuper le poste présidentiel, Spinola se consacra à ses fonctions militaires et à celles de gouverneur en Guinée. Le Conseil des ministres lui avait prolongé son mandat le 19 avril 1972. Ce fut en ce moment-là qu'il initia son programme « Pour une Guinée Meilleure », programme qui lui avait permis, en même temps que les jeunes officiers, de connaître le pays en profondeur. Cette initiative était surtout destinée à gagner la sympathie des populations, au détriment du PAIGC. C' était justement en voulant contrecarrer les objectifs politiques du PAIGC qu'il était obligé d'étudier les méthodes d'intervention des guérilleros auprès de ces mêmes populations. Et il se rendit compte que malgré les mesures sociales qu'il entreprenait, la population dans sa grande majorité, restait intrinsèquement attachée aux guérilleros. Il lui semblait que le peuple guinéen s'identifiait mieux avec le programme politique du PAIGC. Il en tira des conclusions en affirmant : « qu'il n'y a pas une autre manière de régner ni de gouverner sans la démocratie[1] ». Esprit essentiellement pragmatique, il n'était pas tellement victime des préjugés et c'est ce qui l'a aidé à reconnaître la valeur des réalisations du PAIGC et l'impact de celui-ci sur les populations de Guinée. Il était convaincu que si le processus de libération arrivait à terme, le PAIGC serait capable de créer un pays stable comme le Sénégal et la Guinée Conakry, pays qu'il citait souvent en exemple. En fait, mieux que les théories ne l'avaient fait, Spinola avait appris sur le terrain militaire et celui du travail social, des leçons de démocratie. Il le confirma lui-même dans un journal portugais *Diário de Notícias* datée du 9/9/72 en affirmant : « Peut-être suis-je devenu démocrate par pragmatisme dans la mesure où mes conceptions reposent sur le concept simple que la souveraineté réside dans le peuple parce qu'elle est intrinsèque à l'existence même de ce peuple. Je considère que la volonté populaire ne peut pas s'exprimer entièrement si les masses populaires sont analphabètes ; toutefois, grâce aux medias, il n'y a plus de groupe ethnoculturel qui ne soit pas bien informé. Par conséquent, en Guinée, nous sommes persuadés que l'expression de la volonté populaire est authentique ». Et cette expression était en faveur de la liberté, donc du PAIGC, voulait-il insinuer.

---

[1] Cité par Avelino Rodrigues, Cesario Borga, Mario Cardoso, *O movimento..., Op.Cit.*, p.164.

En définitive, pour Spinola, la Guinée aura été un espace riche en expérience politique. Le contact avec la guérilla et la connaissance du programme du PAIGC y avaient joué un grand rôle. Convaincu par l'adhésion des masses aux réalisations politiques du le PAIGC, Spinola était tenté d'appliquer en métropole ces principes de base de la démocratie qu'il avait appris en Guinée.

A partir de là, on peut estimer que le général était plus préoccupé par le mauvais climat politique qui prévalait au Portugal. Il faisait la relation entre la guerre et la situation politique de son pays. Et pour qu'il y ait un changement en métropole, il voulait mettre à profit les idées politiques apprises en Afrique. A l'image de la Guinée qui tôt ou tard allait accéder à la souveraineté, il souhaitait aussi en métropole mettre en place une politique pour un « Portugal rénové » comme il le disait lui-même. Pour arriver à cela, il fallait donc un changement politique radical. C'est ce qu'il exprimait en ces termes : « Le Portugal continuera d'être un pays respecté seulement si les différentes nations qui la composent ont la possibilité de se prononcer librement sur leur destin ; c'est nécessairement par un acte volontaire et conscient, que nous pourrons réaliser notre unité nationale ». Et il ajouta ceci : « En Guinée, on perçoit déjà ces horizons de changement ».

Toutefois, dans le cadre de ce changement qu'il souhaitait, on perçoit que Spinola n'avait pas abandonné ses thèses fédéralistes. Il concevait toujours le Portugal comme une grande communauté intégrant aussi ses colonies. Ces idées furent d'ailleurs largement exprimées dans la préface de son livre intitulé *No caminho do futuro*[1].

Mais, ce qu'il importe de souligner c'est que l'expérience politique en Guinée était nécessaire à Spinola pour analyser avec lucidité la situation du Portugal et les solutions adéquates. Et ces solutions passaient par un changement de politique, voire de régime. De ce point de vue il avait des convergences avec les capitaines révolutionnaires. Par conséquent, une seconde ligne de force naissait encore en Guinée. C'était celle incarnée par le général Spinola.

Sans négliger l'intervention de plusieurs facteurs dans la constitution du « Mouvement des capitaines », il reste évident que celui-ci s'était « formé à l'image des partis nationalistes africains, ennemis du gouvernement portugais[2] ». L'Afrique doit donc être considérée comme la référence matricielle du MFA qui s'était institutionnalisé plus tard en métropole.

---

[1] *Spinola,Antonio, No caminho do futuro,*AGU,Lisboa, 1972.

[2] Hargor, Mikhael, *Naissance d'un nouveau Portugal,* Seuil, Paris, 1975, p. 22.

En définitive, les deux lignes de force qui constituèrent la base du « Mouvement des capitaines » eurent la même source politique et idéologique. Ce fut la Guinée.

## *B. Les luttes décisives des mouvements de libération*

### - Les mouvements de libération

Parmi les principaux mouvements qui assumèrent des tâches fondamentales dans les luttes de libération en Afrique lusophone, on peut citer en Angola le Front National de libération de l'Angola (FNLA), dont les antécédents remontent en 1954, le Mouvement Populaire pour la Libération de l'Angola (MPLA), fondé en principe vers 1956 ; l'Union Nationale pour l'Indépendance Totale de l'Angola (UNITA) créée en 1965, et le Mouvement de Libération de l'Enclave de Cabinda (MLEC) constitué en 1960. En Guinée Bissau, le PAIGC fut fondé en septembre 1956 à Bissau, tandis que le Front National pour la Libération et l'Indépendance de la guinée (FLING) fut formé en août 1960 à l'instigation du Sénégal. Au Mozambique la principale formation est le Front de Libération du Mozambique (FRELIMO), mais on note également l'existence d'autres mouvements comme l'Union Démocratique et Nationale du Mozambique (UDENAMO : 1960) et le Comité de Révolutionnaire de Mozambique(COREMO) datant de 1964.

## BI. Les luttes armées en Angola

A partir des années 50 surgirent en Angola de véritables embryons d'organisations politiques. Les plus importantes furent le FNLA, le MPLA, l'UNITA et et le MLEC.

### - L'UPA/FNLA et la lutte armée

Parmi les premiers mouvements nationalistes qui se sont manifestés contre le système colonial, figure l'UPA(Union des Peuples d'Angola). Comme nous l'avons indiqué plus haut, ce fut sous sa direction que se produisirent le 15 mars 1961, les attaques menées sans discrimination contre tout ce qui était supposé représenter le pouvoir des Blancs. C'était dans la région de San Salvador et dans celle des Dembos, dans les districts de Luanda, du nord Kuanza et à Uíge. Même les Mulâtres et les Assimilés ne furent épargnés. Il s'en suivit une répression terrible de la part des forces coloniales. Il convient de signaler qu'une forte rivalité opposait l'UPA et le MPLA. Donc, pour ne pas être devancé par son rival, l'UPA entraînait les paysans à la rébellion, sans aucune préparation préalable. En fait, l'UPA était une organisation tribaliste dont la base populaire venait essentiellement de l'ethnie Bakongo. C'était justement cette base sociale très particulière qui poussait les non Bakongos à la considérer comme une organisation tribaliste, tandis que les Assimilés des centres urbains la percevaient comme un groupe d'étrangers ; pour les Métis et les Blancs nés en Angola, l'UPA était raciste. Il fut dirigé par Holden Roberto et des Assimilés protestants. Par le fait d'être la première organisation à avoir déclenché les hostilités, l'UPA eut une grande aura internationale. De ce fait, les États-Unis et les pays africains l'avaient soutenue. Ce furent d'ailleurs les mêmes raisons qui poussèrent le révolutionnaire Franz Fanon à soutenir l'UPA et l'encourager. Mais ce soutien était donné non sans quelques réserves puisque Fanon déclarait : « Je sais qu'Holden ne vaut pas les gens du MPLA, mais il est prêt à commencer et les autres non. Et je suis convaincu que ce qui est nécessaire, c'est de commencer et qu'un mouvement révolutionnaire angolais se forgera dans la lutte révolutionnaire qui suivra[1] ». Pour éviter les critiques touchant à son caractère tribaliste, l'UPA se transforma en Front National de Libération (FNLA) en mars 1962. Peu de temps après, Holden Roberto forma en 1964 à Kinshasa, le GRAE (Gouvernement Révolutionnaire d'Angola en Exil). Par conséquent, cette nouvelle structure avait reçu l'aval de l'ONU, de l'OUA, et aussi d'une variété de pays africains et non africains. Son quartier général se trouvait à Léopoldville, où il pouvait compter sur l'appui décisif de Mobutu Sese Seko, son beau-frère. Né en 1933 dans le Nord de l'Angola, Holden l'avait quitté à l'âge de deux ans pour le Congo-Léopoldville. Il est revenu seulement quatre fois en Angola. Au Congo, son pays d'adoption, il avait réussi en affaires et s'était lié aux milieux conservateurs angolais et à des agents américains et européens.

Les témoignages abondent quant aux liens d'Holden Roberto et la CIA américaine et son choix[2] par J. F Kennedy pour prendre la relève des Portugais. Conservateur et politiquement élitiste, il utilise le sentiment de révolte des jeunes de l'ethnie Bakongo pour servir les intérêts de son groupe. En 1960, il se consacra à la mise sur pied de réseaux clandestins d'armement et de sabotage, toujours en choisissant ses éléments parmi les membres de l'ethnie des Bakongos. Mais, la vision politique sectaire et très limitée des dirigeants du FNLA explique ses échecs militaires répétés. En enfermant la révolte paysanne dans les limites étroites du nationalisme Bakongo et du tribalisme le plus reculé, et surtout en collaborant avec l'ennemi, le FNLA de Holden Roberto s'écartait des voies véritables pour libérer le pays. Par

---

[1] Cité dans CEDETIM, *Op. Cit.*, p. 84.

[2] Voir en particulier *Afrique-Asie* du 11 janvier 1976, n° 99 et *New York Times* du 20 décembre 1975 : «Depuis 1961, Roberto Holden est un agent de la CIA contre un salaire forfaitaire de 10000 dollars pour recueillir des renseignements et transmettre des informations aux services américains de renseignements».

- Voir aussi interview de Sékou Touré, *in Afrique-Asie*, n° 99, 1976.

ailleurs, le FNLA n'avait pas défini une orientation idéologique précise. Donc, malgré le rapprochement avec l'Afrique progressiste vers les années 60, les attitudes concrètes prises par le FNLA le caractérisèrent comme appartenant à une catégorie de partis « nationalistes non révolutionnaires[1] ». Ce qui l'intéressait au premier chef, c'était de défendre les intérêts d'un groupe de petits bourgeois d'une part, et d'autre part, ceux de certains potentats traditionnels dont l'objectif était d'obtenir des termes d'échange plus favorables avec les milieux commerciaux d'Angola et même du Zaïre.

Le culte du chef et l'autoritarisme d'Holden Roberto poussèrent certains membres importants à la dissidence. Ce fut notamment le cas de Jonas Savimbi, ministre des Affaires Extérieures qui démissionna en 1964 et celui d'Alejandro Taty, ministre de la Défense, en 1965. Ces derniers quittèrent donc avec leurs partisans. De ce fait, le FNLA fut obligé de s'appuyer exclusivement sur les Bakongos, limitant ainsi son activité au contrôle strict de la frontière du Zaïre, à partir de laquelle il réalisait des incursions dans le Nord de l'Angola ; celles-ci étaient généralement de faible profondeur et les combattants regagnaient aussitôt leurs bases situées en pays zaïrois. Il avait aussi maintenu quelques petits groupes de guérilleros à l'intérieur de l'Angola, au sud de Bembé, en direction de Nambuango et de Luanda. Ce ne fut qu'en avril 1970 que le FNLA ouvrit un front dans le secteur oriental à partir du Katanga, avec peu d'effectivité cependant. Sa force reposait donc sur le contrôle du demi-million de Bakongos présents au Zaïre, les uns provenant de l'émigration économique antérieure à l'année 1960, et les autres ayant subi la répression qui avait suivi l'insurrection de 1961.

Quand l'activité politique et militaire du FNLA arriva à stagnation vers la fin des années 60, le mouvement reçut une nouvelle impulsion en 1972, avec l'arrivée de Mobutu au pouvoir. C'est ce qui redonna à ce mouvement une certaine considération au plan international et lui permit ainsi de se préparer à participer aux affaires, au cas où il y aurait décolonisation. Mobutu comptait s'appuyer sur le FNLA pour avoir suffisamment de marge de manœuvre en cas de décolonisation ; compte tenu des enjeux économiques, il caressait en effet l'ambition d'occuper une partie de l'Angola, alors que l'autre partie reviendrait à l'Afrique du Sud. Le plan de partage était conçu ainsi. N'oublions pas qu'une partie des populations du Nord de l'Angola avait émigré vers le Zaïre. Il se trouve également que certaines ethnies, surtout celle des Bakongos, rêvaient de reformer l'ancien royaume du Kongo, puisqu'avant le partage de Berlin, c'était un vaste territoire incluant le Zaïre et l'Angola actuel.

[1] Cf. Giovanni, Arrighi§Saul, John .S, «Nationalism and Revolution in Sub-Saharian Africa», *in Essays on the Political Economy Africa*, Monthly Review Press, New York, 1973, pp. 121-130.

Cependant, Mobutu paraissait faire un jeu double. Parce que d'une part, il voulait montrer à ses homologues africains qu'il soutenait lui aussi la lutte de libération des peuples ; d'autre part, il ne voulait pas compromettre ses relations avec le Portugal, dans la mesure où le Zaïre, tout comme la Zambie, utilisaient le chemin de fer angolais de Benguela pour exporter leurs minerais à partir du port de Lobito. Il avait gardé aussi un œil vigilant sur le FNLA afin d'éviter que ce mouvement ne déstabilise son régime une fois qu'il atteindrait un certain pouvoir d'action. Toutefois, il avait soutenu amplement le FNLA dans ses luttes de rivalités avec le MPLA. Mais, il reste évident que tout cela se faisait sous les bons auspices des États-Unis qui avaient une forte influence sur le Zaïre.

## - Le MPLA et la lutte armée

Ce mouvement nationaliste angolais fut formé en 1956. Il regroupait des éléments de la petite bourgeoisie africaine, des Métis et des individus issus du secteur ouvrier. Contrairement au FNLA, il apparaissait idéologiquement plus solide, et, avec le temps, ses origines marxistes s'affirmèrent nettement. Son évolution fut lente, et, en 1959, quand il était à peine dans un état embryonnaire, il subit un coup sérieux lorsque la plupart de ses cadres furent emprisonnés ou exilés. Son action la plus spectaculaire se produisit le 4 février 1961 quand ses dirigeants organisèrent depuis Conakry l'attaque de la prison de Luanda pour y libérer des membres du MPLA qui y étaient incarcérés, provoquant ainsi la mort de sept policiers portugais. Un autre assaut à la prison de Luanda eut lieu une semaine après, coïncidant, comme on se le rappelle, avec l'arrivée du capitaine Henrique Galvão, un opposant au régime de Salazar. Par conséquent, ces succès furent médiatisés dans le monde entier. C'était d'ailleurs l'effet recherché par ces nationalistes qui voulaient informer l'opinion mondiale sur la situation désastreuse des colonies portugaises. Evidemment tous ces actes de rébellion furent suivis d'une répression sanglante qui dura pratiquement un mois. Grâce à la présence de la presse étrangère, ces massacres furent largement diffusés au grand dam de l'autorité portugaise

Le MPLA fut réorganisé en 1962 à la suite de l'arrivée à Léopoldville d'Agostinho Neto (1922-1979), qui venait d'Europe. Rappelons que Neto s'était échappé des prisons portugaises en 1962. Il fut nommé président du MPLA, ce qui ne manqua pas de créer une division dans le mouvement. Il semble qu'au plan national, l'image de Neto (médecin noir) passait mieux que celle de l'ancien président Mario de Andrade (écrivain métis). En conséquence, en juillet 1963, le groupe minoritaire dirigé par Viriato da Cruz, un membre fondateur, fut expulsé. Indépendant en 1960 le Congo connut des troubles ; le progressiste Patrice Lumumba fut assassiné. Le gouvernement d'union nationale formé en 1961 par la clique Cyrille Adoula-

Mobutu, pions des Américains, était plutôt favorable à Holden Roberto et au FNLA. Malgré de nombreuses tentatives du MPLA pour s'unir, la cohabitation entre les deux mouvements était donc impossible. Après multiples tracasseries et persécutions dirigées contre ses chefs, le MPLA fut expulsé du Zaïre de Mobutu en 1963. Par conséquent, ses difficultés augmentèrent du fait de ne pouvoir accéder à la frontière Nord contrôlée par l'ennemi, le FNLA. L'autre obstacle résidait dans le fait que son expulsion du Zaïre l'éloignait ainsi du territoire angolais. Cependant, dans l'autre Congo, à l'ouest du fleuve, l'abbé Fulbert Youlu, conservateur et fantoche, fut chassé du pouvoir par un puissant mouvement populaire qui faisait de ce pays une base progressiste. A partir de ce moment, le MPLA s'établit au Congo-Brazzaville et y ouvrit un bureau. Cette base sûre fut suivie en 1964 par une autre ouverte en Tanzanie (ouverture d'un bureau à Dar es-Salam), puis en Zambie en 1965 (ouverture d'un bureau à Lusaka).

Pour le MPLA, le travail à accomplir était donc énorme : trouver des armes, former des soldats, trouver des militants, dans les conditions d'une guerre sans merci et de longue haleine. Les dirigeants en étaient parfaitement conscients ; c'est la raison pour laquelle lors de conférence des cadres, c'est-à-dire celle des militants actifs, tenue à Brazzaville en janvier 1964, tous ces problèmes furent passés au peigne fin. Cette conférence montrait la faiblesse matérielle et l'implantation fragile dans les masses ; elle révélait en même temps la faiblesse politique d'une direction courageuse, mais coupée encore de la réalité concrète du peuple et des exigences de la guerre populaire. En plus, le MPLA devait faire face à trois ennemis : les Portugais, le FNLA et l'UNITA.

Cependant, tout n'était pas désespéré pour le MPLA, puisqu'en 1964, il recevait enfin la reconnaissance de l'OUA qui lui accordait son soutien[1]. C'était un succès diplomatique extrêmement important, dans la mesure où tout au début, l'OUA avait même recommandé la dissolution[2] du MPLA, reconnaissant seulement le FNLA comme l'unique mouvement de libération de l'Angola. Il s'avérait que le MPLA satisfaisait aux critères établis par le *Comité de Coordination pour la Libération de l'Afrique*, qui a existé dès la création de l'OUA en 1963 à Addis Abeba. Ce comité était chargé de coordonner toute l'assistance, d'encourager la collaboration et l'unification au niveau national des divers mouvements de libération, de régler les conflits entre eux et de distribuer l'aide selon les priorités. Mais avec le temps, la politique du *Comité* obéissait à certains principes plus ou moins rigides :

[1] Soutien accordé après la résolution du Comité de Coordination pour la libération de l'Afrique, à Dar es-Salaam, le 25 novembre 1964, sur la proposition du Comité des Trois : Ghana, Congo-Brazzaville, RAU.

[2] Lettre de Mario de Andrade, 23 oct 1959, *in Lucio Lara, Um amplo movimento,* Ed de l'auteur, Luanda, 1997, pp. 137-137.

l'attribution du financement était exclusivement liée à l'engagement dans la lutte de libération proprement dite. Etaient donc favorisées, les organisations dont la lutte était plus efficace l'année antérieure. Par conséquent, les critiques ne manquèrent pas quant aux procédés d'éligibilité établis par le *Comité.* Comme l'affirme Alfredo Margarido, certains dirigeants nationalistes estimaient que « le Comité de Libération ne fournit pas une aide efficace et, en même temps, il compromet le succès de la lutte de libération, par ses décisions arbitraires ou mal adaptées aux situations et aux spécificités de chaque territoire[1] ». C'est la raison pour laquelle dans sa réunion tenue au mois de mars 1965 à Nairobi, la Conférence des Ministres des Affaires Etrangères de l'OUA, après avoir reconnu les difficultés du *Comité* à réconcilier les mouvements de libération, décida que ledit *Comité* devrait seulement aider les mouvements qui se battaient effectivement à l'intérieur des territoires. Par conséquent, elle créa une commission d'experts militaires chargés de vérifier l'implantation des mouvements sur le terrain. C'était donc sur cette base que furent reconnus notamment le MPLA et le PAIGC, comme représentants authentiques de la lutte de libération, respectivement en Angola et en Guinée-Bissau. Il faut bien préciser que c'était bien la reconnaissance formelle du PAIGC, par l'OUA, comme unique représentant de la Guinée et du Cap Vert qui servit de «détonateur[2]» pour la reconnaissance d'une quinzaine de mouvements de libération en Afrique. Il est vrai que d'autres pays et d'autres institutions avaient déjà commencé à collaborer avec ces divers mouvements africains ; cela était important, certes, parce qu'elle légitimait au plan international la cause défendue par les mouvements de libération ; mais, le soutien de l'OUA avait une signification politique toute particulière, et aussi une grande portée symbolique.

Ayant réussi à convaincre l'opinion mondiale qu'il était véritablement le seul mouvement révolutionnaire angolais, le MPLA voyait sa situation s'améliorer considérablement. Ainsi, quelques armes lui parvinrent par l'intermédiaire du Comité. Il faut dire que dès le début de la lutte armée, le MPLA avait des combattants dans le maquis des Dembos, mais le contrôle de la zone Nord par les autorités zaïroises et par le FNLA compliquait les problèmes de ravitaillement. Au plan stratégique, c'était un avantage pour l'armée portugaise, parce que la présence du MPLA à Cabinda pouvait créer un obstacle au cas où le FNLA voudrait avancer vers Luanda.

La guerre avait réellement commencé en 1964, à partir de Cabinda, enclave limitrophe avec le Congo-Brazzaville, qui devint la seconde zone politique et

---

[1] Margarido, Alfredo, «L'OUA et les territoires sous domination portugaise», *in Le Mois en Afrique,* oct. 1967, p.100.
[2] Habsi. A, *Les mouvements de libération nationale et le droit international*, Stouky, Rabat, 1981, P. 170 .

militaire du MPLA. Les modestes résultats militaires furent amplement compensés par les multiples avantages qu'offrait la base de Cabinda. Elle était, en effet, devenue en 1963 un véritable camp d'entraînement et de formation de la guérilla. Le MPLA réussit à y développer des activités de harcèlement des troupes portugaises. Ce fut donc dans cet espace stratégique qu'on forma certains cadres politiques et militaires qui dirigèrent la lutte armée dans les diverses zones du pays. L'expérience acquise à Cabinda permit effectivement au MPLA de régler les problèmes de la mobilisation populaire, les questions de commandement en zones libérées, et aussi ceux de la reconstruction nationale dans le domaine de l'instruction, de la santé et de l'agitation politique.

En mars 1966, le troisième front politico-militaire s'ouvre à l'Est, dans le Moxico, puis à Cuando-Cubango. Le front Est fut également très important sur le plan politique et militaire. Parce que ces zones orientales constituent des bases sûres pour le MPLA. Ce fut grâce à l'aide de la Tanzanie mais aussi de la Zambie, indépendante en octobre 1964. Neto organise les approvisionnements d'armes à partir de Dar es-Salaam, tandis que De Melo recrute les volontaires réfugiés en Zambie. Ainsi, le MPLA pénétra jusqu'au Centre et l'Est, où il trouva une région riche et des militants engagés. C'était surtout un point stratégique en ce qui concerne l'élaboration des plans de guerre. En 1968, ses guérilleros réussirent à s'infiltrer dans la province de Luanda ; en 1969, ils étaient à l'Ouest et dans la région de Bié, atteignant même le Quanza Ouest en 1970. Cette progression aurait été plus importante si le MPLA n'était pas attaqué non seulement par les Portugais mais aussi par les mouvements rivaux.

La tactique consistait à infiltrer les régions où existaient des unités politiques du MPLA ; celles-ci contactaient les sympathisants, organisaient la propagande et préparaient l'attaque des groupes de combattants. Dans ces zones rurales très peu peuplées, la guérilla progressait vite vers l'Ouest, mais était arrêtée en 1968 par une forte ligne de défense portugaise.

L'efficacité politique et militaire croissante du MPLA était due à la conférence des cadres organisée en 1968 au Congo-Brazzaville. Les décisions qui y furent prises constituaient une avancée notoire par rapport à celles préconisées à la conférence de 1964. Les propositions adoptées donc à Brazzaville furent approuvées sans condition par tous les délégués des trois régions politico-militaires (Nord-Ouest, Cabinda, Moxico et Cuando-Cubango).

A cette occasion, le MPLA avait réaffirmé sa nature d'organisation africaine ouverte à tous « quels que soient leur sexe, âge, origine ethnique, croyances religieuses, lieu de naissance ou domicile [1] ». Il avait également insisté sur la nécessité de faire un travail de formation et sur la volonté de lutter contre le racisme et le tribalisme ; il les considérait comme des facteurs rétrogrades qui divisaient et constituaient de ce fait des menaces graves contre les objectifs de la lutte. Neto déclarait à la radio tanzanienne le 6 juin 1968 : «Si certains combattants ont l'idée d'une guerre contre les Blancs, il faut qu'ils la remplacent immédiatement par celle contre le colonialisme et l'impérialisme». La création des CIR (Centre d'Instruction Révolutionnaire) contribuait à améliorer la conscience politique des militants. Ajouté à la volonté d'accentuer la politique de front uni et au perfectionnement de la formation militaire des combattants, cela donnait au MPLA une capacité opérationnelle redoutable.

C'est la raison pour laquelle la percée militaire des mouvements de libération, et surtout celle du MPLA ne cessèrent de poser de grands problèmes à l'autorité coloniale portugaise ; car, cette nouvelle situation modifiait les paramètres du système de domination. Jusqu'alors le Portugal gérait seul ses colonies, mais avec l'accroissement de la guerre sur trois fronts, il fut obligé de faire appel à l'intervention des capitaux étrangers. La législation portugaise se modifia et permit aux pays étrangers de financer à 100‰ les activités minières en Angola ; celles-ci croissaient considérablement. Pour le fer (1967 : 1 million de tonnes ; 1971 : 7millions de tonnes), l'Allemagne fédérale(Krupp) et le Japon furent les principaux importateurs. Pour le pétrole, l'Angola (Gulf Oil) devint le principal fournisseur de l'Afrique Australe et quadrupla sa production. Dans l'agriculture, les populations angolaises furent expropriées : en 1967, 300.000 Européens exploitaient les terres sur une surface égale au tiers de celle laissée aux 5 millions d'Angolais. La désarticulation de l'économie s'accentua considérablement, le système d'agriculture traditionnelle fut brisé, les paysans se prolétarisèrent au profit du capital étranger. On constatait donc que la croissance avait atteint dans tous les secteurs économiques des niveaux spectaculaires, profitant essentiellement aux compagnies étrangères. Paradoxalement, le capital portugais se trouvait défavorisé. L'ouverture des colonies aux autres pays était surtout faite dans le but de solliciter le soutien des puissances étrangères à l'effort de guerre. Par contre, la misère était devenue croissante chez les populations angolaises. La lutte de libération se développa donc dans ce contexte : prolétarisation et démantèlement de la société traditionnelle.

Ce fut également au cours de cette période que se manifesta davantage non seulement l'intervention de l'Afrique du Sud en faveur du Portugal, mais aussi celles des USA et de l'OTAN ; ces derniers lui fournissaient des armes, sans compter le fait que l'OTAN avait aux Açores une base stratégique

[1] Voir Manifeste du MPLA de 1956.

pleine de matériel militaire, et le Portugal en usait librement pour ses guerres africaines. Et ce malgré l'interdit stipulé dans les accords avec l'OTAN. Vers la fin de l'année 1967, des soldats sud-africains ayant intégré l'armée portugaise furent capturés par le MPLA. Il faut rappeler que l'Afrique du Sud et la Rhodésie, deux pays d'Afrique où le racisme battait son plein, projetaient avec le Portugal de former un bastion blanc dans le but de dominer toute l'Afrique Australe. Ce projet allait même au-delà, puisque le deal établi à travers l'assassinat d'Amilcar Cabral prévoyait une mainmise sur le Cap Vert. En effet, souffrant du boycott décidé par l'ONU pour cause d'apartheid, l'Afrique du Sud, de connivence avec son allié le Portugal, voulait disposer de l'aéroport de Sal. N'oublions pas également que l'Afrique du Sud était le grand bénéficiaire du barrage de Cabora Bassa construit au Mozambique. Elle se voyait donc obligée de lutter à côté des Portugais pour contrecarrer les actions de sabotage entreprises par le FRELIMO ; les combattants nationalistes voulaient empêcher le fonctionnement de cette infrastructure qui ne profitait en réalité qu'aux étrangers. Effectivement, le barrage avait motivé une arrivée massive de colons portugais, encouragés et financés par leur État, dans le but de s'installer dans cette zone afin d'exploiter les terres ; de surcroît, il avait aussi créé d'énormes possibilités en matière d'irrigation. De la même manière, en Angola, les compagnies exploitant les richesses minières comme la Diamang ou la Gulf Oil à Cabinda s'impliquèrent dans la lutte antiguérilla en coordination avec l'armée portugaise.

Les succès du MPLA furent renforcés grâce aux contacts qu'il avait su développer avec des pays amis. Ce fut le cas avec l'URSS, la Tchécoslovaquie et la Chine populaire. Des militants furent ainsi envoyés dans les pays de l'Est pour y recevoir une formation militaire. Les grands blessés étaient soignés en URSS. L'OLAS (Organisation latino-américaine de solidarité) apporta son soutien non seulement au MPLA, mais aussi au FRELIMO ainsi qu'au PAIGC. C'était au cours de sa première conférence en 1967 à la Havane. Il convient de signaler que le MPLA eut des relations très particulières avec Cuba, même si les autres mouvements de libération comme le PAIGC et le FRELIMO avaient fait l'objet d'une attention considérable de la part des Cubains. En termes d'assistance médicale, de formation politique et militaire, et aussi dans le domaine du matériel logistique, Cuba faisait partie des pays qui aidèrent le plus ces mouvements de libération. Leurs dirigeants entretenaient des contacts importants avec les plus hauts dignitaires politiques cubains. Amilcar Cabral par exemple était un ami privilégié de Fidel Castro. En 1965, durant son périple africain, Ernesto Che Guevara avait pu rencontrer des dirigeants indépendantistes d'Angola, du Mozambique et de la Guinée. Il s'était entretenu avec Neto à Brazzaville, avec Cabral à Conakry et avec Mondlane à Dar-es Salam.

C'était pour leur apporter le soutien moral[1] de Cuba, et surtout des armes et du matériel de tous genres. Oscar Oramas, ambassadeur de Cuba à Conakry, affirma même que les militaires cubains furent les seuls étrangers qui participèrent directement aux luttes de libération ; de ce fait, ils contribuèrent activement à l'efficacité des actions de la guérilla.

La conjonction des facteurs internes et externes contribua au renforcement de la force de frappe du MPLA. Et cela suscita effectivement beaucoup d'inquiétudes chez les autorités portugaises. Une des mesures prises par ces autorités fut de regrouper les populations locales en hameaux stratégiques[2] comme les Américains l'avaient fait au Vietnam. Il s'agissait de réunir plusieurs villages dans des espaces situés à côté du lieu de stationnement des unités militaires portugaises. Ces espaces sont entourés par des fers barbelés, ce qui permet de contrôler les entrées et les sorties. Le but était de les isoler, pour éviter des contacts avec les guérilleros. Les mêmes dispositions furent d'ailleurs prises au Mozambique et en Guinée-Bissau. Ces initiatives étaient accompagnées par une forte activité psycho-sociale. C'est à dire procéder à une campagne de séduction auprès des populations, suivie de mesures sociales, en vue d'améliorer leurs conditions de vie. En Guinée-Bissau, ce programme initié par le général Spinola fut désigné pour une « Guinée Meilleure [3] ». En un mot, on voulait les amener à considérer les nationalistes comme les ennemis du peuple, et que leur futur serait garanti par le Portugal et non par ces « terroristes ».

Mais, les populations avaient toujours su contourner cette difficulté, en utilisant toutes sortes de subterfuges pour alimenter et informer les maquisards. Sur le plan militaire, les Portugais déployèrent les grands moyens. A partir de 1969, ils utilisèrent des escadrilles d'hélicoptères qui leur permirent de réaliser des actions de grande envergure. Ils n'avaient pas hésité non plus à employer des pesticides sur les plantations et les champs de culture de la guérilla. Ce phénomène n'était pas nouveau d'ailleurs puisque les Français l'avaient utilisé en Indochine et les Américains au Vietnam. Les Portugais étaient aidés en cela par les « flechas », des Africains recrutés sur place dans le cadre de l'africanisation de l'armée portugaise, mesure inspirée aussi des autres guérillas, dans le souci d'avoir sur le terrain une plus grande opérationnalité. Le fait est que la présence des agents de la PIDE terrorisait les populations africaines et il leur fallait, par conséquent, trouver des autochtones capables de les renseigner. Cette collaboration fut effectivement trouvée auprès du peuple Boshiman qui vivait dans le Sud-Est de l'Angola dans le district de Cuando-Cubango précisément. De petite taille les Boshimans avaient des difficultés à se déplacer avec les armes lourdes

---

[1] Kalfon, Pierre, *CHE, Ernesto Guevara, uma lenda do século*, Ed. Terramar, 1997, p. 378.
[2] Voir le journal portugais, *O Comércio*, 12/12/67.
[3] Cf.Cann, John.P, *Contra-resurreição em Africa(1961-1974)*, Atena, Lisboa, 1998,p. 220.

portugaises ; ils avaient donc continué à combattre avec leurs flèches empoisonnées qu'ils manipulaient d'ailleurs avec beaucoup de dextérité. D'où le nom de flechas (flèches). Il faut dire que la PIDE a su exploiter l'animosité qui a longtemps opposé les Bochimans et les autres tribus pour réussir à enrôler ce peuple dans l'armée portugaise. Ces individus connaissaient bien le pays, les populations, et cela constituait un gros avantage pour les Portugais. Ils avaient également pour fonction de convaincre les populations à collaborer avec ces derniers. Il convient de signaler que les colonialistes portugais utilisaient systématiquement le facteur ethnique pour susciter ou pour exacerber les divisions entre populations africaines ; ils ont particulièrement accentué ce phénomène durant les guerres de libération (1960-1974). Dans ce domaine la PIDE a joué un rôle très actif. Elle fut responsable de l'aggravation de l'antagonisme entre les Bakongos et les Ovimbundus[1] et aussi des querelles internes des Bakongos, ce qui a d'ailleurs provoqué la scission du FNLA et, par conséquent, la naissance de l'UNITA. Cette dernière fut essentiellement formée par des cadres Ovimbundus et des Cabindais en 1965/66. De la même manière, les Portugais ont essayé de créer des alliances avec les Mandingues et Papels musulmans pour les opposer aux Balantes animistes. Ce fut particulièrement le cas quand le général Spinola, gouverneur de la Guinée, a créé les « congrès des peuples de Guinée », mesure qui entrait justement dans le cadre de ces fameuses actions de sensibilisation psychologique.

Parmi ces Noirs au service des Portugais, il y avait les troupes spéciales (TE). Cette force trouvait son origine dans la désertion, en 1965, d'Alexandre Taty ministre de l'Armement dans le FNLA d'Holden Roberto qu'il avait tenté de substituer mais sans succès. Employé des services de poste, il y avait fait des malversations. Plus tard, avec l'aide d'agents portugais, il négocia son pardon pour le vol commis à la poste, ce qui lui permit ainsi de revenir en Angola. Il ramena avec lui presque 1200 combattants venus intégrer l'armée portugaise. La moitié de ces fidèles était restée au Congo pour recueillir des informations sur le MPLA. Le caractère spécial de leur recrutement leur valut le nom de « troupes spéciales ». La trahison de Taty fut très bénéfique dans la lutte que l'armée portugaise avait

[1] Les Ovimbundus furent recrutés de force par les Portugais pour travailler dans les plantations de café dans le Nord de l'Angola. Or, ces terres appartenaient aux Bakongos qui ont été expropriés durant les années 50. Pour eux, les Ovimbundus étaient considérés comme des ennemis dès lors qu'ils travaillaient pour le compte des Portugais. C'est pourquoi durant les révoltes qui avaient eu lieu en 1961 en Angola, plusieurs Bakongos et certainement des guerriers du FNLA avaient massacré non seulement des Portugais mais collatéralement des Ovimbundus (cf. Michel Cahen : «luta de emancipação anti-colonial ou movimento de libertação ? Processo histórico e discurso ideológico-o caso das colónias portuguesas e de Moçambique em particular», *in Africana Studia*, n° 8, Faculdade de Letras, Centro de Estudos Africanos, Universidade de Porto, 2005, pp. 39-67).

menée contre le MPLA à Cabinda et dans le Nord de l'Angola. L'armée portugaise comptait aussi sur le service de ceux qu'on appelait « groupes spéciaux » (GES) formés de rebelles capturés ; elle fut rejointe également par les Africains nouvellement convaincus par la propagande portugaise. Il y avait en plus les groupes spéciaux de parachutistes(GEPs), unités de contre-guérilla formées exclusivement de guérilleros noirs transfuges ; ceux-ci dépendaient de l'armée portugaise et non plus de la PIDE.

Il faut dire que dans les trois fronts de combat en Afrique le Portugal semblait opter pour l'africanisation de ses troupes. Evidemment ces Noirs qui luttaient pour les Portugais constituaient une chair à canon. Ceci, non plus, n'était pas nouveau. Le résultat est qu'en 1973, presqu'un an avant les indépendances, les effectifs métropolitains étaient minoritaires[1] par rapport à ceux des indigènes. Au Vietnam, en Indochine, en Algérie il n'y a jamais eu autant d'agents[2] locaux utilisés que dans les guerres coloniales du Portugal en Afrique. Cela veut dire que sur les terrains des combats, les Africains s'opposaient à leurs frères africains.

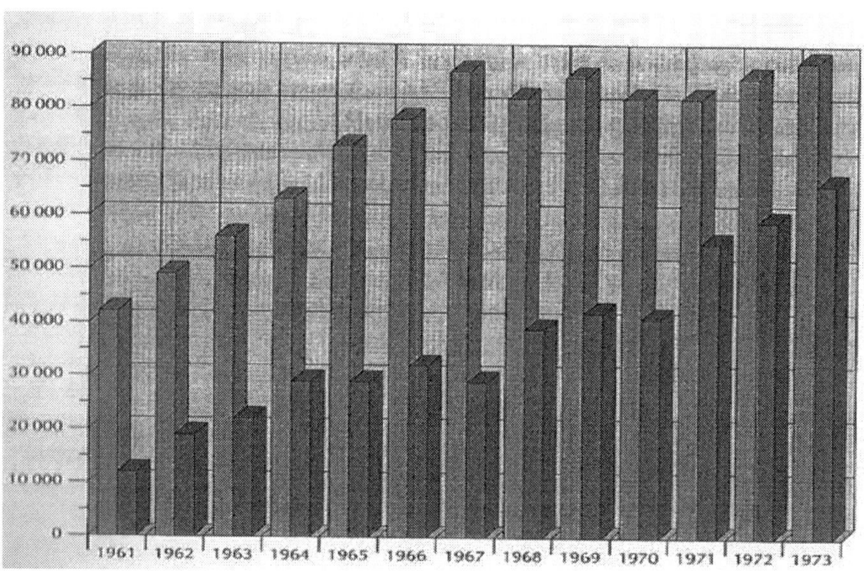


Métropolitains Africains

Le contingent des troupes portugaises était de plus en plus africanisé
Les troupes métropolitaines étaient minoritaires en 1973
(Source David Martelo, *A Espada de dois gumes*, *Ibid*)

[1] Cf Martelo,David, *A espada de dois gumes*, Ed. Europa-América, Lisboa, 1999.
[2] Cann, John. P, Op . *Cit.*, p.145.
-Cf.Porch, Douglas, *The French foreign legion: A complete history of the legendary fighting force*, Harper Collins, Nova Iorque, 1991, pp.531-550.
-Cf. Andrew, F. Krepinevich,, Jr., *The army and Vietnam*, Johns Hopkins University Press, Baltimore, 1986, p. 192.

En janvier 1967, Neto annonça que la direction du MPLA serait déplacée dans les régions libérées : « le transfert de notre direction a commencé… ce qui veut dire que le siège de notre mouvement n'est plus à Brazzaville, mais dans une des régions que contrôle notre mouvement. C'est parce que notre exécutif estime que le moment est venu pour ses membres de travailler de manière permanente parmi les nôtres, plus proches de leurs problèmes, et c'est de l'intérieur que nous allons diriger toutes nos activités, qu'elles aient une portée nationale ou internationale[1] ». Cela suppose donc que le MPLA avait réussi à contrôler une bonne partie du territoire. Et ceci grâce à la mobilisation des populations et par le moyen de la lutte armée. Il est évident que le MPLA avait tiré des enseignements sur les guérillas étrangéres (Algérie, Cuba, Vietnam), qu'il a pu adapter au cas spécifique de la lutte contre le colonialisme portugais. En considérant la formation des combattants comme un impératif politique, le MPLA avait évité que ces derniers soient coupés de la direction politique.

## - L'UNITA et la lutte armée

L'UNITA (Union Nationale pour l'Indépendance Totale de l'Angola) est un autre mouvement de libération qui a combattu le colonialisme portugais en Angola. Il fut dirigé par Jonas Malheiro Savimbi qui avait déjà assumé le rôle de secrétaire général de l'UPA en 1961, ministre des Affaires Extérieures du GRAE-FNLA, depuis sa création par Holden Roberto. Ayant fait ses études secondaires à Luanda, puis à Lisbonne et en Suisse, il fut diplômé en Sciences politico-juridiques. Il démissionna du FNLA en 1964 pour négocier son insertion dans le MPLA. Puisqu'il n'y eut pas d'accord, il quitta en mars 1966 pour créer l'UNITA, à la suite du congrès qui s'était tenu dans le village de Tchokué de Mungai. Ce parti s'appuyait essentiellement sur l'ethnie Ovimbundu qui représentait presque 40‰ de la population de l'Angola. Il s'était donc implanté dans le plateau central et avait également l'appui d'autres groupes ethniques à l'Est et au Sud du pays. De formation religieuse protestante, Savimbi associa son messianisme tribal (Ovimbundu) à une phraséologie révolutionnaire ; il utilisa de façon rituelle et démagogique les mots d'ordre maoïstes, ce qui lui valut, pendant quelque temps, certains soutiens en Europe. Il bénéficia de l'aide de la Chine Populaire, et celle de l'Egypte. Cependant, l'OUA ne lui faisait pas confiance. Ce n'est qu'à la veille du sommet d'Alvor, lors de la négociation des indépendances, que l'UNITA reçut l'aval de l'OUA. On lui reprochait sa collaboration avec l'armée portugaise pour anéantir leur ennemi commun, le MPLA. En effet, bénéficiant de l'appui du général Costa Gomes et du gouvernement portugais, profitant surtout des difficultés matérielles de l'UNITA, le commandant portugais de la ZML (Zone Militaire Est), le

[1] Cf CEDETIM, *Op.Cit* ., p. 94.

brigadier Bettencourt Rodrigues, réussit à convaincre Savimbi de collaborer avec l'armée portugaise. Cette collaboration[1] se manifesta d'abord à travers l'opération « Madeira»(Bois), certainement parce que les premiers contacts furent établis par des Portugais qui exploitaient le bois dans la zone de refuge de l'UNITA. Dans les termes des négociations établies, l'armée portugaise permettait à l'UNITA de se maintenir dans cette zone sans être inquiétée ; elle pourrait même recevoir de l'aide logistique et humanitaire. En contrepartie, elle ne devrait pas combattre les Portugais, et s'engagerait à leur fournir des informations sur les bases et les déplacements du MPLA et du FNLA. Pour cette raison, l'action révolutionnaire de l'UNITA suscitait des doutes au plan international. Même l'ONU semblait nier l'efficacité de son rôle dans la guerre anticolonialiste puisqu'un rapport de ladite institution notait que depuis 1968, « les bulletins militaires portugais n'ont fait aucune mention de l'UNITA[2] ». De Zambie, des informations indiquaient que « des membres de l'UNITA étaient en contact avec l'ambassade américaine... Dès 1971, Savimbi collabore avec la PIDE et l'armée portugaise, ainsi que l'attestent de nombreux témoignages[3] ». Ce fut le cas de la revue *Afrique-Asie* (8 /7/74), qui, aussitôt après le 25 avril 1974, publia pour la première fois un vaste reportage avec des fac-similés de cette correspondance entre les deux parties, mais que Savimbi considéra comme des lettres falsifiées. En 1973, le brigadier Barroso Hyppolite remplaça le général Bettencourt Rodrigues à la tête de la ZML. Signalons au passage que le nouveau chef portugais considérait l'UNITA comme une organisation terroriste au même titre que le MPLA ou le FNLA. Cela fit changer considérablement les accords établis auparavant avec l'UNITA. Par conséquent, en septembre 1973, l'UNITA exécuta une série d'actions de guérilla, enfreignant ainsi le contrat établi avec l'armée portugaise. Il s'en suivit des opérations de grande envergure de la part des militaires pour déloger les guérilleros de leur refuge. Appelé « Castors », ce plan fut lancé au début de janvier 1974 et se prolongea jusqu'au 25 avril 1974. Le Portugal avait dû utiliser de très grands moyens et avait aussi enregistré de grosses pertes en vies humaines. Le contrat ayant été rompu, les deux alliés entraient ainsi en guerre. Il se trouvait que l'UNITA était en situation de lutte armée quand les accords d'Alvor pour l'indépendance sont survenus. C'est cela qui lui permit de retrouver sa qualité de mouvement de libération. Et c'est à ce titre que l'OUA l'avait reconnue pour participer aux négociations.

L'UNITA réalisa sa première action armée en 1966 à Lukusse et Kalunga. En mars 1967, elle attaqua le chemin de fer de Benguela, dont se servait la Zambie pour transporter ses produits mais qui était surtout vital pour les

---

[1] Cf.Correia,Pedro, Pezarat, *Descolonização de Angola, A jóia da coroa do império português*, *Op.Cit.*, pp. 37-39.
[2] CEDETIM, *Op.cit.*, p.97.
[3] Cf. Cosse, Sanchez, *Angola, le prix de la liberté*, Syros, sd, Paris, pp. 55-56.

Forces Armées Portugaises. Pour avoir gêné les intérêts de la Zambie et pour avoir comploté avec l'opposition zambienne, l'UNITA fut expulsée de ce pays. Mais, cela n'avait pas empêché la guérilla de l'UNITA de pénétrer dans le district du Bié et de réaliser des incursions sur les voies de communication joignant les localités de Luso-Gago Coutinho et aussi au Sud de Gago Coutinho entre ses bases et la frontière.

L'évolution de l'UNITA fut marquée par sa lutte contre le MPLA pour le contrôle de la partie Est de l'Angola. D'où des oppositions constantes entre les deux mouvements. C'est d'ailleurs la raison pour laquelle Savimbi fut amené à chercher des alliances auprès des Portugais.

## - L'enclave de Cabinda

Un autre foyer de tension se déroulait également à Cabinda. Ce mouvement de contestation fut assumé par plusieurs groupes, apparus vers la fin des années 1950. Le résultat fut la création en 1960, à Léopoldville, du MLEC (Mouvement de Libération de l'Enclave de Cabinda), qui réclamait l'indépendance de Cabinda. Cette revendication fut d'autant plus forte qu'elle survenait au moment où on y avait découvert d'importants gisements de pétrole. Le MLEC, composé généralement d'assimilés résidant à Cabinda, au Congo belge et au Congo français, se transforma en plusieurs groupes dont le plus connu est le FLEC (Front de Libération de l'Enclave de Cabinda), fondé à Pointe Noire en République Populaire du Congo. Représentant le micro-nationalisme cabindais et refusant la nationalité angolaise, ce mouvement n'eut jamais une importance politique et militaire réelle ; il fut même accusé de défendre les intérêts des compagnies pétrolifères comme Gulf-Oil ou Elf-Congo. En plus, le refus de l'OUA d'appuyer les groupes qui remettaient en question les frontières et l'intégrité des anciens territoires coloniaux, ôta toute légitimité à ce mouvement. Par conséquent, cela avait rendu impossible sa reconnaissance diplomatique. La situation se compliqua quand la plupart des guérilleros cabindais intégrés dans les troupes du FNLA quittèrent pour s'incorporer dans l'armée portugaise. Ce furent les fameuses TE (Troupes Spéciales) qui avaient suivi Alexandre Taty, ancien membre du FNLA. Jusqu'en 1974, l'action militaire du FLEC fut donc toujours insignifiante.

Toutefois, l'attentat qui s'était produit lors de la coupe du monde en Afrique du Sud, en juillet 2010, faisant trois morts dans la délégation togolaise, avait laissé dans un premier temps, planer des doutes sur la responsabilité du FLEC. Cette accusation a été démentie par le FLEC qui a d'ailleurs profité de cette occasion pour déclarer qu'il renonçait définitivement à toute revendication nationaliste.

*Situation militaire en Angola en 1974*

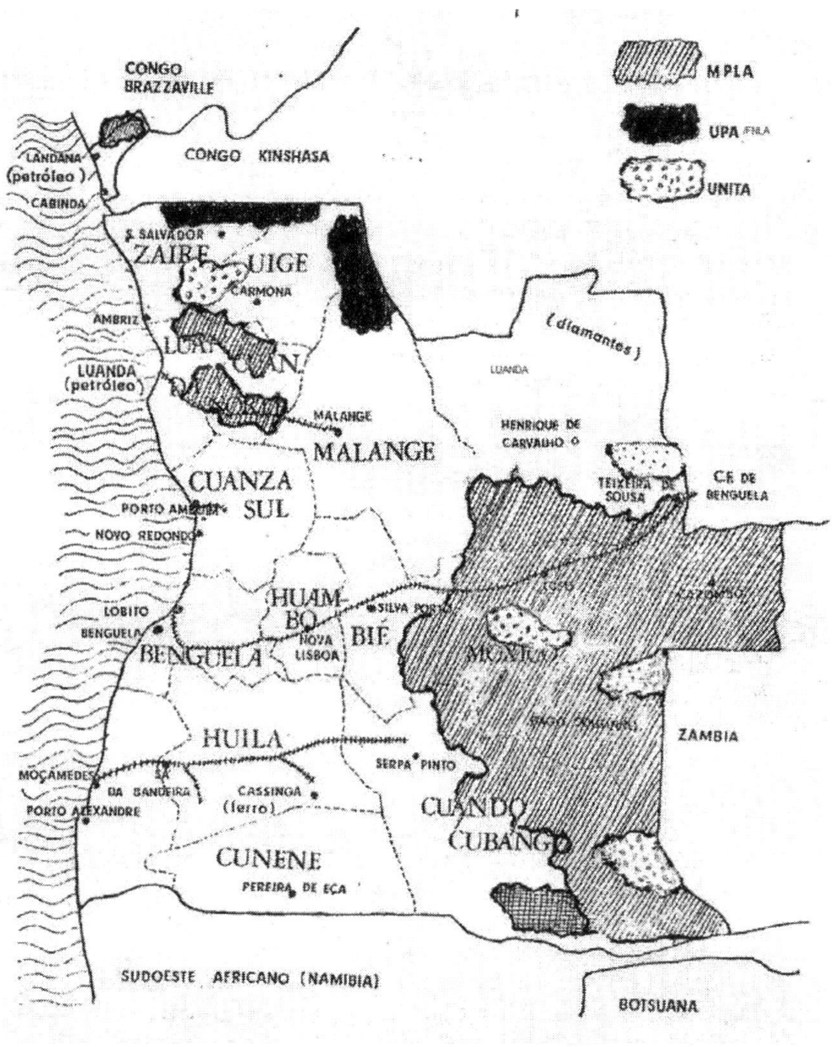


(Source : CIDAC)

Agostinho Neto leader du MPLA

Jonas Savimbi leader de l' UNITA

Holden Roberto leader de l'UPA/FNLA

## B2. Le FRELIMO et la lutte armée

Au Mozambique, le mouvement nationaliste qui a eu à mener la lutte armée contre les Portugais, fut véritablement le FRELIMO (Front de Libération du Mozambique). Comme en Guinée Bissau et en Angola, le mouvement de contestation du régime colonial s'était réalisé progressivement. On retrouve les mêmes contraintes imposées par le régime colonial : le travail forcé, les cultures obligatoires, les impôts, etc. Cette colonie a été particulièrement marquée par la détribalisation, due à la très forte demande de main- d'œuvre facile destinée aux mines d'Afrique du Sud voisine. Pour les besoins du travail contractuel, les Mozambicains étaient expatriés également vers les plantations de Sao Tomé et Principe, où ils rejoignaient d'autres travailleurs africains recrutés dans les colonies portugaises. L'on se rappelle que dans ces lieux d'émigration, les conditions de vie des travailleurs étaient extrêmement dures. Les salaires étaient dérisoires et le retour au pays d'origine n'était pas respecté. Ils vivaient ainsi en régime de déportation. D'où cette vive nostalgie du pays natal qui les tourmentait à chaque pas. C'est la fameuse ¨sodade¨, rendue célèbre par la grande chanteuse capverdienne, Césaria Evora. C'était donc de l'esclavage déguisé, ainsi que l'ont affirmé plusieurs auteurs. Tout cela avait contribué à aggraver le mécontentement et à renforcer la solidarité entre les Africains. Par conséquent, ils étaient devenus plus réceptifs aux idées nationalistes.

D'ailleurs, les éléments qui se sont enrôlés les premiers dans les rangs de la guérilla furent les travailleurs, qui avaient déjà souffert l'expérience du contrat. Comme on a pu le constater dans les différentes colonies, les mauvais traitements avaient conduit les Noirs à se révolter plusieurs fois contre le pouvoir colonial, révoltes qui avaient immédiatement provoqué des répressions sanglantes de la part des autorités coloniales. Au Mozambique précisément, le soulèvement de paysans qui eut lieu en juin 1953 à Machanga dans la région de Mexemeza, s'inscrivait dans ce cadre. Il fut dirigé par le pasteur protestant Camba Simango, le père d'Uria Simango, futur leader du FRELIMO.

Plusieurs associations culturelles et récréatives impulsèrent le nationalisme mozambicain moderne. Parmi celles-ci, on pouvait citer le Centre Associatif des Noirs de la Colonie de Mozambique, qui donna origine, en 1948, au NESAM (Noyau des Etudiants Africains du Secondaire) ; cette association fut interdite au début des années 60, mais elle contribua à divulguer l'idée d'indépendance et beaucoup de ses membres adhérèrent au FRELIMO.

Comme en Guinée Bissau et en Angola, au Mozambique également, la guerre fut déclenchée à la suite d'un massacre de populations civiles. Cela se produisit à Mueda (Cap Delgado), sur le plateau maconde, le 16 juin 1960. Les travailleurs exigeaient en effet de meilleures conditions de travail. Après une très longue réunion de négociations qui avait fini sans accord, les militaires présents dans les lieux tirèrent sur la population en faisant beaucoup de victimes. Cette tragédie produisit un impact décisif sur le groupe des Macondes qui s'engagèrent massivement dans la lutte contre les Portugais. Bien que représentant en 1967 2,5‰[1] de la population noire du Mozambique, le groupe ethnique maconde constituait la base populaire la plus importante du FRELIMO.

Le mouvement d'émancipation mozambicain se ramifia entre les émigrants qui étaient en Tanzanie, au Malawi et en Zambie, pays indépendants depuis 1964, et dont les habitants appartenaient aux mêmes ethnies, constituant ainsi des groupes supranationaux. Plus tard, ils furent rejoints par les exilés issus de la petite bourgeoisie urbaine du Sud, principalement de Lourenço Marques et de Beira. Ce furent ces derniers qui dirigèrent le mouvement. Cette fusion formée par des militants du Sud et des paysans macondes révoltés contre le régime colonial, eut pour effet d'élargir les bases ethniques de la lutte pour l'indépendance au Mozambique.

Les premiers partis politiques furent l'UDENAMO (Union Démocratique Nationale du Mozambique), fondée en 1960 à Bulawayo en Rhodésie. Ses membres venaient du Sud, surtout des régions de Manica-Sofala, de Gaza et

---

[1] Cf. Cahen, Michel, «Mozambique, histoire géopolitique d'un pays sans nation », *in Lusotopie*, Paris, L'Harmattan, Juillet, 1994, pp. 213-266.

de Maputo. Il y avait aussi l'UNAMI (Union Nationale Africaine du Mozambique Indépendant), apparue en 1961 au Malawi et ayant comme base populaire les ethnies des régions de Tète, du Zambèze et du Nyassa. A la même période fut créé un autre groupe, le MANU (Maconde African National Union), dénommé plus tard Mozambique African National Union, fondé à Dar es-Salaam et à Mombassa (Tanganyika) sur le modèle de la TANU[1] et la KANU.

Le processus d'unification du nationalisme mozambicain fut impulsé par l'UDENAMO, parti intégrant le plus d'ethnies et idéologiquement plus moderne, et qui était dirigé par le pasteur protestant Uria Simango. Mieux encore, l'UDENAMO était la section mozambicaine du CONCP[2]. Cette unité se fit sous les bons auspices du président Kwamé N'krumah et du TanganyiKa, initiative renforcée par l'action dynamique d'Eduardo Chivambo Mondlane (1920-1969), qui sera d'ailleurs le premier président du FRELIMO créé le 25 juin 1962.

Mondlane fut élevé chez les protestants. Il fit des études en anthropologie et en sociologie aux États-Unis. En 1961, il devint fonctionnaire à l'ONU, ce qui lui permit de visiter le Mozambique. Il put ainsi vérifier l'état de misère profonde dans laquelle vivaient les populations mozambicaines. Par conséquent, il n'était pas question pour lui d'accepter le poste que le gouvernement portugais lui avait offert pour travailler dans l'administration coloniale. Il retourna donc aux USA, où il exerça comme professeur à l'université de Syracuse. Mais, en 1962, il rejoignit le Mozambique pour participer à la lutte de libération. Dans cette perspective, il fut chargé d'organiser le premier congrès du FRELIMO à Dar es-Salaam, en septembre 1962. Ce fut donc à cette période que ce parti se consolida définitivement, et se prépara résolument pour initier la lutte armée.

De 1962 jusqu'au début des hostilités en 1964, le FRELIMO renforça sa base arrière depuis la Tanzanie avec l'aide de l'administration nord-américaine. Mais, les soutiens les plus décisifs lui vinrent d'Algérie, des pays socialistes et surtout de la Chine. La première action armée commença avec une attaque à Chai au Cap Delgado au Nord, le 25 septembre 1964. Cette action fut précédée par un important travail de sensibilisation psychologique qui eut un impact réel sur la population maconde. La guérilla put ainsi contrôler toute la zone occupée par cette ethnie de religion animiste, et formée de guerriers résistants, hostiles aux Portugais dont ils se souviennent seulement de leur administration pesante et brutale. Cette propagation fulgurante de la guérilla atteignit le fleuve Messalo. Les pistes

[1] TANU: Tanzanian African National Union, parti dirigé par Julius Nyerere ; KANU : Tangannyika Afican National Union, devenu Kenyan African National Union.

[2] Conférence des Organisations Nationalistes des Colonies africaines du Portugal, créée à Rabat en 1960.

sont systématiquement minées. Les Portugais avaient donc perdu le contrôle de la brousse, et en représailles, ils bombardèrent les villages qui n'étaient pas sous leur protection, ce qui avait fait fuir les habitants vers la Tanzanie où ils retrouvèrent leurs frères de race, déjà indépendants, eux. La volonté de chasser les Portugais de tout le Nord poussa le FRELIMO à sensibiliser d'autres ethnies comme les Yao et les Nyanja riverains du lac Nyassa. Il réussit même à gagner la sympathie des populations vivant entre Vila Cabral, capitale du district de Nyassa, le lac et la frontière tanzanienne. Il continua toujours le minage des pistes et les attaques contre les villages portugais ou ceux qui étaient restés neutres. Donc, des menaces pesaient de plus en plus sur le domaine portugais du district de Nyassa. Du fait de la colonisation portugaise trop récente dans ce district, comme d'ailleurs au Cap Delgado, il n'y avait pas véritablement une résistance considérable de la part des Portugais. De ce fait, le FRELIMO put progresser le long de la frontière du Malawi et arriva jusqu'au fleuve Massalo. Ainsi, en 1965, les guérilleros, à partir de leurs bases de Tanzanie, parvinrent à s'infiltrer dans le district de Nyassa et à provoquer la subversion dans tout le Nord.

Mais, Il ne put aller au delà puisqu'il se heurta à l'hostilité des MaKua-lomwé, une ethnie islamisée avec laquelle les Portugais avaient une alliance pour lutter justement contre les Macondes. En effet, les rivalités tribales, encouragées de bonne guerre par le régime colonial, entravèrent la progression du FRELIMO. Ce dernier devait aussi surmonter d'autres difficultés. Elles étaient liées à la pénurie de cadres puisque le peu dont il disposait venait du Sud alors que la guerre avait d'abord commencé au Nord. Il convient de signaler que dans toutes les colonies portugaises l'alphabétisation favorisait plutôt la population blanche et les Métis. Les Indigènes, quant à eux, devaient respecter certains critères pour devenir des Assimilés[1]. Par conséquent, le taux d'alphabétisation était très faible chez les Noirs. C'était particulièrement le cas dans le Nord du Mozambique.

Ne parlant pas les langues du Nord, les cadres qui venaient du Sud étaient donc obligés de recourir au portugais, qui devenait ainsi une langue d'unification, même si elle n'était pas comprise par la majorité des gens de la brousse du Nord et ceux du Centre. Mais, le FRELIMO comme d'ailleurs tous les mouvements nationalistes des autres colonies, transcenda cette difficulté en envoyant vers les pays amis des paysans sachant tout juste lire, pour y recevoir une formation. Du point de vue aussi de l'endoctrinement idéologique, ceux du Nord manifestaient une certaine réticence pour accepter un cadre venu du Sud. Il a donc fallu approfondir la sensibilisation idéologique pour venir à bout de ce handicap.

---

[1] Cf .Cruz, Bety, Vera, *O Código do indigenato, Op. Cit.*p. 50.

En avril 1969, le FRELIMO fut traversé par des dissensions internes avec la sortie d'un de ses leaders, Lazaro Kavandame de l'ethnie maconde. Cette situation s'aggrava avec l'assassinat de Mondlane le 3 février 1969. Comme ce fut le cas avec la disparition de Cabral en Guinée Bissau, celle de Mondlane donna des avantages aux Portugais. Mais, ils furent temporaires puisque le FRELIMO combla le vide en créant un Conseil de Présidence dirigé par Uria Simango et intégrant aussi Samora Machel et Marcelino dos Santos. Cette formule fut cependant rompue en mai 1970 avec la nomination de Samora Machel (1933-1986) comme président de ce parti. En octobre de la même année quatre membres influents désertèrent pour rejoindre les Portugais. Quant à Uria Simango, il abandonna aussi la direction du FRELIMO, dans des circonstances que nous avons évoquées plus haut, et rejoignit le Comité Révolutionnaire de Mozambique (COREMO), parti qui fut créé en 1964. Ce dernier s'impliqua également dans la lutte contre les Portugais et réalisa des actions armées à partir de la Zambie, avec l'aide de la Chine. Même si son action militaire fut réduite, le COREMO aggrava d'une certaine manière les hostilités dirigées par les nationalistes contre l'occupant portugais.

Après la mort de Mondlane, le FRELIMO multiplia les succès diplomatiques et militaires. Il fut ainsi invité au sommet des pays non alignés, et à celui de l'OUA en 1970. En novembre 1972, l'ONU lui concéda le statut d'observateur. Sur le plan militaire, certains journalistes, à l'époque comparaient le Mozambique à un « Vietnam africain ». Il est vrai qu'il y a eu beaucoup de ressemblances entre les deux guerres : terrain tropical, confrontation d'idéologies et d'armements occidentaux et communistes, techniques de guérilla et de contre-guérilla, massacres de populations, etc. Mais, ce qu'il y a lieu de souligner surtout, c'est l'âpreté des combats livrés par les guérilleros, ce qui avait considérablement contribué à saper le moral des troupes portugaises. A la fin de l'année 1973, la guérilla du FRELIMO avait gagné beaucoup de terrain[1]. Elle avait, en effet, atteint le Nord du fleuve Buzi et avait pénétré dans les grandes villes comme Tète ou Beira. De telle sorte qu'à la veille du 25 avril 1974, la situation militaire était catastrophique pour le Portugal. Pour s'en rendre compte, il suffit tout simplement de rappeler certaines déclarations de leaders militaires ou politiques concernant ces états de fait. C'est par exemple le cas du gouverneur général du Mozambique qui, dans un télégramme adressé à son ministre de tutelle au Portugal, déclarait en substance que la situation était « extrêmement grave et annonçait une défaite militaire imminente [2] ». Même

[1] Cf. Cervello, Josep, Sanchez, *La révolution portugaise et son influence sur le changement de pouvoir en Espagne* (1961-1976), NEREA, Madrid, 1995, p. 83.

[2] Télégramme du gouverneur général du Mozambique adressé au ministre de la coordination interterritoriale, le 23 juillet 1974, *in Antonio Spinola, País sem rumo : contribuição para a História da Revolução*, Scine, Lisboa, 1978.

Marcel Caetano, le chef du gouvernement portugais, était averti du danger car, en 1973, dans ses correspondances, il faisait part de cette préoccupation en déclarant que : « Au Cap Delgado la pression de l'ennemi augmentait de plus en plus avec l'aide de la Tanzanie, et que dans le district de Tète la subversion progressait avec rapidité ». Et il ajoutait qu'il fallait s'attendre à « l'arrivée imminente des guérilleros au Plateau de Manica, à Vila Perry et même à la ville de Beira[1] ». En termes clairs, les combattants du MPLA chassaient les Portugais des territoires qu'ils avaient jusqu'à présent occupés. Cela était logique puisque l'objectif de la guerre était de libérer le Mozambique de l'occupation étrangère.

Il convient de signaler que dans toutes les colonies en guerre, les mouvements nationalistes avaient évolué quantitativement et qualitativement. En Guinée Bissau, en Angola et au Mozambique, ils avaient augmenté leurs effectifs et développé des actions de sensibilisation approfondie au profit des militants ; ils avaient également mené une campagne diplomatique efficace en direction des masses africaines, et vers la communauté internationale. C'est justement ce soutien extérieur, venant principalement des pays socialistes, qui leur permit non seulement de former leurs militants, mais surtout d'acquérir des armes. A un moment donné, ces guérillas recevaient même des armes plus sophistiquées que celles des Portugais ; grâce aux stages de formation technique effectués dans les pays de l'Est ou en Chine, elles disposaient également de combattants bien formés à la manipulation de ce matériel. Parmi ces armes, il y avait des missiles *Sam-7* d'origine russe et des *Strela*, qui faisaient partie à l'époque des produits technologiques les plus avancés, en termes de matériel de défense militaire. Les paysans armés de machettes et de coupe -coupe qu'on avait vus lors des massacres à Pindjiguitti en Guinée Bissau, sur le plateau du Maconde au Mozambique ou au Cassange en Angola, étaient devenus des combattants africains politiquement aguerris et techniquement mieux armés. Il va s'en dire que cela a eu des répercussions notoires sur le plan des rapports de force sur le terrain. Autrement dit, l'armée portugaise avait fait les frais de cette capacité de frappe nouvelle détenue par les guerriers nationalistes.

Le Portugal avait évidemment prévu l'insurrection, compte tenu de l'expérience vécue en Guinée Bissau et en Angola. C'est la raison pour laquelle il avait vite pris des mesures de prophylaxie sociale. Mais, elles n'eurent pas d'effets efficaces, puisque la révolte éclata en 1964. Les mesures prises pour l'étouffer furent aux antipodes de ce qui est enseigné dans les manuels militaires classiques en matière de guerre contre-subversive car, durant une de ses sorties dans le Nord du pays, le commandant en chef au Mozambique, le général Caeiro Carrasco, « qui n'avait aucune notion sur

[1] Caetano, Marcel, *Depoimento*, Distribuidora Record,Rio de Janeiro, 1974,p.91.

la guerre subversive, incendia pratiquement tous les villages qui se trouvaient sur le plateau maconde; et quand il fut de retour, il déclara à la radio qu'il avait éradiqué ce foyer de subversion avec une boîte d'allumettes[1] ».

Comme cela se passait en Guinée et en Angola, la méthode des Portugais consistait à regrouper les populations mozambicaines dans des villages stratégiques ; l'objectif était de les contrôler pour éviter tout contact avec les guérilleros. Mais, ce déplacement posait problème, puisque les Indigènes avaient l'impression de perdre leurs repères culturels[2]. Les premiers villages furent installés le long du fleuve Massalo dans le but de juguler la pénétration du FRELIMO au Sud, et aussi d'isoler le plateau maconde de celui des Makuas. Etant ennemis des Macondes, les Makuas s'intégrèrent sans difficultés dans ces villages, formant un système d'auto-défense et une organisation de milices pour se protéger contre les attaques des nationalistes.

Le maréchal Costa Gomes, qui fut commandant militaire au Mozambique de 1967 à 1969, changea de stratégie et utilisa plutôt des solutions d'ordre psychologique. C'est-à-dire qu'il évita les grandes opérations militaires, et concentra son action sur le bien-être des populations, surtout celles qui aidaient les guérilleros. En effet, comme le faisait Spinola en Guinée Bissau, il privilégia des mesures censées provoquer la sympathie des couches populaires, en dotant les villages d'une série de commodités, comme par exemple l'eau et l'électricité qui leur faisaient défaut dans la vie en forêt. Selon le Maréchal, l'objectif était « de leur montrer que nous ne leur voulions pas de mal et que nous étions capables de leur offrir une vie meilleure[3] ».

Pour éviter l'infiltration de la guérilla jusqu'au Sud, les Portugais ajoutèrent aux opérations militaires deux stratégies jumelées : l'une politique, l'autre géostratégique et économique. Il s'agissait de déplacer la guerre à la partie septentrionale de la colonie, tandis que la partie méridionale où résidaient les colons blancs serait sous le contrôle de l'armée qui protégerait aussi leurs biens.

Le projet politique défendu par le gouverneur du Mozambique, Rebelo de Souza, de 1968 à 1970, fut de créer un gouvernement islamique au Nord du fleuve Zambèze. Il comptait installer ce gouvernement dans l'île de Mozambique, avec à sa tête le sultan de Zanzibar, Iamshid Ibn Abdullah, chef incontesté des musulmans de la côte orientale de l'Afrique. Situé non loin de Dar es-Salaam, cet archipel fut rattaché de force à la république de

---

[1] Cité par J.Cervello, Josep, Sanchez, *op.cit.*, p. 83.

[2] Cf .Barthes, Roland, *Sémiologie narrative et textuelle*, Larousse, Paris, p.50.

[3] Entrevue avec le maréchal Francisco Costa Gomes, Lisbonne, 13 décembre 1985, CEMGFA, 1968-7O. Président de la république 1974-76.

Tanzanie en 1964. Ce projet prévoyait la construction d'une université islamique. Mais, il ne vit pas le jour, parce que le sultan préférait rester à Londres où il était exilé, et surtout parce que le FRELIMO avait réussi à ouvrir des fronts au Sud du Zambèze. Ce projet correspondait au désir de certains dirigeants du FRELIMO appartenant à l'ethnie maconde, et consistait à séparer la région Nord du reste du pays. Il s'agissait pour eux de ressusciter l'Union Africaine Maconde Indépendante (UNAMI). Cette idée était défendue par Lazaro Kavandame qui finit, comme on le sait, par passer du coté des Portugais. Le FRELIMO, bien entendu, combattit ces manœuvres séparatistes en adoptant le slogan : « Vive le peuple mozambicain de Rovuna à Maputo », faisant ainsi référence au fleuve Rovuna qui fait frontière avec la Tanzanie au Nord, et le fleuve Maputo situé à côté de l'Afrique du Sud. Ces deux cours d'eau constituent en quelque sorte les limites géographiques du territoire mozambicain du Nord au Sud.

D'autres manœuvres politiques contre le FRELIMO furent également tentées par les autorités coloniales. Il s'agissait de créer des partis politiques locaux pour appuyer l'Action Nationale Populaire, l'unique parti portugais au Mozambique. C'est ainsi qu'en 1972 face au contrôle absolu que le FRELIMO exerçait sur le peuple maconde, la PIDE et le Département de l'Action Psychologique de l'Armée, avec la collaboration de NKavandame, étudièrent la création d'une organisation fidèle aux Portugais, qui regrouperait les membres de cette ethnie. Ce fut l'Union du Peuple de Mozambique(UNIPOMO) ayant son siège situé à Port Amélia. Finalement, ce projet avorta, puisque les autorités portugaises doutaient de la sincérité de Nkavandame. Une autre manœuvre de même nature fut essayée en 1973, avec la création du Groupe Uni de Mozambique (GUMO), composé de Nègres appartenant à la classe moyenne et fidèles aux Portugais. On leur promettait une plus grande autonomie, une augmentation de la participation des autochtones aux affaires publiques, et l'arrêt de la discrimination raciale. Ses dirigeants étaient l'avocat Maxime Dias, qui avait rencontré Marcel Caetano, en septembre 1973, et aussi la philologue Joana Simeao. Derrière ce projet politique, il y avait les forces vives du Mozambique, composées essentiellement par les colons blancs ayant des intérêts économiques au Mozambique. Ces derniers avaient l'intention de créer une troisième force intermédiaire, mais qui serait plus proche des Portugais. Son but était de pouvoir défendre les intérêts du Portugal dans le cas éventuel d'une décolonisation. Il semble que les hésitations de Caetano aient fait avorter tous ces plans hostiles au FRELIMO.

Dans le cadre de la lutte antisubversive au Mozambique, une mesure fondamentale fut prise concernant la construction du barrage de Cabora-Bassa. Ce complexe offrait des avantages économiques évidents, et présentait implicitement des conditions stratégiques intéressantes. Il empêchait, en effet, aux guérilleros de pouvoir franchir le cours du fleuve

Zambèze, puisqu'il comportait un lac artificiel de 220km de long et 20km de large. En plus, il était prévu l'arrivée massive d'Européens pour coloniser la zone. Les travaux de ce barrage, l'un des plus grands du monde à cette époque, débutèrent en 1969 et furent confiés au groupe multinational, le Consortium Hydroélectrique du Zambèze(ZAMCO) ; celui-ci était constitué par des entreprises de l'Allemagne occidentale, de l'Afrique du Sud, de la France de la Suisse et du Portugal, et possédait également des capitaux anglais et américains. Cela montre donc combien le projet avait un caractère international.

Les investisseurs prévoyaient une production de 18000 millions de kW/h par an, vendus à des prix extrêmement bas. Le barrage devait fournir également 65 millions de mètres cube d'eau. Avec une puissance totale de 3000Mw, l'énergie produite serait destinée à l'électrification et à l'alimentation du Mozambique ; elle serait exportée à la Rhodésie du Sud, au Malawi et en Zambie ; mais, le grand bénéficiaire serait surtout l'Afrique du Sud. Dans cette zone on ne notait pas une forte présence de Blancs, c'est la raison pour laquelle avec la construction du barrage, on prétendait augmenter leur nombre. De ce fait, l'administration portugaise prévoyait l'arrivée de près d'un million d'Européens pouvant ainsi bénéficier de plusieurs opportunités en matière agricole, d'élevage ; l'extraction n'était pas oubliée, vu que c'était une zone extrêmement riche en minerais. Le gouvernement portugais comptait donc beaucoup sur ce projet pour résoudre le problème de la grande pauvreté qui sévissait dans les campagnes du Portugal. Par conséquent, il incita ses citoyens à émigrer vers le Mozambique, en leur accordant des faveurs importantes pour leur permettre de s'insérer facilement.

Dans cette perspective, le Portugal rassurerait ses colons, mais prouverait aussi à l'opinion internationale sa détermination à rester en Afrique. En plus, les pays impliqués dans le projet participeraient à la défense militaire pour préserver le barrage, ce qui donnerait plus de légitimité à la politique coloniale du Portugal en Afrique.

Ainsi, une occasion s'offrait au Portugal, à la Rhodésie et l'Afrique du Sud, tous deux pays racistes, de raffermir leurs liens de coopération, afin de consolider l'axe Pretoria-Salisbury-Lisboa, c'est-à-dire le bastion blanc d'Afrique.

Le FRELIMO qui, avant l'assassinat de Mondlane, était parvenu à s'infiltrer à la ville de Tète, à travers le Zambèze, la Tanzanie et le Malawi, considéra Cabora-Bassa comme un plan stratégique pour créer une barrière humaine afin d'empêcher son avancée vers le Sud. Il fallait donc « détruire le barrage, sinon il allait nous détruire [1] », disaient les dirigeants du FRELIMO.

[1] Cf. *O imperialismo em Angola*, Portugália Editora, Lisboa, Sd, p. 49.

Cependant, les nationalistes pensèrent que le barrage pourrait être utile à la nation mozambicaine une fois l'indépendance acquise, c'est la raison pour laquelle ils concentrèrent leurs attaques vers l'Afrique du Sud, afin d'éviter l'utilisation du barrage par ce pays.

En 1969, un fervent partisan du colonialisme connu aussi pour ses propos racistes, fut envoyé au Mozambique pour diriger les forces militaires, terrestres, aériennes et maritimes. C'était le général Kaulza de Arriaga. Evidemment, la nomination de ce haut responsable militaire était faite à dessein pour renforcer et durcir les moyens de défense contre le FRELIMO. La mesure militaire la plus impressionnante qu'il prit fut l'opération appelée «Nó Górdio » (Nœud Gordien). Comme l'expliqua le général Kaulza de Arriaga lui–même : « c'était une opération destinée à détruire systématiquement le refuge central des Macondes situé au fond de la forêt tropicale, en éradiquant en même temps les bases du FRELIMO implantées au Cap Delgado. A cet effet, on fit intervenir des hélicoptères et des troupes héliportées. C'est ainsi que nous avons pu faire disparaître le terrorisme dans cette zone. Le reste des guérilleros s'était enfui vers la Tanzanie. Ensuite nous fîmes une autre intervention le long du fleuve Rovuna pour attaquer les bases du FRELIMO qui servaient de dépôt de matériel. Grâce à l'opération que nous avons dénommée "Fronteira", nous avons réussi à les détruire[1] ». «Nó Górdio» était donc une guerre totale contre le FRELIMO et qui avait nécessité de grands moyens financiers, matériels et humains. Il s'agissait aussi de donner un message d'avertissement au PAIGC et au MPLA. Cependant, cette opération fut un échec militaire retentissant pour l'armée portugaise. Car, en s'appuyant sur les théories apprises dans les prestigieuses académies militaires de la métropole, les experts portugais avaient sous-estimé l'ennemi, pensant que l'importance des moyens matériels mobilisés déterminerait la réussite de l'opération. C'était méconnaître les ruses des guérilleros, et surtout les spécificités de la lutte de guérilla. C'est la raison pour laquelle les déclarations optimistes faites par le général Kaulza, à la Radiotélévision Portugaise au mois de novembre 1970, ne furent pas du tout partagées par les analystes militaires. C'est ainsi que le général Rangel de Lima dira : « C'était une bataille faite pour aller chercher l'ennemi, pour livrer bataille afin de conquérir ses positions. Mais, les guérilleros ne se laissent jamais surprendre. Ils n'attaquent jamais frontalement s'ils sont en groupe. Kaulza s'est rendu au Nord, mais il n'a trouvé personne sinon une base vide de ses occupants. Il est revenu bredouille et, en termes stratégiques, cette opération fut contreproductive[2] ». Le résultat le plus visible c'est que le FRELIMO avait profité de l'opération « Nó Górdio »

---

[1] Cité par Josep, Sanchez, Cervello, *op.cit.*, p.75. Entrevue avec le Général Kaulza de Arriaga, Lisbonne, 26 septembre 1980. Il fut commandant en chef au Mozambique de 1970 à 1973.

[2] Cité par Josep, Sanchez, Cervello, *ibid.*, p.87. Entrevue avec le général Rangel de Lima, Lisbonne, 16 octobre 1985. Avant le 25 avril il fut commandant de la base de Beira.

pour redéployer ses forces vers d'autres zones auxquelles il n'avait pas encore eu accès. Autrement dit, il avait réussi à étendre ses zones d'intervention. Si avant l'arrivée du général Kaulza la guerre se limitait au Cap Delgado, au nord du fleuve Messalo, et d'une manière générale dans la zone de Tète, en mars 1973 le FRELIMO avait réussi à investir une bonne partie du territoire. Il lui était même possible de diriger des actions directes sur le barrage de Cabora-Bassa, et de menacer les colons vivant dans la zone. En fin de compte, les nationalistes pouvaient pénétrer dans l'isthme et isoler la moitié du territoire mozambicain.

La cause de la recrudescence des combats menés par la guérilla du FRELIMO, après les opérations « Nó Górdio » et « Fronteira », était due selon le général Kaulza, « au fait exclusif qu'il était indispensable de concentrer des forces pour protéger Cabora-Bassa qui couvrait des kilomètres de distance, et aussi les autochtones qui travaillaient dans le complexe et dont on sait surtout qu'ils entretenaient de mauvaises relations avec le FRELIMO. Il fallait également assurer la sécurité du chemin de fer sur un long parcours transfrontalier. Et tout cela, sans l'assistance de la métropole portugaise, malgré les demandes plusieurs fois réitérées dans ce sens. Ce fut grâce à l'aide de l'Afrique du Sud et d'Israël que les travaux de Cabora-Bassa, incluant la construction de la ligne de transport de l'énergie vers l'Afrique du Sud, ont pu être conclus dans les délais prévus[1] ». Il convient de signaler que l'insuffisance des moyens matériels a été une des grandes caractéristiques de la colonisation portugaise. L'on se rappelle que durant les périodes antérieures aux guerres de libération, et même durant, l'exploitation économique se faisait grâce au travail corporel à cause de l'absence de mécanisation. Même le transport des marchandises à l'intérieur des terres était assuré par les colporteurs africains. D'ailleurs, cette pénurie de moyens a causé beaucoup de tort au Portugal après le partage du continent, puisque d'autres puissances mieux dotées en ont profité pour annexer des territoires qui lui appartenaient auparavant. C'est ainsi qu'il a perdu la Casamance, région sud du Sénégal, au profit de la France. Il va s'en dire que dans une guerre d'occupation comme celles des années 60 en Afrique lusophone, le manque de moyens militaires a porté préjudice au Portugal, et ce malgré l'assistance de l'OTAN. Avec l'intensification des combats sur trois fronts différents, le gouvernement portugais était obligé de faire appel à l'aide étrangère. Durant particulièrement cette période de guerre, les investissements étrangers avaient afflué vers les colonies du Portugal en Afrique. La construction du Barrage de Cabora-Bassa offrait un exemple très illustratif.

---

[1]Arriaga, Kaulza de, «A segurança de Cabora-Bassa», texte polycopié. Archive particulère, 4pp.

Entre-temps, la guérilla du FRELIMO avait fait beaucoup de progrès. Son infiltration dans la ville de Tète a été découverte seulement après que les nationalistes eurent réussi à endoctriner la population de la zone, population mécontente du transfert obligé que leur imposait l'armée sous prétexte de la protéger et de lui offrir de meilleures conditions de vie. Deux obstacles se révélèrent dans cette opération de regroupement ; d'une part, cela se faisait sans le consentement des villageois ; d'autre part, l'armée n'avait pas les moyens suffisants pour assurer leur protection. D'où un sentiment de mécontentement qui se traduisait par une désertion régulière : « Fréquemment, les paysans abandonnaient en masse les villages d'accueil. Une fois la construction du village prête, à la veille du transfert ils s'enfuyaient pour se réfugier dans la forêt[1] ».

L'avancée des nationalistes eut pour conséquence immédiate une répression plus sévère sur la population ; mais, elle provoqua aussi une coopération militaire plus forte entre le Portugal et les gouvernements racistes de la corne de l'Afrique. Certains pays comme l'Afrique du Sud procédèrent d'ailleurs à des interventions militaires directes.

Pour décourager le FRELIMO, l'armée fit une série de massacres sur les populations qui soutenaient les guérilleros nationalistes. Les plus importants furent commis à Mucumbura, entre le mois de mai et celui de novembre 1971, par des troupes portugaises et rhodésiennes qui furent dénoncées par des missionnaires espagnols. Mais, le massacre le plus grave se produisit à Chawola, à Wiriyamu et Juwau, en décembre 1972. Ce fut une tuerie atroce, puisque les troupes portugaises massacrèrent plus de 400 civils dont des femmes et des enfants.

La guérilla se manifesta avec violence à partir de 1972 par des sabotages de voies ferrées, surtout dans la zone située entre Mutara-Moatice, et aussi par des embuscades et des placements de mines sur les routes principales. Ce fut le cas par exemple de la voie reliant la ville de Tète à Zobué. Ces actions provoquèrent beaucoup d'inquiétudes chez les colons. Concentrés dans la région Sud-ouest, ils constataient pour la première fois que la guérilla qu'ils ignoraient jusqu'à présent était en train de les encercler de plus en plus. Cette situation alarmante poussa d'ailleurs les gouvernements du Malawi et de la Rhodésie à manifester publiquement leurs préoccupations. La Rhodésie proposa la création d'un organisme chargé de la coordination militaire entre le Portugal, la Rhodésie et l'Afrique du Sud. Basé auprès du fleuve Zambèze, il était destiné à empêcher la pénétration des guérilleros vers le Sud. Pour le constituer, il a fallu faire un recrutement intensif de soldats africains pour renforcer l'armée portugaise. Ce furent les fameuses Troupes

---

[1] Cf. Cunha,Joaquim, Silva, *O ultramar. A nação e o 25 de Abril*, Coimbre, Atlántida Ed., 1977, p. 367.

Spéciales organisées avec l'appui de Jorge Jardim(1920-1982), un industriel portugais résidant au Mozambique depuis 1952. Jardim avait effectué plusieurs missions comme agent secret et comme diplomate au service de Salazar et Caetano. Vers la fin de la guerre les Noirs intégrés dans le contingent militaire portugais se chiffraient à 60.000 éléments[1], ce qui représentait la moitié des soldats du Portugal intervenant dans tout le territoire.

Le général Kaulza abandonna Le Mozambique au mois d'Aout 1973, tandis que la guerre devenait de plus en plus intense. A cette époque précisément, le premier ministre Marcel Caetano avait même envisagé une éventuelle défaite militaire. Face à cette probabilité, l'autorité religieuse des Ismaélites envoya une lettre à ses disciples pour les sommer de retirer leurs actions financières dans les différentes entreprises commerciales qu'ils géraient au Mozambique. Ce conseil fut donc largement suivi[2]. C'est d'ailleurs pour cette raison que les milieux économiques influents prêtèrent allégeance aux nationalistes. C'est-à-dire qu'ils essayèrent de négocier avec le FRELIMO afin qu'il garantisse leur sécurité, moyennant la reconnaissance des droits de la majorité noire ; il s'agissait également de convenir des moyens qui pourraient amener la paix. Celui qui imagina ce plan fut toujours le même Jorge Jardim, Consul du Malawi à Beira, qui comptait par conséquent sur le soutien du président de ce pays, Kamuzu Banda, et aussi sur la collaboration de Kenneth Kaunda de la Zambie. Mais ce plan échoua, semble-il, à cause des hésitations de Marcel Caetno avec qui Jorge Jardim s'était entretenu 8 jours avant le 25 avril. Il semble que le FRELIMO n'était pas partie prenante parce qu'il nia toute participation à ces négociations. Et il n'y eut aucun argument qui prouvait le contraire.

La situation militaire continua ainsi à se dégrader et des informations élaborées par les services de renseignements portugais, au mois de juin 1974, indiquaient que « la Tanzanie se préparait à recevoir des missiles Sam-7 envoyés par la Russie dont une partie serait cédée au FRELIMO. Ce dernier avait dans ce pays 200 membres venus pour se spécialiser dans la manipulation de ces armes[3] ». Les mêmes sources précisaient également que l'aviation tanzanienne allait intervenir contre les troupes portugaises.

---

[1] Cf. Pélissier, René, *Les guerres grises. Résistances et révoltes en Angola* (1845-1941), Ed. Pélissier, Orgeval, 1977, p.270

[2] Rocha,Ilidio, «Moçambique na transição para a independência», *História*, n° 80, Junho, 1985, p. 9.

[3] REPUBLIQUE PORTUGAISE (TERRITOIRE DU MOZAMBIQUE), SERVICES DE CENTRALISATION ET DE COORDINATION DES INFORMATIONS, «Rapport d'informations no. 6/74. Confidentiel (31-74). Pays : Tanzanie. Sujet, Appuis militaires d'origine communiste», 1 page. Archive populaire.

Dans ce contexte marqué par l'intensification de la guerre, deux faits importants sont à souligner à cause des répercussions graves qu'ils eurent sur la suite des événements. Le premier fut lié à la mort de la femme d'un colonel, tuée par le FRELIMO dans la localité de Vila Manica (Vila Perry), au mois de janvier 1974. Cela ne manqua pas de créer la panique immédiate dans la population blanche qui sortit dans les rues en provoquant des incidents qui se propagèrent jusqu'à la province de Beira. Les agriculteurs et les commerçants blancs de cette zone manifestèrent violemment en attaquant la résidence des officiers vivant dans la capitale, en les insultant, en les traitant aussi de lâches, exigeant d'eux qu'ils aillent faire la guerre au lieu de se prélasser. La police n'intervint pas et il y eut beaucoup de blessés à la fin des affrontements. A partir de ce moment les relations entre les colons, qui venaient pour la première fois d'être confrontés aux réalités de la guerre, et l'armée portugaise devinrent extrêmement tendues. Pour le comble, les autorités portugaises profitèrent des incidents qui s'étaient produits au Mozambique pour accuser les militaires. En janvier 1974, les colons déchaînés étaient descendus dans les rues de la ville de Beira pour vider leur colère sur les Forces Armées ; c'était lors de l'assassinat d'une fermière blanche par le FRELIMO. Mais, cette série d'accusations ne faisait qu'accroître la colère des militaires. D'ailleurs, les incidents du Mozambique eurent un impact très important sur la prise de conscience du mouvement des capitaines. On peut même dire que c'est à partir de ce moment là que le mouvement commença à prendre une allure politique. Comptant en effet sur la solidarité de leurs camarades de Guinée, les officiers du Mozambique adressèrent une lettre aux plus hautes autorités militaires, pour remettre non seulement en cause la politique du régime, mais aussi poser un certain nombre de revendications ; certaines étaient relatives à leur situation sociale mais d'autres constituaient une série de critiques contre le fonctionnement des Forces Armées. Cependant, leur préoccupation majeure demeurait la sauvegarde de leur dignité, ainsi que le respect de leur profession. En somme, ils ne voulaient plus payer à la place du gouvernement des erreurs que celui-ci avait commises dans la gestion du problème colonial. Dans cette dynamique de remise en question, ils avaient à cœur d'alerter l'opinion nationale ; en effet, le peuple portugais ignorait encore les crimes commis par le Portugal dans ses colonies d'Afrique. Ce pari fut réussi d'une certaine manière, puisque les correspondances échangées entre les groupes du mouvement des capitaines situés dans les colonies et en métropole furent divulguées dans la presse internationale. Par exemple, *The Guardian* et la *BBC, Le Monde*, *La Radio Portugal Libre* située à Alger en firent largement écho. La question la plus reprise par ces organes de presse était celle relative au refus des capitaines de jouer les boucs émissaires. Le problème fut par exemple clairement posé dans une émission de Radio Portugal Libre, datant du 2 février 1974. Le speaker disait en substance : « Les armées sont dénigrées et ont perdu leur prestige à cause des crimes et massacres commis sur les populations africaines. C'est un déshonneur et une honte pour elles de s'être transformées en principal allié du régime fasciste et de devenir le grand exécuteur de ses projets colonialistes. Le colonialisme portugais était entré dans une nouvelle phase de crise ; cela donnait l'occasion aux soldats de poser de plus grandes exigences et d'acquérir une meilleure prise de conscience. Pour eux, « la solution du problème colonial et l'arrêt des guerres ne pouvaient avoir qu'une seule fin : l'indépendance totale de la Guinée Bissau, de l'Angola et du Mozambique. L'expérience historique l'avait déjà démontré[1] ».

La métropole portugaise ne pouvait pas rester indifférente face à ces problèmes qui agitaient la Grande Muette. Elle était interpellée sur des problèmes qui demandaient des solutions politiques.

Les militaires se sentirent blessés dans leur dignité, dès lors qu'ils n'avaient pas droit à la reconnaissance, malgré les sacrifices consentis. Un des facteurs qui explique justement le soulèvement des capitaines en 1974 est lié au fait qu'on les rendait responsables de tous les échecs militaires subis en terre africaine, comme ce fut le cas en Inde. Ces soldats estimaient que la situation des colonies exigeait des solutions politiques et non militaires. Mais, le gouvernement portugais ne voulait prendre aucune mesure dans ce sens.

L'autre fait qui contribua à saper le moral des troupes fut l'entrée des missiles antiaériens *Strela* envoyés au FRELIMO par les pays socialistes. Ce fut à la veille du 25 avril 1974. Effectivement, comme cela s'était passé en Guinée Bissau, la possession de cette arme par les guérilleros mit fin à la suprématie militaire des Forces armées portugaises. En effet, les combattants nationalistes du FRELIMO parvenaient à abattre régulièrement les avions portugais et rhodésiens, dont l'intervention a toujours créé de sérieuses difficultés aux nationalistes sur le terrain des combats.

Ainsi, les revers constants subis par les troupes portugaises-qui n'ignoraient plus la gravité de leur situation-conduisirent les officiers, surtout les officiers miliciens, à remettre toujours en question le bien fondé de cette guerre. Par conséquent, une apathie croissante s'installa chez les militaires portugais. De telle sorte qu'à la date du 25 Avril 1974, le FRELIMO se trouvait militairement en position de force, et plus uni que jamais, tandis que le corps expéditionnaire portugais perdait de plus en plus l'initiative sur le terrain.

[1] Cf. Saraiva, Otelo..., *Ibid.*, p. 201.

Situation militaire au Mozambique en 1974

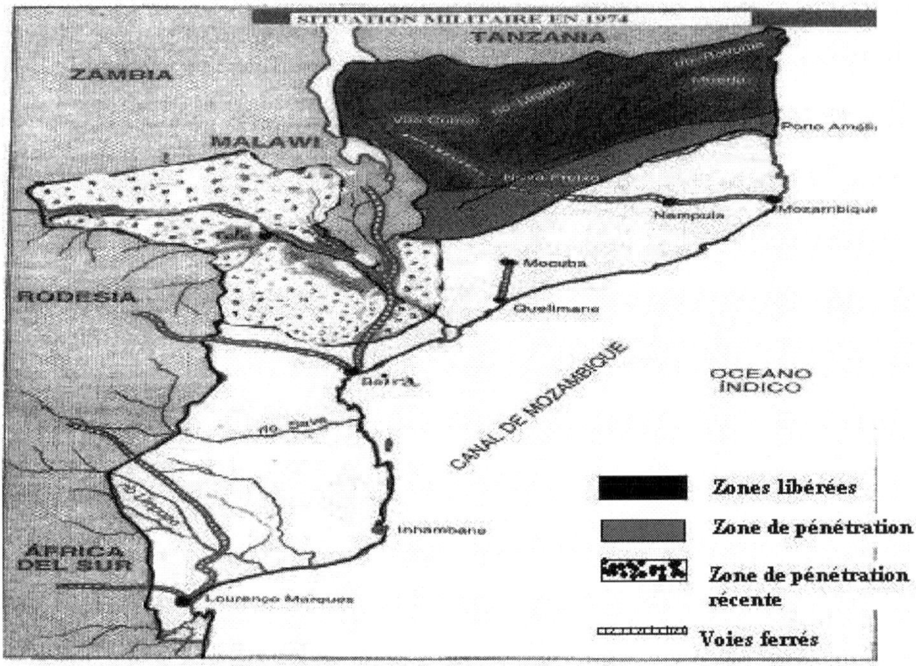


*Source :* CIDAC

Eduardo Mondlane , premier dirigeant du FRELIMO

Samora Machel second dirigeant du FRELIMO

## B3. Le PAIGC et la lutte armée en Guinée

En Guinée Bissau, le nationalisme et la lutte anticoloniale sont fortement marqués par la figure charismatique d'Amilcar Cabral (1924-1973). Il fit ses études à Lisbonne et sortit comme ingénieur agronome. C'est là-bas, en fréquentant la CEI avec ses autres camarades africains, qu'il prit conscience des problèmes que rencontrait l'Afrique durant le régime colonial. Les missions qu'il fit sous l'égide de l'UNESCO lui permirent de se rendre véritablement compte de l'acuité de la misère dans laquelle vivaient les populations du continent, surtout en Guinée Bissau. Il décida donc de consacrer toute sa vie à la défense de son peuple. Trois idées sont fondamentales dans sa perception politique : le panafricanisme, c'est-à-dire la solidarité des États africains ; la construction d'une société plus juste selon les principes du socialisme à l'africaine, et l'unité de la Guinée Bissau avec l'archipel du Cap Vert. D'où l'idée de créer le PAI (Parti Africain pour l'Indépendance), en septembre 1956 à Bissau. Ce parti avait pour ambition de ¨liquider¨ le colonialisme et de réaliser l'indépendance de la Guinée et du Cap Vert, dans le cadre de l'unité africaine. Apparemment, il s'agissait d'un parti jumeau du fameux PAI créé à la même période au Sénégal par plusieurs anciens étudiants sénégalais de France, dont le plus connu fut Majmout Diop.

Ayant une origine urbaine, petite-bourgeoise et créole, le parti guinéen paraissait s'inspirer du marxisme-léninisme bien que rejetant toute filiation avec le modèle communiste. Amilcar Cabral, son leader, considérait « que le caractère fasciste du gouvernement portugais et le statut juridique de la totalité des Africains de Guinée ne leur laissaient qu'une possibilité pour exercer des activités politiques : la clandestinité[1] ».

En 1958, un autre groupe de Guinéens, dont Raphael Barbosa, décida de créer le MLG (Mouvement de Libération de la Guinée) ; ses fondateurs prétendaient renforcer l'action revendicative et détourner l'attention de la PIDE, puisque le PAI était déjà ciblé.

Après le fameux massacre de Pindjiguiti le 03 août 1959, le PAI décida de modifier sa stratégie. Dans le rapport confidentiel élaboré à l'issue dune réunion tenue le 19 septembre 1959, la plus décisive selon Cabral, il fut décidé de passer de l'agitation nationaliste à une stratégie de lutte de libération. Trois résolutions importantes furent prises dans ce sens :

a) déplacer l'action subversive vers la campagne, en mobilisant les paysans ;
b) se préparer à la lutte armée ;
c) transférer une partie de la direction vers l'extérieur

[1] Cabral, Amilcar, *Guinée Portugaise* : *Le pouvoir des armes*, Maspero, Paris, 1970, p. 93.

Par ailleurs, après Pidjiguiti les dirigeants guinéens estimèrent qu'il fallait nécessairement unifier les différentes organisations qui défendaient l'indépendance. Dans ce sens, le PAI tenta avec le MLG de former le Front de Libération de la Guinée et du Cap Vert (FLGCV). Cette nouvelle structure déclara comme objectif principal l'indépendance immédiate de la Guinée Bissau. Elle privilégiait les moyens pacifiques, mais elle était prête aussi à répondre par la violence[1] au colonialisme portugais.

Vu le développement important pris par le mouvement émancipateur dans les pays voisins, les autorités portugaises adoptèrent des mesures draconiennes contre toute forme de contestation. La répression atteignit son paroxysme durant le massacre de Pidjiguiti comme nous l'avons déjà signalé. Ce massacre provoqua d'ailleurs le début de la lutte armée en Guinée. Cependant, les mouvements nationalistes en Guinée-Bissau rencontrèrent des difficultés liées au fait qu'au tout début de la guerre, 90% de la population était analphabète[2], et seulement quatorze personnes avaient une formation universitaire[3]. Par conséquent, les idées nationalistes furent agitées dans un premier temps par la petite bourgeoisie locale, composée surtout par des ressortissants du Cap Vert. C'étaient eux qui constituaient la structure administrative de la Guinée. C'étaient aussi eux qui commencèrent à propager les idées d'indépendance.

Compte tenu de la configuration géographique du terrain et aussi de la précarité de son armement, le PAIGC dut pratiquer la guérilla. Pour cela, il était important d'avoir des soutiens logistiques à l'extérieur. La guerre d'Indochine, celle du Vietnam, et même les guérillas les plus récentes, ont déjà démontré la nécessité cruciale de posséder des bases en territoire voisin. De ce point de vue, la Guinée Conakry, indépendante en 1958, avait donné un immense appui ; plus tard, ce fut le Sénégal. La phase pré-insurrectionnelle de 1959 à 1963 fut très importante pour le PAIGC. Car, durant cette période, des cadres formés à Conakry passèrent clandestinement la frontière, et se réfugièrent au sein des communautés villageoises, à partir desquelles ils menèrent des actions de sensibilisation politique permanente. Il convient de signaler que dans la lutte de guérilla, la participation populaire constitue également une condition essentielle; c'est même un gage de réussite. En effet, comme l'a affirmé Nguyen Van Tien, dirigeant vietnamien : « On ne saurait être révolutionnaire à la légère. La question paysanne est la plus dure, la plus complexe, mais si on la résout, alors c'est gagné. Vous ne pouvez plus être battu[4] ».

---

[1] Cf. Andrade, Mario de, *Notes biographiques*, *Op. Cit.*, pp.90-91.
[2] Cf. Davidson, Basil, *Libertação da Guiné...Op.Cit.*, p.26.
[3] Cabral, Amilcar, *Guiné Bissau, Nação forjada na luta*, Ed. Nova Aurora, Lisboa, 1974, p.69.
[4] Tien, Nguyen Van, « Notre stratégie de la guérilla », *in Partisans*, janvier- février, 1968.

Les Balantes, l'ethnie dominante, la moins lotie économiquement, étaient les plus réceptifs au message politique du PAIGC. Ayant subi plus durement les affres du colonialisme, ils étaient prêts à lutter pour rompre ce joug colonial. Leur large répartition géographique au niveau du territoire, leur forte concentration au centre du pays, et surtout le fait qu'ils vivent dans des zones d'accès difficile, près des frontières avec la Guinée Conakry, furent des atouts considérables quand la guerre a éclaté.

L'année 1960 marqua le début de la dénonciation internationale du colonialisme portugais, mais aussi la période où le PAIGC commença à s'imposer et à se révéler au monde. A la suite de la Conférence des Peuples Africains à Tunis du 25 au 31 janvier 1960, et la formation, à cette même occasion, du FRAIN (Front Révolutionnaire Africain pour l'Indépendance Nationale), Cabral se rendit à Paris, et ensuite à Londres. Dans une radio anglaise et aussi à l'occasion d'une conférence de presse, il ne manqua pas de définir clairement les nouvelles options politiques du PAIGC. En effet, en syntonie avec le discours[1] d'ouverture du Président Habib Bourguiba durant cette fameuse conférence de Tunis, pour Cabral il s'agissait de s'orienter vers la lutte armée. Ayant adopté par sécurité le pseudonyme d'Abel Djassi, Cabral évita de regagner Lisbonne. En mai 1960, il choisit d'aller vivre plutôt à Conakry. Il y créa le *Foyer du Combattant* et une *Ecole Politique.* Au mois d'août de la même année, il conduisit une délégation du PAI sur l'invitation de la République Populaire de Chine. Selon Luis Cabral : « cette visite prouva que notre présence s'imposait déjà dans les milieux diplomatiques du monde comme la seule organisation crédible[2] ». C'est la raison pour laquelle la Chine accepta, en janvier 1961, de former à l'Académie Militaire de Nanquin, dix militants du PAIGC, qui deviendront les principaux commandants de la guérilla ; ce furent Osvaldo Vieira, Joao Bernardo Vieira, Constantino Teixeira Domingos Ramos, Rui de Anselmo, Francisco Mendes, Hilario Gaspar Rodrigues, Vitorino da Costa, Vitor Gomes et Manuel Saturnino.

Durant les premiers jours d'octobre 1960, le PAI réalisa à Dakar au Sénégal une réunion des dirigeants ; elle fut intitulée *Conférence des Cadres des Organisations Nationalistes*, qui approuva une série de mesures en vue de la préparation de la lutte pour l'indépendance :

a) Le sigle PAIGC fut définitivement adopté. C'était d'une part pour affirmer l'union politique de la Guinée et du Cap Vert ; et d'autre part, pour éviter la confusion avec le PAI sénégalais, dont le leader Majmout Diop était arrêté pour ses idées de gauche.

---

[1] Cf. *A independência da Guiné-Bissau e a descolonização portuguesa,Aproximação a um estudo,* Instituto Democracia e Liberdade, Lisboa, 1979, p,41.
[2] Cabral, Luis, *Crónica da libertação*, O Jornal, Lisboa, 1984, pp. 9 et Suite.

b) L'adoption du Programme Majeur et du Programme Mineur, élaborés par Cabral ;

c) Le drapeau du PAIGC fut adopté, sur la suggestion de Luis Cabral ;

d) La Conférence proposa au gouvernement portugais l'ouverture des négociations, et aussi, dans l'hypothèse d'un refus, le début immédiat de la lutte armée. Ayant fait l'objet d'un manifeste, cette décision fut envoyée au gouvernement portugais, aux autorités coloniales en Guinée, à quelques pays européens et africains et à l'ONU.

Plusieurs textes furent également approuvés, pour servir de messages dans les différentes agglomérations de la Guinée Bissau et du Cap Vert ; et les tâches furent réparties entre sept secrétariats créés à cette occasion ; Cabral occupa officiellement le poste de secrétaire général du PAIGC.

Le PAIGC prétendait disposer en sa faveur les forces suivantes :

a) Près de cinq mille membres (adhérents et militants), répartis dans les différentes régions du pays et au Cap Vert, bien que la majeure partie des membres des organisations nationalistes fût issue des milieux urbains ;

b) l'appui des masses venant de toutes les couches sociales ;

c) des éléments organisés basés à l'extérieur (Conakry, Dakar et Ziguinchor) ;

d) des forces vives « constituées par les travailleurs des centres urbains et par les paysans producteurs[1] »

Le 15 novembre 1960, dans l'attente d'une approbation de la *Déclaration Anticolonialiste* par l'Assemblée Générale de l'ONU, en espérant aussi que celle-ci déclare que les territoires ultramarins portugais sont, en vertu de la Charte, territoires non encore libérés, le PAIGC adressa un long mémorandum au gouvernement portugais, dans lequel il déplora la situation de la Guinée Bissau et du Cap Vert ; il insista par ailleurs sur la nécessité d'ouvrir des négociations, en vue d'éradiquer pacifiquement la domination coloniale.

Malgré toutes les voies de dialogue utilisées, le colonialisme portugais se faisait de plus en plus dur. Pour Cabral et ses compagnons, la seule solution qui s'imposait c'était l'action directe. Les autres mouvements de libération

---

[1] Cf.Cabral, Amilcar, «Rapport Général sur la lutte de libération nationale», présenté à la Conférence des Organisations Nationalistes de la Guinée et des îles du Cap Vert, réalisée à Dakar du 12 au 14 juillet 1960.
-Voir aussi Chilcote,Ronald. H , *Portuguese Africa*, Prentice Hall, New Jersey, 1976.
- *Emerging Nationalism in Portuguese Africa*, Stanford University, Hoover Institution Press, California, 1971.

pensaient la même chose. S'inspirant donc de la pensée des grands africanistes comme Nkrumah ou Fanon, tenant aussi compte de l'expérience des guerres populaires de la Chine et du Vietnam, de celles d'Algérie et de Cuba, les nationalistes des colonies portugaises conclurent que « la lutte armée s'avérait inévitable pour réaliser le projet libérateur[1] ». L'influence révolutionnaire venue d'Orient, de l'Amérique Latine et de l'Afrique du Nord, renforçait la conviction des nationalistes africains quant à la nécessité de mettre en pratique leurs projets politiques concernant la libération de leurs pays. Cette tâche devenait même urgente, dans la mesure où « elle permettait aussi de reconquérir l'identité nationale et culturelle, d'instaurer un nouvel ordre politique et social, et surtout de gérer autrement le pays après l'indépendance[2] ». Par conséquent, il y avait suffisamment de motivations pour initier la lutte armée. Il s'y ajoute que la conjoncture internationale était favorable à la décolonisation ; mieux encore, plusieurs organisations mondiales légitimaient, voire légalisaient la violence, dès lors qu'il s'agissait pour un peuple de recouvrer sa liberté. C'est la raison pour laquelle le PAIGC commençait à se préparer dès la fin de la réunion de Dakar, en déployant une activité intense, en vue de réaliser au moins trois objectifs : la formation des militants, l'implantation du parti dans les pays limitrophes, la recherche d'appuis internationaux, spécialement auprès de l'ONU et des pays socialistes. Ce fut donc dans cette perspective qu'Amilcar Cabral visita plusieurs pays pour obtenir de l'aide militaire.

La date du 03 août 1961 fut consacrée à la commémoration du massacre de Pidjiguiti. Dans l'esprit des dirigeants, ce jour devait marquer « le passage de notre révolution nationale de la phase de la lutte politique vers la phase de l'insurrection nationale, celle de l'action directe contre les forces colonialistes[3] ». Il s'en suivit des actes de sabotage économique, et la destruction des voies de communication dans tout le territoire. L'armée et la police coloniales ne manquèrent pas de répliquer. Cabral estima malgré tout que ces sabotages eurent des résultats positifs, dans la mesure où ils créèrent l'insécurité chez les Portugais, paralysèrent les activités économiques coloniales, permirent de châtier les Africains collaborant avec les Portugais, et surtout de saisir une grande quantité de matériel de guerre laissé par l'ennemi. Par cette stratégie, le PAIGC parvenait également à renforcer son influence et à s'implanter davantage dans tout le pays. Malgré tout, le PAIGC n'avait jamais rompu les tentatives de dialogue, puisqu'en octobre 1961, à l'occasion des réformes dirigées par le ministre des colonies Adriano Moreira, le PAIGC avait fait un ultime recours pour dialoguer avec le

---

[1] Andrade, Mario de, «Amilcar Cabral et l'idéologie de la libération nationale», in AAAV, *Luttes de libération. Nouveaux acteurs et nouveaux objectifs*, Cahiers, n° 3, Rome, Fondation Internationale, mai, 1985, p.40

[2] *Ibid.*

[3] Cabral, Amilcar, *Œuvres choisies*, Seara Nova Lisboa,1976-1977, pp. 35-36.

gouvernement portugais. Simultanément, il avait adressé une série de messages à l'ONU, réaffirmant sa volonté de mettre un terme au colonialisme par la négociation avec les autorités portugaises.

La lutte de libération nationale commença effectivement le 2 janvier 1963, par une attaque conduite par une centaine de guérilleros contre le quartier de Tite situé sur la rive sud du fleuve Geba ; là se trouvait installé un bataillon portugais. Au Nord, le PAIGC n'avait que trois bases de guérilla, tandis qu'au Sud, il en disposait de plusieurs dans les zones de Cubucaré, Indjassan, Quinara, Gambara. Quitaféne et Sussura. Le MLG, quant à lui, faisait des attaques de harcèlement au Nord, près de la frontière sénégalaise. Les autorités coloniales ne furent pas indifférentes devant ce sursaut de violence, puisque dans une interview parue dans le journal portugais *Diário de Notícias* du 11/07/1963, le ministre de la Défense, le général Manuel Gomes d'Araujo disait que « de temps en temps, au Nord, des groupes plus ou moins nombreux abrités par le Sénégal faisaient des incursions sporadiques dans notre territoire, tandis qu'au Sud, d'autres groupes plus nombreux, bien armés et entraînés en Afrique du Nord et dans les pays communistes, pénétraient dans le territoire national dans une zone correspondant à 15% de la superficie de la province ». Toutefois, les autorités portugaises continuaient d'assimiler tous ces guérilleros à des terroristes et non à des combattants de la liberté. Cette situation aurait même pu être plus grave si les partis africains en lutte disposaient de suffisamment d'armes. En effet, au début de la lutte, seul le Maroc, considéré à cette époque comme la Mecque des révolutionnaires fournissait un armement significatif. Rappelons que le Maroc abritait le siège du CONCP. L'aide des autres pays est venue plus tard, quand le PAIGC a su montrer sa capacité de manœuvre et sa détermination à libérer la Guinée Bissau du joug colonial. C'est précisément à ce moment là qu'il a été reconnu presque officiellement par les grandes instances internationales, notamment l'ONU et l'OUA. Il avait, en effet, réussi à s'imposer sur le plan national et international comme l'unique mouvement de libération nationale de la Guinée Bissau et du Cap Vert. Il est vrai qu'il y avait une multitude de partis qui prétendaient défendre les mêmes causes, mais leur capacité opérationnelle était très limitée. Ce fut le cas par exemple du FLING ou du MLG, entre autres. Ces nombreux partis n'avaient jamais voulu s'intégrer dans le PAIGC. Le MLG (de François Mendy) déclenchait de temps en temps des attaques dans le Nord ; quant au FLING, il n'avait jamais réussi à déclencher une quelconque activité militaire à l'intérieur de la Guinée Bissau. Se singularisant par sa rivalité avec le PAIGC, le FLING procédait plutôt par des actions de propagande à travers la publication de quelques communiqués et la tenue de quelques conférences sous les bons auspices du gouvernement sénégalais. Mais, « pendant longtemps, tandis que le PAIGC étendait continuellement son influence, passant de la république de Guinée au Sénégal, le FLING au contraire, voyait la sienne se restreindre de jour en jour [1] ». Disons que le FLING n'était pas très clair dans ses objectifs. Il était plutôt un parti de collaboration avec le gouvernement colonial. Malgré tout, de 1963 à 1965, deux présidents, Senghor et Sékou Touré, et aussi le Comité de Libération de l'OUA, firent plusieurs tentatives pour regrouper le PAIGC et le FLING. Mais en vain. Le FLING, malgré le fait d'avoir tenté, en 1965 et 1966, d'intervenir à l'ONU et à l'OUA, disparut de la scène politique à cause des « rivalités en son sein [2] », dira Benjamin Pinto Bull, son leader.

Entre autres paramètres qui favorisent la lutte de guérilla, il faut considérer la configuration géographique du milieu où se déroulent les opérations. De ce point de vue, les Portugais ont eu d'énormes difficultés en Guinée puisque ce pays abritait une zone de forêt très dense. En plus, la dimension réduite du territoire avait permis aux guérilleros d'élargir leurs réseaux de communication, de disperser leurs effectifs et de régler leurs problèmes de logistique. Il s'y ajoute que les frontières terrestres pouvaient être traversées sans difficultés majeures, ce qui leur a permis d'avoir une grande capacité de mobilité. Deux spécificités se présentent aussi sur le plan du transport fluvial. D'une part, la Guinée est entourée par des fleuves marécageux qui avec leurs affluents, constituent un réseau complexe de cours d'eau et de canaux difficiles à traverser à cause de l'inexistence de ponts. D'autre part, la navigabilité de ces cours d'eau est compromise par le régime des marées, ce qui a compliqué le déploiement des moyens militaires classiques mobilisés par les Portugais. Les opérations militaires de la guérilla se réalisaient durant la saison sèche, vu qu'en période de pluie les conditions de déplacement et de ravitaillement sont difficiles ; c'était aussi une manière de pallier sa faible capacité logistique. Le PAIGC ne manqua pas donc d'exploiter tous ces avantages. Compte tenu également de la mobilisation qui ne cessait d'augmenter, la guerre se généralisa dans tout le territoire. D'abord, la stratégie utilisée par les guérilleros fut une totale surprise pour les Portugais qui pensaient, comme cela s'était déroulé en Angola, que ce serait une invasion qui viendrait d'un pays voisin. Mais, en faisant débuter les combats à l'intérieur, à 100km de la frontière la plus proche, les troupes coloniales subirent beaucoup de pertes, puisqu'elles eurent à se replier vers des casernes réparties dans tout le territoire.

La consolidation du PAIGC comme organisation politique et militaire débuta avec la célébration du congrès de Cassacá au mois de février 1964. En marge de ce congrès, se déroula la fameuse bataille de l'île de Como, qui peut être

---

[1] Felgas, Hélio,*Guerras na Guiné*, SPEME, Lisboa, 1967, p. 47.
Cf.Cruz Fernando Dias Correia da,«Alguns aspectos da subversão na província portuguesa da Guiné », *in Ultramar*, n° 32, Vol. VIII(n°4), 1968, pp. 132 e ss.
[2] Bull, Benjamin, Pinto, *O Crioulo da Guiné-Bissau: filosofia e Sabedoria*, ICALP/INEP, 1989, p. 117, note 5.

considérée comme la plus grande bataille militaire africaine. Durant soixante deux jours de lutte, les nationalistes empêchèrent la conquête de l'île par les forces portugaises et ce, malgré l'intervention des forces aériennes et navales portugaises qui essayèrent de récupérer cette base stratégique.

Sur le plan international, ces succès valurent des soutiens politiques, économiques et militaires considérables. En dehors de Dakar et surtout de Conakry, il y eut l'intervention des pays socialistes et celle de l'Algérie, sans compter le Maroc et l'Egypte. Plus tard, vers la fin des années 60 et au début de 1970, des organisations philanthropiques et religieuses, certains pays occidentaux, la Suisse particulièrement, se rapprochèrent du PAIGC. En plus, pour sa propagande, la guérilla compta sur les ondes de Radio Conakry et aussi sur la Radio Libération fondée en 1967 par le PAIGC.

Par ailleurs, le PAIGC eut également beaucoup de succès sur le plan diplomatique. En 1965, il fut reconnu par l'OUA comme le seul représentant des peuples de Guinée et du Cap Vert. L'ONU fit de même en 1972. D'ailleurs, cette année-là, lors de la 4ème session de l'Assemblée Générale de l'ONU, Cabral annonça que la Guinée-Bissau serait indépendante sou peu de temps. Malheureusement il fut assassiné en janvier 1973. Il fut remplacé par Aristides Pereira comme secrétaire général du PAIGC, qui proclama solennellement à Medina de Boé l'indépendance du territoire le 24 septembre 1973 ; cette mesure concernait provisoirement la zone libérée. C'est ainsi que la Guinée Bissau fut reconnue par 86 pays, et même par certains partenaires du Portugal. De son côté l'ONU approuva en octobre 1973, une résolution contre l'occupation d'une partie de la Guinée par le Portugal.

## - L'impasse militaire

Les combats les plus rudes se déroulèrent sur le sol guinéen. La personnalité d'Amilcar Cabral[1], leader du PAIGC, y était pour beaucoup. Doué, d'une part, dune capacité stratégique insoupçonnée, clairvoyant et animé de surcroît par des convictions politiques profondes, il a su inculquer ces mêmes idées à son peuple qui a ainsi compris tous les enjeux de la lutte. D'autre part, à l'abri des dissensions qui ont opposé les mouvements de libération en Angola et au Mozambique, le PAIGC a su concentrer tous ses efforts sur le combat contre l'ennemi.

Les qualités de Cabral étaient d'ailleurs largement reconnues, puisque même ses ennemis considéraient qu'il était une personne exceptionnelle. Ecoutons par exemple, le témoignage élogieux d'Otelo Saraiva de Carvalho, un mentor illustre du mouvement des capitaines, à l'occasion de la mort

[1] Carvalho,Otelo,Saraiva de, *Alvorada..., Ibid.,* p.108.

prématurée du leader du PAIGC : « Le Monde a perdu un Homme d'une grande qualité intellectuelle et d'une compétence technique avérée, un révolutionnaire qui s'est consacré avec dévotion à la mission, Ô combien exaltante, de conduire son peuple vers la liberté, vers la victoire finale. Um Homme lucide, confiant, serein et bon[1] ».

Toutefois, sa disparition n'avait pas estompé l'ardeur des combattants nationalistes, ainsi que ses assassins l'avaient espéré. Bien au contraire, du coté des Portugais, les difficultés ne faisaient qu'augmenter. Et comme pour perpétuer sa mémoire, dans les écoles clandestines que le PAIGC avait construites dans le territoire, les enfants ne se lassaient d'entonner à haute voix et toujours avec plus de vigueur, le chœur de l'hymne du peuple guinéen :
Vive la patrie glorieuse !
Le drapeau de la lutte a fleuri dans les cieux !
En avant, contre le joug colonial !
Nous allons construire la patrie immortelle
La paix et le progrès.

Cela voulait dire que le PAIGC s'était engagé dans un processus de libération irréversible. Ce n'était qu'une question de temps vu les succès militaires que le PAIGC ne cessait d'enregistrer.

Sur le terrain, le combat contre le colonialisme portugais avait pris un rythme plus encore violent.

A l'engagement politique des combattants du PAIGC, s'ajouta un autre facteur qui modifia totalement l'équilibre des forces : ce fut, comme on l'avait signalé plus haut, l'introduction des nouvelles armes comme les missiles sol-air d'origine soviétique. Ceci entraîna une vague de traumatismes psychologiques chez les militaires portugais. Le ciel guinéen cessait d'être dominé par les avions de la FAP (Force Aérienne Portugaise). Le capitaine Otelo, acteur et témoin oculaire de ce phénomène, apporte des précisions : « Ce survol facile, commode et permanent de l'espace aérien par les *DO-27*, par les *T-6*, par les *Fiat*, par les *Alouette III*, par les *Nord Atlas*, assurant des missions de reconnaissance ou les déplacements des autorités, ou pour apporter de l'appui aux troupes terrestres ou durant les bombardements, pour transporter des troupes ou des vivres, tout cela allait être ralenti subitement. Le traumatisme psychologique dont souffraient les soldats fut spectaculaire[2] ». Généralement, tous étaient volontaires dans ce genre d'opérations, mais, au vu de l'insécurité des airs, tous perdaient l'enthousiasme et leur euphorie s'estompa considérablement. C'était la peur. Les guérilléros ne faisaient pas dans la dentelle : durant à peine deux mois,

[1] *Ibid.*, p. 106.
[2] *Ibid.*, p.108.

six avions, parmi les Fiat, les T-6 et les DO-27, furent abattus ; le nombre de pertes en vies humaines dans le corps militaire augmenta de façon très sensible. Le même cas s'était produit dans les autres fronts de combat, notamment au Mozambique.

Curieusement, à la même période, à l'occasion d'une de ses fameuses « conversations en famille », Marcel Caetano chef du gouvernement, apparemment sans aucun souci, déclarait à qui voulait l'entendre : « les territoires d'outre-mer vivent en paix et nul ne conteste leur intégration dans la Nation Portugaise. On peut parcourir la Guinée et traverser le vaste territoire de l'Angola et aller d'un bout à l'autre du Mozambique sans rencontrer des populations révoltées. J'ai fait l'expérience comme beaucoup de citoyens portugais et aussi des étrangers l'ont déjà fait ; ils sont allés de part et d'autre, de jour comme de nuit, désarmés, dans des conditions de sécurité qu'on ne rencontre pas d'ailleurs dans certaines villes d'Europe ou d'Amérique. La vie se déroule dans une atmosphère de paix et de travail exemplaire[1] ».

A vrai dire, les autorités portugaises avaient toujours voulu maintenir la loi du silence sur ce qui se passait dans leurs colonies. Elles avaient à tout moment prôné la « pax lusitana » et vanté les mérites de la colonisation portugaise, basée comme elles le prétendaient, sur la construction de sociétés multiraciales. A cause de cette propagande la population portugaise a longtemps ignoré ce qui se passait véritablement en Afrique. La presse officielle était un précieux support de propagande. Pour éviter que l'opinion ne s'alarmât, elle ne communiquait pas le nombre exact de soldats morts aux combats. Il était même arrivé qu'on fasse croire aux citoyens portugais que les accidents de la route faisaient plus de victimes[2] que les guerres qui se déroulaient en Afrique. Il fallait surtout occulter l'avancée grandissante des mouvements de libération. Quant aux soldats qui partaient pour la guerre à partir de 1961, ils étaient tous enthousiastes parce que le discours qu'on leur tenait à l'Académie militaire était de nature à glorifier les vertus de l'œuvre colonisatrice du Portugal. On leur faisait surtout croire que leur mission en Afrique consistait uniquement à faire des opérations de police contre des terroristes à la solde des communistes. Mais, quand ils rentrèrent dans les zones de guérilla, ils comprirent vite que le discours officiel n'était qu'un leurre ; leurs parents perçurent le danger quand ils commencèrent à recevoir les cercueils de leurs enfants morts en Afrique.

La vérité était qu'en ce moment-là les troupes portugaises vivaient un enfer dans les zones de combat de l'Angola, du Mozambique et surtout de la

---

[1] Cité par Otelo, *Ibid.*

[2] Almeida, Dinis de, *Origens do movimento dos capitães*, Edições Sociais, Lisboa, 1977, p. 27.

Guinée. S'agissant surtout de la Guinée, les guérilleros du PAIGC renouvelèrent leur confiance et redoublèrent d'efforts grâce à leurs nouveaux équipements. C'est cela qui leur permit de réaliser sur le terrain d'importants succès militaires. Profitant de l'ambiance délétère régnant dans les rangs de l'ennemi, ils parvinrent simultanément à prendre d'assaut deux bases importantes de l'armée portugaise : Guidage au Nord et Guilege et Gadamael au Sud. Finalement, les Portugais furent obligés d'évacuer ces bases, et le PAIGC en profita pour récupérer un lot important de matériel militaire. Pour les Portugais, c'était un désastre en termes de pertes en vies humaines, mais surtout au plan de l'abaissement de l'état moral[1] des soldats. Par comble de malheur pour le major Coutinho e Lima qui commandait la garnison portugaise de Guilege durant l'attaque, il fut condamné[2] à une peine d'emprisonnement. Sa hiérarchie avait estimé qu'il avait commis un crime de lâcheté, pour avoir abandonné la base militaire aux mains de l'ennemi. Pourtant, il avait demandé en vain du secours qui n'était jamais arrivé. Le fait est qu'en prenant cette décision, le général Spinola ne se rendait pas compte que la conscience des militaires qu'il commandait s'en trouverait encore plus ébranlée. En effet, ces derniers sentaient comme une injustice qu'on leur fît encore une fois supporter la responsabilité des revers militaires subis par l'armée portugaise en Afrique. Le syndrome de l'Inde était encore présent dans les mémoires. L'on se rappelle qu'en 1961, l'armée portugaise avait subi une défaite humiliante, et les autorités en avaient rendu les militaires responsables. L'on se souvient également qu'en 1966, faisant écho à la révolution culturelle de Mao Tsé Toung, les populations chinoises de Taipa avaient l'intention de construire une école avec leurs propres cotisations. Mais, elles furent sévèrement réprimées par la police portugaise de Macau. La réaction des autorités chinoises de Canton ne se fit pas attendre. Le gouvernement portugais recula de façon humiliante car le gouverneur José Nobre de Carvalho céda sur toute la ligne aux exigences de la Chine. L'attitude de soumission qu'il avait prise devant le représentant chinois des affaires extérieures avait clairement montré que l'autorité portugaise était en position de faiblesse. Dans la légende de la photo reproduisant cette rencontre, on pouvait lire : « Avec les mains tremblantes, le gouverneur José Nobre de Carvalho faisait ses excuses en présentant le document portant la reconnaissance des faits qui étaient reprochés à la partie portugaise[3] ». Là aussi, les militaires serviront de boucs émissaires. En effet, le gouverneur fut maintenu à son poste, mais les officiers militaires présents lors des événements de Macao furent sanctionnés. Ils furent tous rapatriés au Portugal et destitués de leurs fonctions. On leur reprochait d'avoir abdiqué

---

[1] Cf. Maia,Salgueiro, Capitão de Abril: *História da guerra do Ultramar e do 25 de Abril: Depoimentos*, Lisboa, Editorial Notícias, 1992, p. 64.
Cf.Vasconcelos, Francisco, «O Inferno de Guidage», *Jornal Público*, 5 de Outubro de 1995.
[2] *Ibid.*, p. 122.
[3] Cf. Carvalho,Otelo Saraiva de, *Alvorada...*, *Op.Cit.*, p.52.

devant les autorités chinoises ; par conséquent, les autorités portugaises estimaient que ces soldats étaient indignes[1] de porter l'uniforme de l'armée portugaise. Ne pouvant plus supporter cette injustice, certains d'entre eux demandèrent à être mis à la retraite.

En tout cas, la déroute de Guidage faisait partie des facteurs qui avaient contribué à forger l'esprit du mouvement des capitaines. Cela renforçait leur conviction sur le fait « qu'il fallait nécessairement créer les conditions politiques pour sortir les troupes portugaises de l'engrenage, dès lors que la victoire militaire du Portugal était impossible[2] ».

Parmi les facteurs qui participèrent à l'émergence du mouvement des capitaines, la proclamation de l'indépendance de la Guinée Bissau à Medina de Boé eut un impact politique considérable. Elle finit, en effet, par constituer une des principales raisons du déclenchement de la révolution des œillets. Amilcar avait planifié ce projet depuis longtemps en choisissant une zone libérée pour donner plus de crédibilité à cet événement. A cet effet, il avait parcouru le monde, soit pour nouer soit pour renforcer ses relations diplomatiques. Quand le PAIGC, par la voix de Nino Vieira, proclama l'indépendance à l'endroit et à la date prévue, celle-ci reçut immédiatement la reconnaissance d'un nombre considérable de pays dans le monde. L'ONU donna son aval et félicita la Guinée pour avoir créé un État souverain et condamna le Portugal pour sa politique d'agression[3] contre le peuple de Guinée. C'était donc un avertissement très fort adressé à ce pays qui restait ainsi plus isolé que jamais. Et ceci ne laissa pas indifférents les jeunes officiers qui opéraient en Guinée. Cet événement ne fit qu'accentuer la vague de mécontentements dans leurs rangs. Pour eux, c'était une preuve de plus que le régime portugais devait changer d'orientation.

La Guinée fut donc le théâtre de guerre le plus dur qui permit de mettre en évidence les contradictions qui gangrenaient les forces armées portugaises. En définitive, la formation du mouvement des capitaines ne saurait être séparée de l'impasse militaire dans laquelle se trouvait l'armée portugaise sur tous les fronts de combats en Afrique. Ce fut particulièrement le cas en Guinée Bissau. A cause de l'âpreté des combats et du bourbier dans lequel les guérilleros du PAIGC avaient mis l'armée portugaise, la guerre en Guinée fit penser aussitôt à celle du Vietnam. Aucun militaire portugais n'ignorait l'enfer de ce théâtre de guerre. N'étant pas sûrs de retourner vivants au Portugal, tous considéraient comme une punition[4] le fait d'y être

---

[1] *Ibid.*, p. 55.

[2] Tomás, António, *O fazedor de utopias, Uma biografia de Amilcar Cabral*, *Op.Cit.*, p.290.

[3] Oliveira,Pedro, Pires, «Uma mão cheia de nada ? A política Externa do Marcelismo», *Penélope*, no 26, 2002, p. 120.

[4] Vieira,Joaquim, «Guiné: O dominó insubstituível», *in Os anos da guerra(1961-1974)*, Joao Melo, Dom Quixote, Lisboa,1998, p. 326.

envoyé en campagne militaire. On s'en rend mieux compte d'ailleurs quand on compare les statistiques[1]

officielles en termes de pertes en vies humaines dans les trois fronts de combat. C'est ainsi qu'en 1963, sur un échantillon de 1000 soldats en guerre il y a eu 6,16% de morts en Guinée et 2,21 en Angola. En 1964, en pleine tension de guerre au Mozambique, ces pourcentages passèrent à 4,16% en Guinée contre 1,41% en Angola et 2,79% au Mozambique. En 1966, ces chiffres seront respectivement 5,08%, 1,49% et 3,18%.

On peut ainsi affirmer que le mouvement des capitaines prit son départ à Bissau ; les nombreuses frustrations dont souffrait l'armée furent débattues lors d'une rencontre qui eut lieu au messe des officiers de Bissau en 1973. On remarque également que le noyau dur du mouvement était composé par des officiers qui avaient tous fait la guerre de Guinée Bissau.

[1] Ibid.

La situation militaire en Guinée Bissau en 1974

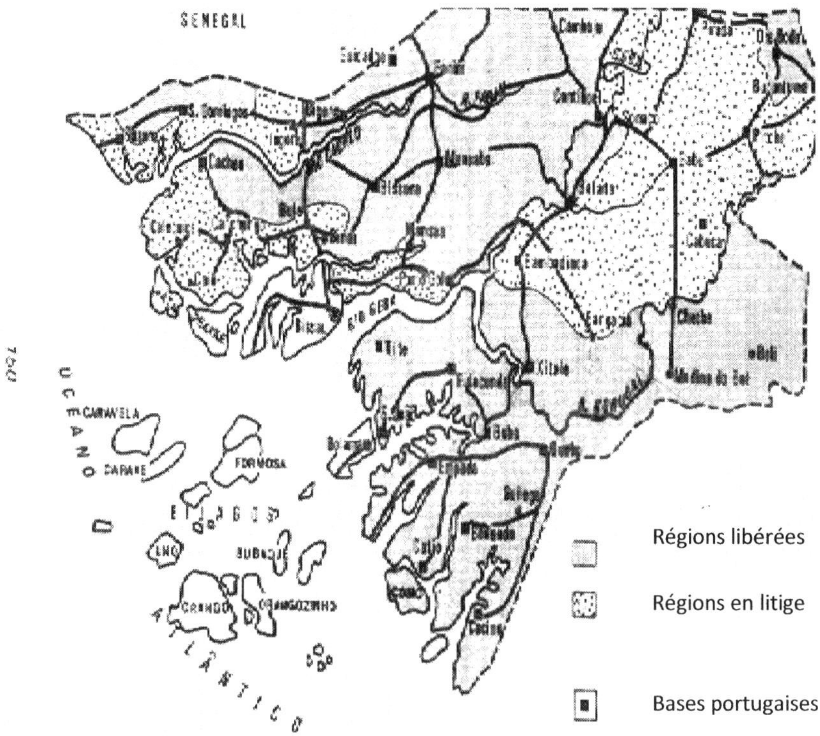


Source : CIDAC

Amilcar Cabral, leader du PAIGC

Discours de Nino Vieira lors de la Première Assemblée Nationale du PAIGC à Médina de Boé, du 23 au 24 septembre 1973.

Pedro Pires membre fondateur du PAIGC.
Ancien Président de la République du Cap Vert.

## *C. Le 25 Avril et la décolonisation*

Le coup décisif se produisit le 25 avril 1974 qui consacra la révolution des œillets, mettant définitivement fin à la dictature au Portugal. Otelo Saraiva de Carvalho en fut le coordinateur principal. Ce jour-là, le capitaine Salgueiro Maia, à la tête d'une unité de l'Ecole de Cavalerie, traversa en char de combat le centre de Lisbonne, occupa les ministères et obligea Marcelo Caetano à reconnaître sa déposition.

La victoire du MFA, l'adhésion spontanée des couches populaires et les manifestations de rue, transformaient le coup d'Etat militaire en une véritable révolution nationale. La guerre coloniale et la question de la décolonisation en étaient les facteurs mobilisateurs. Le peuple faisait pression pour que ces questions soient résolues rapidement. Quant au MFA, il restait divisé sur ce problème. Spinola était le principal responsable de ce blocage, puisqu'il défendait toujours la thèse intégrationniste. Il avait fait des amendements sur le texte du programme du MFA mais il n'avait pas touché au point N°8, le seul consacré à la décolonisation. Or, les alinéas c et d, qui abordaient la situation coloniale, restaient vagues. On y parlait seulement d'autonomie administrative et politique, et de lancement d'une politique coloniale qui conduise à la paix. Le mot indépendance n'était pas du tout prononcé. De telle sorte que Spinola, en sa qualité de chef de la Junta de Salvação Nacional (Junte de Salut National), présenta à la nation le Programme du MFA, mais n'annonça aucun changement sur la décolonisation. Au contraire, dans ce texte programmatique, on parlait plutôt «de garantir la sauvegarde de la nation en y intégrant toutes ses composantes pluri-continentales». Spinola, dans d'autres milieux, arguait que « les peuples des colonies n'avaient pas un niveau culturel suffisant pour s'autodéterminer [1] ». Par conséquent, selon le Programme du MFA, et au vu des discours de Spinola, il n'était pas encore question de décoloniser. Les mouvements de libération étaient complètement ignorés. Ils étaient même surpris et déçus quand ils apprirent que Spinola proposa un référendum comme sortie de crise. C'est-à-dire qu'il avait l'intention d'appeler les populations africaines à se prononcer sur la constitution d'une « Communauté lusophone ». Il voulait faire la même chose que De Gaulle en 1958 en Afrique francophone.

Mais, cette mesure ne reflétait pas l'opinion de tous les officiers du MFA. C'est la raison pour laquelle ils eurent beaucoup de divergences avec Spinola quand la Junte le désigna pour assumer provisoirement le poste de Président de la république.

Certains membres de la Junte désiraient sincèrement la paix avec les colonies, et cherchaient des solutions politiques pour le problème de la guerre. Ils pensaient que les propositions timides qu'ils avançaient étaient suffisantes. Ils voulaient convaincre les mouvements de libération à déposer les armes et à se transformer en simples partis politiques, comme beaucoup d'autres qui avaient surgi spontanément pour profiter du processus de décolonisation.

Cependant, ces solutions furent systématiquement rejetées par les mouvements de libération et aussi par les partis démocratiques au Portugal. Effectivement, la plupart des partis portugais proposaient l'indépendance totale des colonies avant même que le 25 avril n'ait eu lieu. Ce fut le cas du PCP (Parti Communiste Portugais), du PS (Parti Socialiste) ou du MDP/CDE (Mouvement Démocratique Populaire), pour ne citer que les principaux. Ils réitérèrent ce point de vue dans leurs programmes politiques qu'ils publièrent peu de temps après le 25 avril. C'est la raison pour laquelle les contradictions sont apparues au grand jour quand les ministres issus de ces partis sont rentrés dans le Premier Gouvernement Provisoire. C'était particulièrement le cas des ministres directement impliqués dans la gestion du problème colonial. Ce fut par exemple le cas de Monsieur Mario Soares, secrétaire général du PS qui occupait le poste de ministre des Affaires Etrangères. De retour d'exil, il eut des entretiens avec Spinola, mais leurs divergences sur la décolonisation étaient flagrantes. Dans plusieurs de ces interviews[2], le secrétaire général du PS pensait « qu'il n'y avait d'autre issue sinon l'indépendance... et l'arrêt d'une guerre injuste et coûteuse[3] ». Il

[1] Cf. Cité par Correia,Pezarat, *Descolonização de Angola*, *Op;Cit.*,p.58.
[2] *Newsweek*, 13/5/74.
[3] *Ibid.*, p. 60.

estimait que la dynamique créée par le 25 avril imposait la nécessité de poursuivre le processus et de dépasser les demi-mesures préconisées par Spinola.

Quant à Monsieur Almeida Santos, ministre de la Coordination Interterritoriale, qui était sans parti politique, il défendait les mêmes positions que M. Mario Soares. Dans sa *Lettre Ouverte Aux Mozambicains*[1], il clarifiait son point de vue en préconisant l'option systématique en faveur de l'indépendance des peuples du Mozambique, d'Angola et de Guinée.

En définitive, la population civile et la plupart des partis politiques désiraient l'indépendance des colonies. Dans le pays, il y avait des positions contraires, mais elles étaient minoritaires.

Par ailleurs, le pouvoir issu de la révolution ne pouvait non plus ignorer l'opinion internationale. Il avait besoin de légitimité pour rompre avec l'isolement dans lequel le régime fasciste avait plongé le pays pendant longtemps.

L'ONU, l'OUA et leurs commissions spécialisées, dans lesquelles les mouvements de libération commençaient à siéger, se faisaient leurs porte-paroles. Elles exigeaient que le Portugal se conformât aux lois internationales et donnât l'indépendance à ses colonies africaines.

Devant les tergiversations de Spinola, les responsables de l'OUA durcirent leurs pressions. Ils forcèrent le Portugal à négocier avec les « véritables représentants des peuples africains » et à exclure les partis fantoches qui étaient entrain de proliférer comme c'était le cas en Angola et au Mozambique. Ils recommandaient même aux mouvements de libération de continuer la guerre.

Quant aux mouvements de libération proprement dits, ils avaient la situation militaire en main, particulièrement en Guinée. Ils savaient surtout que l'impasse dans laquelle se trouvaient les Forces Armées portugaises en Afrique était le facteur décisif du soulèvement des capitaines. Forts de ces atouts, pour eux il n'était pas question de négocier autre chose que l'indépendance totale et immédiate. Ils avaient donc intensifié la guerre et il y eut encore des morts de part et d'autre. Pour les militaires portugais, surtout ceux qui avaient fait cette révolution, le mot d'ordre était de ne plus aller mourir en Afrique. S'ils avaient fait la révolution, c'était justement pour faire tomber le régime fasciste et arrêter la guerre coloniale.

L'idée de refus de retourner à la guerre fut renforcée par le fait que dans l'armée portugaise on trouvait beaucoup d'Africains recrutés localement.

---

[1] *Ibid.*

Ayant en perspective l'indépendance, ces derniers ne voulaient plus lutter contre leurs compatriotes.

Deux initiatives prises par Spinola vinrent cependant aggraver cette dynamique vers l'indépendance.

Le premier avait trait à la nomination du général Silvério Marques comme gouverneur en Angola. Il avait été déjà en service dans cette colonie en 1961, au moment de la recrudescence de la guerre. Il était très proche de Salazar et restait lui aussi un partisan convaincu du fédéralisme. Pour les membres de la Junte, sa nomination en Angola n'était donc pas de bon augure.

Le second fut la rencontre de Spinola et du Président Nixon des États-Unis. Elle eut lieu à la base des Açores le 19 juin 1974. Elle se déroula à huis clos, aucun des membres des deux délégations n'avait assisté à l'entretien, sinon le général américain Vernon Walters, sous-secrétaire de la CIA. Aucune information n'avait filtré de cet entretien. Les supputations allaient donc bon train.

Du fait que le pétrole de l'enclave de Cabinda avait toujours intéressé les Américains, certains observateurs n'avaient pas hésité à penser que les discussions avaient porté sur la décolonisation. Les deux Présidents, avançaient-ils, voulaient certainement réactualiser le plan de décolonisation que Nixon avait proposé à Marcel Caetano en 1972 ; c'était la condition que les Etas-Unis posaient pour soutenir le Portugal à l'ONU. Caetano avait refusé. Dans ce fameux plan, Nixon insistait sur trois points, et s'adressait ainsi aux autorités portugaises : « a) Abandonnez la Guinée qui n'intéresse plus personne. Accordez-lui l'indépendance. Nous gagnerons du temps et vous du prestige. b) Renforcez la pression en Angola ; cela nous intéresse particulièrement ; nous vous aiderons et nous verrons comment. c) Vietnamisez le Mozambique : donnez le Nord au FRELIMO, le Sud doit être de notre côté [1] ». Rappelons que le Portugal monnayait déjà ce soutien des Américains par l'utilisation de la base de Lajes située aux Açores. Prétendant lutter contre le « péril communiste » en Afrique, le Portugal avait aussi tout le soutien de l'OTAN. Celle-ci renforçait donc l'aide militaire fournie par les Américains. S'il a pu maintenir une hégémonie en Afrique jusqu'en 1974, c'était grâce à son atout géostratégique constitué par cette base dont l'OTAN avait besoin en cas de guerre contre l'Union Soviétique.

La question de la décolonisation continuait de diviser ainsi le MFA. Les inconditionnels de Spinola s'opposaient à tout le reste du groupe.

---

[1] Cf. Kuntz, Joëlle, *Les fusils et les urnes*, Denoël, Paris, 1975, p. 71.

Mais, avec la chute du Premier Gouvernement Provisoire et l'avènement du second, des mesures plus efficaces furent apportées à cette question. Les militaires progressistes avaient réussi à entrer en force dans le nouveau gouvernement. L'armée était épurée des éléments fascistes.

Le major Melo Antunes, un militaire de gauche, proche des communistes, entra au gouvernement. Le colonel Vasco Gonçalves devint Premier ministre, et il militait pour l'indépendance des colonies. Otelo Saraiva de Carvalho, porte-parole du MFA, déclara à la presse que le processus de l'indépendance était irréversible.

Devant la pression exercée par les nouveaux responsables par les instances internationales et surtout par les mouvements de libération, Spinola fut obligé malgré lui de se prononcer en faveur de la décolonisation des colonies portugaises. C'est ainsi qu'en juillet 1974, fut publiée finalement dans le journal *Diário Popular*, la fameuse loi constitutionnelle 7/74, consacrant le principe de la décolonisation dans la législation portugaise. Le Président de la république se réconcilia avec les éléments du MFA. Le lendemain de la publication, il y eut des manifestations de soutien à la loi dans toutes les villes du Portugal. Elles furent encadrées par tous les partis représentés dans le gouvernement, à savoir le PS, le PCP, le MDP et par l'Intersyndicale des Travailleurs.

C'était donc le soulagement du côté des mouvements nationalistes africains. Durant sa visite au Portugal du 2 au 4 août 1974, le Secrétaire général de l'ONU, Kurt Waldheim, affirma toute la disponibilité de son organisme pour aider à la réalisation du processus de décolonisation. La révolution du 25 avril permettait ainsi au Portugal de redorer son blason devant l'opinion internationale.

# Conclusion

Cette étude nous a permis de voir la profonde corrélation qui existe entre les guerres de libération en Afrique lusophone et la révolution des œillets. L'analyse que nous avons faite tout au long de ce travail permet, nous semble-t-il, de voir effectivement que les guerres de libération dans les colonies d'Afrique ont conduit à la chute de la dictature au Portugal.

Durant pratiquement une quarantaine d'années, un régime fasciste avait gouverné le Portugal. Il avait survécu à toutes les tentatives de destitution qui avaient été entreprises par ses opposants. Il a fallu les guerres d'Afrique en 1961 pour sonner son glas. Paradoxalement, l'institution qui avait toujours été un pilier de la dictature était devenue son propre fossoyeur. Plus étonnant encore, ce coup d'État militaire n'était pas de type putschiste entraînant un régime d'exception, comme cela se passe habituellement. Au contraire, le processus révolutionnaire mis en œuvre par ses acteurs avait eu comme résultat l'instauration des libertés et de la démocratie au Portugal.

Nous nous sommes appesantis sur l'analyse de circonstances antérieures pour expliquer ce renversement de situation. C'est pour montrer que les multiples oppressions qui jalonnèrent l'histoire des sociétés africaines débouchèrent finalement sur les luttes armées en 1961, dans les colonies portugaises notamment.

Dans cette perspective, il s'est agi tout d'abord de montrer que les luttes de libération furent l'aboutissement d'une très vieille tradition de résistance en Afrique. Résistance aux séries de frustrations accumulées durant des siècles.

En effet, les Africains avaient souffert d'une longue période d'asservissement qui laissa de profondes séquelles. L'esclavage aurait pu peut-être se prolonger, n'eût été la révolution industrielle. La colonisation décidée à Berlin en 1885 fut très vite supplantée par le colonialisme. Les puissances européennes avaient besoin des matières premières africaines. Des lois furent ainsi élaborées dans ce sens pour mieux organiser la gestion de la main d'œuvre africaine. On inventa ainsi le travail contractuel qui s'est très vite révélé comme de l'esclavage déguisé. Le Code de l'Indigénat en fixait les règles. Dans les colonies portugaises précisément, ce fameux code est resté en vigueur jusqu'à la veille des guerres de libération. La colonisation fut donc une autre période de souffrance.

Les Africains s'étaient opposés tant bien que mal à cette exploitation. La résistance remontait très loin dans le temps, mais elle avait pris des accents particuliers durant l'occupation « effective » des territoires décidée à Berlin. Les fameuses guerres de pacification avaient pour but de mater les rébellions africaines qui se multiplièrent à cette époque. Après le partage du continent, le Portugal eut à livrer plusieurs batailles de ce genre. Dans certaines colonies ces guerres avaient duré jusqu'en 1940. C'est dire à quel point la résistance africaine s'était perpétuée dans le temps et dans l'espace. Elle fut éteinte grâce à la supériorité des armes occidentales. Mais, cela montre que la résistance au colonialisme est une vieille tradition en Afrique. Les luttes de libération n'en furent que le prolongement.

L'on a vu également qu'après les deux guerres mondiales, le monde avait changé. L'Europe avait souffert des horreurs de l'occupation allemande, et la mentalité des Européens avait beaucoup évolué. Par conséquent, ils comprenaient mieux les souffrances des populations vivant dans les colonies. Le développement des moyens de communication avait permis de mieux percevoir le drame vécu par les peuples noirs. A partir de ce moment, les citoyens occidentaux commençaient à élever leurs voix pour condamner les atrocités commises en leur nom par leurs gouvernements. Ces atrocités avaient pour nom le travail forcé et les impôts obligatoires ; elles s'exerçaient aussi par d'autres formes d'oppression.

Vers les années 50 un souffle de changement parcourait le monde et donnait une nouvelle orientation aux vents de l'histoire. Le Marxisme se consolidait un peu partout dans le monde, les progrès scientifiques se multipliaient et des mouvements luttant pour la liberté des peuples opprimés faisaient des émules. Tout cela avait contribué à l'éveil des consciences. Parmi ces influences la Négritude a eu à jouer un rôle très important chez les Noirs d'Afrique et ceux de la diaspora. Ce furent justement des Noirs de la diaspora comme Dubois et Marcuse Garvey qui lancèrent le panafricanisme. Par la suite, ce mouvement s'était enrichi du courant de la Négritude, de la pensée de Nkrumah et de celle du savant sénégalais Cheikh Anta Diop. Il devint ainsi une volonté politique réelle. Le processus de décolonisation des années 60 en fut un aboutissement.

Le système éducatif imposé par le Portugal dans ses colonies misait essentiellement sur l'acculturation et l'assimilation. Le taux d'analphabétisme était très élevé chez les Noirs. La formation était réduite, parce qu'elle était seulement destinée à fournir des agents auxiliaires dans l'administration coloniale. Le résultat fut que durant l'occupation coloniale, peu d'Africains noirs fréquentaient le niveau supérieur. Parmi les rares étudiants qui avaient la chance de poursuivre leurs études supérieures en métropole, on retrouvait justement les futurs dirigeants des mouvements nationalistes africains. La plupart de ces intellectuels avaient fréquenté la CEI. C'est là véritablement qu'était née la prise de conscience qui favorisa leur engagement dans la lutte de libération nationale. Le Parti Communiste portugais, le MUD, la Négritude, la lutte des Américains noirs, le Marxisme et le Néoréalisme, firent partie des facteurs d'influence qui contribuèrent à renforcer leur préparation idéologique. Leur objectif principal était de libérer leurs pays du joug colonial portugais. En métropole, leur action fut rendue difficile à cause de la répression de la PIDE. Par conséquent, pour donner à leur démarche une plus grande efficacité ils avaient jugé utile de rentrer en Afrique pour organiser la résistance politique. Dans ce sens, ils créèrent les mouvements nationalistes: le PAIGC et le FLING en Guinée Bissau, le MPLA, le FNLA et l'UNITA en Angola, le FRELIMO et le COREMO au Mozambique, le MLSTP à Sao Tomé et Principe. Pour renforcer cette dynamique de lutte, les mouvements ayant une ligne idéologique plus révolutionnaire s'étaient réunis autour d'organisations anticolonialistes comme le MAC ou la CONCP.

En I960, à la faveur de la résolution N$^0$ 1514(XV) de l'ONU, plusieurs pays africains avaient acquis pacifiquement leur indépendance. Après plusieurs appels au dialogue de la part des nationalistes africains, de l'ONU et de l'OUA, le Portugal refusa de décoloniser.

Dans ces conditions, les partis nationalistes étaient obligés d'opter pour la lutte armée. A partir de 1961, les luttes de libération commencèrent donc dans les colonies portugaises d'Afrique. Toutefois, les nationalistes faisaient la différence entre le régime colonialiste et le peuple portugais ami.

Le Portugal était isolé sur le plan international, mais il avait néanmoins le soutien de l'OTAN, et notamment des Américains, à cause du « péril communiste » ; de ce point de vue, la base stratégique des Açores constituait un enjeu important pour les Occidentaux. Quant aux mouvements nationalistes, ils recevaient l'aide des pays socialistes. La guerre froide se trouvait ainsi transposée vers les luttes de libération, d'autant plus que les puissances occidentales avaient des intérêts puissants dans l'économie coloniale.

Les forces étant inégales au départ, la question était de savoir comment les guérillas pratiquées en Guinée, en Angola et au Mozambique avaient-elles pu venir à bout des armées portugaises. Les motivations idéologiques qui animaient les combattants nationalistes furent importantes dans ce processus. C'est véritablement là que réside le secret de leur victoire sur le terrain. Il y a eu en effet victoire en 1973, et il y a bien lieu d'y insister. Parce que la défaite des troupes portugaises ou du moins la conscience d'une défaite éventuelle, constitua le facteur décisif dans le soulèvement des capitaines, ceux-là même qui firent la révolution des œillets le 25 avril 1974.

L'on a rappelé que sous la dictature, le Portugal avait vécu les périodes les plus dures de son histoire. Sur le plan économique, on notait deux classes distinctes : une oligarchie agro-industrielle détentrice de la quasi totalité des grands moyens de production, un prolétariat et une paysannerie sans défense. Cette situation avait ainsi créé des frustrations, et avait suscité le désir de la population de voir le régime fasciste disparaitre.

Entre les deux, il y avait une classe moyenne très inquiète. Celle-ci finit par servir les intérêts de la classe dominante. Ce fut le cas des officiers militaires de la génération de 60. Faisant face à trois fronts de guerre et subissant des pertes énormes en matériel mais surtout en vies humaines, le Portugal avait un besoin urgent d'augmenter ses troupes. C'est la raison pour laquelle des étudiants et des élèves furent recrutés. Les portes de l'Académie Militaire étaient ouvertes aux couches moins favorisées de la nation. Auparavant, les cadres des échelons intermédiaires et inférieurs de l'armée étaient généralement originaires de la classe moyenne. Ces fonctions restaient maintenant occupées par des jeunes appartenant au prolétariat. Or, du fait justement de leur origine sociale modeste, ces nouveaux recrutés n'avaient pas la mentalité élitiste qu'on notait chez les officiers issus des classes bourgeoises. Ils étaient en fait plus sensibles aux questions liées aux conditions de vie des classes pauvres. Disons donc que la prolétarisation de l'armée avait introduit un mode de pensée plus critique chez les militaires. Ils étaient moins inféodés aux idéaux patriotiques véhiculés dans la propagande fasciste. Leur point de vue reflétait celui de leur milieu social. Par conséquent, ils n'étaient pas indifférents au climat politique qui continuait à se détériorer et qui frappait davantage leurs parents prolétaires.

Il s'y ajoute que cette génération appelée les « Capitaines d'avril » était constituée par des militaires très jeunes pour la plupart ; tous étaient influencés par les idées révolutionnaires en vogue durant les années 60. Ils ne voulaient pas la guerre. A la place des canons, ils préféraient plutôt les fleurs, comme on aimait le chanter à l'époque. À l'instar des jeunes révolutionnaires du monde entier, ils avaient comme idole Che Guevara.

En vérité, cette nouvelle génération de militaires, particulièrement ceux issus de l'université, qu'on appelait les miliciens, jouèrent un rôle important dans la politisation de l'armée. Ce furent eux qui influencèrent véritablement leurs collègues militaires. Sur la base de convictions politiques révolutionnaires, ils avaient démystifié la guerre. La découverte des réalités africaines constitua un choc. Au nom de la solidarité prolétarienne, ils se sentaient proches des populations indigènes. En plus, il se produisit chez eux un effet d'assimilation, car la misère qui se présentait à leurs yeux rappelait curieusement celle de leurs parents vivant au Portugal.

En fin de compte, le séjour en Afrique avait permis à ces jeunes officiers de se rendre compte que les idées qu'on leur inculquait à l'Académie ne correspondaient pas à la réalité, et que le discours sur les mouvements de libération était très réducteur. Parce que, d'une part, Ils avaient pu constater que les programmes politiques des mouvements de libération étaient axés essentiellement sur des idées de liberté, de démocratie et de développement en faveur des peuples africains. Ils étaient donc séduits par la noblesse et la justesse du combat des nationalistes. D'autre part, la démarche de ces nationalistes n'était entachée d'aucun sentiment de racisme envers les Blancs. Ils luttaient plutôt contre le colonialisme. Les officiers qui se trouvaient en Afrique restèrent marqués par les analyses politiques des dirigeants nationalistes comme Amilcar Cabral, Agostinho Neto ou Eduardo Mondlane. Ce fut particulièrement le cas en Guinée. C'est en prenant connaissance des théories du leader du PAIGC qu'ils comprirent qu'ils avaient un rôle important à jouer pour changer la situation politique au Portugal. Ils avaient finalement pris conscience qu'ils étaient trompés par le gouvernement portugais, parce que la guerre coloniale dans laquelle ils étaient impliqués n'avait d'autre raison si ce n'est la défense des monopoles portugais et étrangers.

A partir de ce moment-là, ils remettaient en cause le sens de leur mission militaire. Certains avaient essayé de sympathiser avec l'ennemi, d'autres avaient déserté ; ceux qui étaient restés refusaient de continuer la guerre. Le contact avec les réalités africaines avait eu des effets contraires à ceux prévus dans le cadre de la campagne psychologique, destinée à séduire les populations africaines.

A un certain moment, l'effectif des capitaines commençait à se réduire. Plusieurs raisons l'expliquent : certains étaient morts au combat, mais d'autres étaient montés au grade supérieur. C'est la raison pour laquelle ceux qui étaient restés en service dans cette fonction eurent à accomplir plusieurs missions en Afrique. D'où un sentiment de profonde lassitude qui n'avait pas manqué de se répercuter sur l'issue des combats. Rappelons que les capitaines constituaient la pièce maitresse dans l'exécution des opérations sur les terrains de combat. Il y avait entre eux des liens de solidarité acquis depuis le village ou à l'Académie Militaire. Cela avait ainsi permis de forger un esprit de corps capable de les fédérer facilement autour d'un problème militaire ou politique, comme ce fut le cas en 1974.

L'entrée des miliciens dans la guerre était surtout destinée à pallier le manque d'officiers de rang intermédiaire, comme par exemple les capitaines. Mais leur promotion s'était effectuée sur fond de contestation. En effet, les décrets 373/73 et 409/73 furent l'objet d'un rejet total de la part des militaires de carrière qui se sentaient dépassés par les miliciens ; parce qu'après avoir juste suivi une formation accélérée à l'Académie Militaire, ces derniers accédaient au même grade que les professionnels qui eux, y avaient passé quatre ans. Ce facteur vint grossir le mécontentement et constitua l'amorce de la conspiration.

Mais, ce n'était qu'un prétexte car il y avait d'autres motifs d'insatisfaction dissimulés et ils étaient de nature politique. Ce fut particulièrement le cas en Guinée où les capitaines, sous le couvert des revendications corporatistes, soulevaient déjà des questions politiques. En un mot, ils remettaient en cause la guerre et le régime qui l'avait engendrée. Ils étaient aidés en cela par un haut dirigeant, en l'occurrence le général Spinola qui joua un rôle important dans la révolution des œillets. Il avait, en effet, les mêmes préoccupations.

Parlant justement de Spinola, l'on a également montré dans cette étude que la Guinée avait constitué pour lui une grande école politique. En observant l'adhésion populaire au programme politique du PAIGC, il avait compris que rien ne pouvait arrêter un peuple qui aspire à sa liberté. Il sentait que le temps n'était pas loin où le peuple de Guinée serait libre. Par conséquent, le processus de conquête de la liberté qui se déroulait sous ses yeux n'avait pas manqué d'inspirer Spinola. Etant soucieux de la dégradation du climat politique au Portugal, il rêvait donc d'appliquer le même schéma en métropole pour libérer le peuple portugais de la guerre et surtout du fascisme.

Toutefois, le facteur décisif qui conditionna le mouvement des capitaines, ce fut l'impasse dans laquelle se trouvaient les Forces Armées Portugaises en 1973. Etant les plus exposés au péril, il n'était pas étonnant que les capitaines fussent les plus opposés à la continuation de la guerre. C'étaient eux qui se trouvaient en contact direct avec les guérilléros sur le théâtre des hostilités. Ils étaient donc mieux placés que quiconque pour apprécier l'évolution des combats sur le terrain. C'est la raison pour laquelle ils furent les premiers à comprendre qu'il était impossible pour l'armée portugaise de gagner la guerre.

C'est qu'en 1973, les rapports de force avaient changé en faveur des guérillas africaines. On notait une nette amélioration dans le système d'organisation des mouvements nationalistes ; l'expérience du maquis et une conscience idéologique chaque jour renouvelée furent déterminantes. Il y avait surtout une nette augmentation de la qualité des armes et du niveau technique des combattants. L'intervention des pays amis fut précieuse dans ce domaine. Le déséquilibre s'était accentué précisément quand les guérilleros purent disposer des missiles sol-air offerts par les pays socialistes. Les Portugais perdaient ainsi la maîtrise d'un domaine stratégique crucial : le combat aérien. À partir de ce moment, la guerre était perdue pour l'armée portugaise. Les capitaines furent les premiers à le savoir. L'expérience des États-Unis au Vietnam, de la France en Indochine, était pour leur rappeler que des pays plus puissants que le Portugal, avaient aussi été vaincus dans ce même genre de guerre.

Le général Spinola savait aussi que la défaite était proche. Il voulait éviter la même humiliation que les Forces Armées Portugaises avaient subie en Inde. C'est la raison pour laquelle il n'avait eu de cesse de proposer des solutions négociées. Mais, le gouvernement de Marcel Caetano avait toujours rejeté une solution politique au conflit colonial. La seule issue était donc de mettre fin au régime fasciste. Le coup d'État eut lieu le 25 avril 1974. Force est donc de constater que les motifs politiques et militaires qui avaient animé ses acteurs se manifestèrent d'abord en Afrique.

De source[1] bien informée, l'impasse militaire qui s'était particulièrement accentuée en Guinée constitua le facteur décisif dans le soulèvement des jeunes officiers, qui firent chuter la dictature le 25 avril 1974. La détermination des guérilleros et la possession d'un matériel de guerre plus efficace contribuèrent à faire perdre aux Portugais leur suprématie militaire. Le monde se demandait comment de petits pays africains mal armés avaient pu venir à bout d'une puissance européenne censée disposer de meilleurs atouts militaires. L'explication paraît pourtant simple. Les motivations étaient différentes, car les uns se battaient pour recouvrer leur liberté et les autres faisaient une guerre d'occupation. Tous les arguments défendus par le régime fasciste pour expliquer le bien fondé de la présence du Portugal en sol africain n'y firent rien. Historiquement, les guerres d'indépendance rappellent que les puissances impérialistes ont perdu militairement et politiquement face aux mouvements de libération. Ce fut par exemple le cas à Dien Ben Phu ou en Algérie. Les Français et les Américains avaient subi des défaites, malgré leur supériorité militaire. Autrement dit, il est difficile, voire impossible de vaincre un peuple déterminé à lutter pour sa liberté. Cette leçon révélée au Vietnam, en Algérie et ailleurs, fut encore vérifiée durant les guerres de libération en Guinée, au Mozambique et en Angola.

Les dirigeants nationalistes africains démontrèrent qu'ils avaient bien assimilé cette leçon ; dès le début, ils étaient persuadés que leurs luttes auraient la même issue que celles d'Algérie et du Vietnam. C'était le point de vue d'Amilcar Cabral. C'est la raison pour laquelle, en 1969, il déclarait : « que notre lutte aura la même fin [...]. Nous donnons la garantie que nous ferons des coups chaque fois plus durs, plus mortels [...], et nous sommes absolument certains de faire vivre aux Portugais un Dien Bien Phu, soit militaire, soit politique [...]. De toute manière, il s'agit en dernière analyse d'une question politique[2] ». Dans le cas de la Guinée Bissau précisément, l'indépendance fut anticipée et déclarée à Madina de Boé dans la zone libérée, au Sud-est du pays, le 24 septembre 1973. Comme Cabral l'avait prévu, un an plus tard ce fut la liquidation du colonialisme qui précipita la chute de la dictature. Par coséquent, on peut considérer à juste raison que ces deux événements capitaux constituèrent, *post mortem*, ses « derniers triomphes politiques[3] ».

---

[1] Clemente, Durão, *Op.Cit.*, p. 105.
[2] Cabral, Amilcar,*Séminaire des Cadres*, 19. /24 novembre, Conakry, 1969, cité par ....*A independência da Guiné Bissau e a descolonização portuguesa, Op.Cit.*,168..
[3] Chaliand, Gérard, *Mitos revolucionários do Terceiro Mundo*, Rio de Janeiro, F. Alves, 1977, p.92.

En vérité, la victoire n'est pas totale si elle n'entraîne pas des conséquences politiques profitables. C'était l'objectif essentiel, puisque ces pays luttaient pour leur indépendance. Dans les guerres d'Indochine, d'Algérie et du Vietnam, on a pu observer que les succès militaires des guérilleros avaient obligé la France et les États-Unis à accepter de s'asseoir à la table de négociations pour initier les accords politiques. Ils y étaient d'autant plus obligés que leurs citoyens et l'opinion internationale y étaient favorables.

Un phénomène presque semblable s'était produit en 1974 dans les colonies portugaises, car les mouvements de libération africains étaient en position de force militairement et par conséquent politiquement. C'est la raison pour laquelle ils réclamaient l'indépendance totale et immédiate. Donc, l'indépendance de la Guinée et du Cap Vert, de l'Angola et du Mozambique fut acquise de haute lutte et non de la volonté de la métropole, comme on a tendance à le faire croire. Deux observations s'imposent ici, qu'on peut même considérer comme des phénomènes qui n'avaient pas encore eu de précédents au monde, tout au moins en Europe. Le premier, c'est que le pays opprimé a permis de libérer le pays oppresseur, puisque la libération des colonies a eu pour effet immédiat la chute de la dictature au Portugal. Le second élément lié au premier, c'est que non seulement le coup d'État militaire n'a pas provoqué de violence, mais surtout, il n'a pas placé un régime militaire, comme on l'observe habituellement dans ce genre d'opérations. En effet, durant leur marche pour aller déloger Marcel Caetano et les membres de son gouvernement, le peuple était descendu dans la rue en distribuant des fleurs aux militaires. Ces œillets que ces derniers mettaient à cœur joie au bout du fusil étaient le symbole du caractère pacifique de leur action. On observe également que le Mouvement des Forces Armées qui avait été mis sur pied après la révolution des capitaines s'était effacé volontairement pour céder en définitive le pouvoir aux civils. Quelle leçon de démocratie ! Pouvait-on dire. Le monde entier avait applaudi, d'autant plus que cela venait de jeunes officiers non habitués à la gestion du pouvoir politique et qui n'en avaient même pas la vocation. La raison fondamentale est qu'ils avaient les mêmes aspirations que le peuple. Tous voulaient se débarrasser d'un régime dictatorial qui opprimait les citoyens du Portugal en même temps qu'il tuait les populations innocentes des colonies d'Afrique. Comme l'a si bien affirmé Eduardo Lourenço : « Rarement, une révolution politique faite par des militaires a pris une telle portée démocratique[1] ». En continuant de faire la guerre, ils se sentaient non seulement complices mais aussi eux-mêmes sacrifiés. Dans un premier temps, l'engrenage militaire dans lequel ils se trouvaient en Afrique leur fit comprendre que leur gouvernement devait nécessairement s'engager vers des solutions pacifiques.

---

[1] Lourenço, Eduardo, *Préface* de *Alvorada de Abril .Op.Cit.*, p. 18.

Dans un deuxième temps, l'intervention d'autres facteurs de mécontentement leur donna la conviction qu'il fallait faire tomber carrément le régime fasciste. Et le mouvement gagna ensuite la métropole. Les mêmes raisons justifient également qu'on trouve à la tête du mouvement de conspiration des militaires qui étaient en service en Guinée à une certaine période de la guerre.

En définitive, le Mouvement des capitaines doit son existence à la guerre coloniale. Les guerres de libération dans les colonies portugaises jouèrent un rôle déterminant dans la révolution des œillets. Amilcar Cabral l'avait déjà prévu quand il proclamait que « la destruction du colonialisme en Afrique entraînera la destruction du fascisme au Portugal[1] ». Les circonstances lui donnèrent donc raison.

---

[1] Cf. Cabral, Amilcar, *Rapport général sur la lutte de libération*-présenté à la Conférence des Organisations Nationalistes de la Guinée et du Cap Vert, réalisée à Dakar du 12 au 14 juillet 1961 à Dakar.

Le général Spinola Commandant en Chef des Forces Armées Portugaises en 1973 en Guinée

Otelo Saraiva de Carvalho Coordonnateur du MFA

De gauche à droite : Agostinho Neto, Almeida Santos et Jonas Savimbi. Arrivée à Lisbonne des leaders africains pour assister au sommet d'Alvor sur l'indépendance, en 1975.

# Bibliographie

ABBOT, Peter & RODRIGUES, Manuel, Ribeiro, *Modern African wars (2): Angola and Moçambique* 1961–1974, Osprey, Londres, 1982.

AFONSO, Aniceto, Gomes, Carlos de Matos (org), *Guerra colonial*, Editorial Notícias, 2ª ed., Lisboa,2003.

ALMEIDA, Aníbal, *Sobre o ultramar, fascismo e guerra colonial*, Centelha, Coimbra, 1974.

ALMEIDA, Dinis de, *Origens e evolução do Movimento dos Capitães*, Lisboa, Edições Sociais, s.d.

ALVES, Marcio, Moreira, *Os soldados socialistas de Portugal*, Iniciativas Editoriais, Lisboa, 1974.

ANDERSON, Perry, *Portugal e o fim do ultraconservatismo*, Civilização Brazileira, Rio de Janeiro, 1966.

ANDRADE, Mário de, *La guerre en Angola* : Étude socio-économique, Maspero, Paris, 1971.

*A Geração de Cabral : Palestra feita na Escola–Piloto em 8 de Fevereiro de 1973*, Instituto

Amizade PAIGC, Bissau.

*A guerra do povo na Guiné-Bissau*, 2ª ed., Sá da Costa, Lisboa, 1975.

«A evolução do pensamento político de Amílcar Cabral», *in O Militante*, nº 3, Bissau, 1977.

*Anthologie thématique de la poésie africaine II. Canto armado*, Sá da costa, Lisboa, 1979.

«É urgente recuperar a nossa "memória histórica"», (entrevista), *in África Jornal*, de 12/12/1984.

*Origens do Nacionalismo Africano: Continuidade e Ruptura nos Movimentos Unitários*

*Emergentes da Luta contra a Dominação Colonial Portuguesa*, 1911-1961, Pub Dom Quixote, 1997.

ANDREINI, Jean-Claude, LAMBERT, Marie-Claude, *La Guinée-Bissau-D'Amilcar Cabral à la*

*reconstruction nationale*, L'Harmattan, Paris, 1978.

AUDIBERT, Pierre et BRIGNOS, Daniel, *Portugal, les nouveaux centurions*, Belfond, Paris, 1974.

BANAZOL, Luís, Ataide, *A origem do movimento das Forças Armadas*, Prelo, Lisboa, 1974.

BATHILY, Abdoulaye, *Imperialism and Colonial Expansion in Senegal, in the Nineteenth century, with particular to the economic, social, and political developments of the Kingdom of Gajaaga (Galam)*,

Ph.D. Thesis, Centre of West African Studies, University of Birmingham, England, 1975.

«Causes et conséquences de la conférence de Berlin», *in aujourd'hui l'Afrique*, n^os^ 31-32, 1986, pp.19-21.

BÉDARIA, François, «la dialectique passé/présent et la pratique historienne», *in Bédaria, F(ed), l'histoire et le métier d'historien en France, 1945-1995*, Éditions de la Maison des Sciences de l'homme, Paris, 1995.

BENSAID, Daniel, ROSSI, Carlos, UDRY, Charles, André, *La révolution en marche*, Christian Bougois Editeur, Paris, 1975.

BESSE,Maria, Graciete, «As novas cartas portuguesas e a contestação do poder patriarcal», *in Latitudes*, n°26 Avril, 2006, pp.16–20.

BLOCH, Marc, *Apologie pour l'histoire ou métier d'historien*, 1ère éd, Armand Colin, Paris, 1997.

BOAVIDA, Américo, *Angola, cinco séculos de exploração portuguesa*, ed. Civlização Brazileira, Rio de Janeiro, 1967.

BRANDÃO, Pedro, Ramos, «Igreja Católica e Estado Novo », *in Latitudes*, n° 27, septembre 2006, pp. 89–91.

CABRAL, Amílcar, *Analyse de quelques types de résistance*, Seara Nova, Lisboa, 1975.

«Criar e desenvolver a nossa situação específica uma solução própria», *in Militante*, Bissau, 1977, p.46.

*Os princípios do partido e a prática política*, Col «Cabral Ca Muri», n°4 e 6, Bissau, s/d.

CABRAL, Luís, *Crónica da libertação*, ed. O jornal, Lisboa, 1984.

CABRAL, Vasco, *A CPLP, Uma oportunidade histórica*, ed. CPLP, sl., 1994.

CADBURY, William. A., *Os serviçaes de S. Thomé*, Bertrand, Lisboa, 1910.

CAETANO, Marcelo, *Tradições, Princípios e Métodos da colonização portuguesa*, Agência Geral do Ultramar, Lisboa,1951.

CAETANO, Marcelo-*Renovação na continuidade*, Verbo, Lisboa, 1971.

CAETANO, Marcelo, *Portugal e a internacionalização dos problemas africanos*, 4ª ed., Ática, Lisboa, 1971.

*Minhas memórias de Salazar*, Verbo, Lisboa, 1971.

«Conversas em famíla a propósito do aniversário da sua entrada no governo»,*in Diário de Notícias* de 28/973.

CAHEN, Michel, «Luta de emancipação anti–colonial ou movimento de libertação nacional? Processo histórico e discurso político, o caso das colónias portuguesas e de Moçambique em particular», *in Studia Africana*, n°8, 2005, pp. 39-67.

CAIO, Horácio, *Angola : os dias do desespero*, Editorial Minerva, Lisboa, 1966.

CALEY, Cornélio, «História de Angola no século XX, caracterização geral das sociedades angolanas à entrada do séc XX, questões de metodologia», *in Metamorphoses*, n° 6, 2005, pp.145–157.

CALVÃO, Guilherme, Alpoim de, *De Conakry ao M.D.L.P: Dossier secreto*, Editorial Intervenção, Lisboa, 1976.

CAPELA, José, *O imposto de palhota e a introduçãodo do modo de produção capitalista nas colónias*, Afrontamento, Lisboa, 1977.

*Donas, Senhores e escravos*, Afrontamento, Lisboa, 1995.

CARREIRA, Abreu de, «A questão dos serviçais de Angola em São Tomé», *in Vértice*, Setembro-Outubro, 1997, pp 66–80.

CARREIRA, Iko, *O pensamento estratégico de Agostinho Neto*, Pub. Dom Quixote, Lisboa, 1996.

CASTELO, Claudia, «O Modo português de estar no Mundo» : O Luso-Tropicalismo e a Ideologia colonial Portuguesa (1933–1961), Porto, Afrontamento, 1998.

CASTRO, Armando, *O sistema colonial português em África*, Lisboa, Ed Caminho, 1980.

*O Sistema Colonial português em África*, Canviaho, Lisboa, 1988.

CESAIRE, Aimé, *Discours sur le colonialisme*, Présence Africaine, Paris, 1955.

*Cahier d'un retour au pays natal. Poème*, Présence Africaine, Paris, 1960.

CÉSAR, Amândio, *Guinée: Contre-attaque*, Livraria Editora Pax, Lisboa, 1965.

CHAR, René, «Feuillets d'Hypnos, 1943-944, Fureur et Mystère(1962)», *in Œuvres complètes*, NRF-Gallimard, Bibliothèque de la Pléiade, Paris, 1983, p.12.

CHAUMONT, Charles, «Le droit des peuples à témoigner d'eux-mêmes», *in Annuaire du Tiers-Monde*, II, Paris, Berger-Levrault, 1975-1976.

CHILCOTE, Ronald, *-Amílcar Cabral's Revolutionary Theory and Practice- A critical, Guide*, Boulder e Londres, Lynne Rienner, 1991.

COELHO, João, Paulo, «Guerra colonial/Luta de libertação: as duas faces de uma mesma investigação», *in Actas do Colóquio «Construção do Ensino da História em Àfrica»*, Edição Grupo de Trabalho para as comemorações dos descobrimentos, M. E., Lisboa, 1995.

COELHO, João,Paulo Broges, *O início da luta armada emTete (1968–1969). A primeira fase da guerra e a reacção colonial*,Arquivos Históricos de Moçambique, Maputo,1989.

COELHO, José, Dias, *A resistência em Portugal*, Editorial Inova, Porto, 1974.

CORET, Alain, «Les provinces portugaises d'Outre mer et l'ONU», *in Revue Patriotique d'Outre-mer*, 16ème année, Paris, LGDJ, 1962.

CORREIA, Ramiro,SOLDADO, Pedro, MARUJO, João, *MFA e luta de Classes*, Biblioteca Ulmeiro, n° 2, Lisboa, s.d.

COSME, Leonel, *Cultura e revolução em Angola*, Afrontamento, Lisboa, 1978.

COURET, Bernard, «Samora Machel, un camarade Président », *in Aujourd'hui l'Afrique*, n° 33, 1986, pp. 3-6.

« Le Mozambique face à Pretoria », *in Aujourd'hui L'Afrique*, n° 33, 1986, pp.8-13.

«Samora Machel», *idem*, pp.3-7.

«Le Mozambique face à Pretoria», *idem*, pp.8-13.

CRESPO, Manuel, Pereira, *Por que perdemos a guerra*, Lisboa, Edição Abril, 1977.

CROLEN, Luc, *Portugal, the USA and NATO*, University Press, Lovaina, 1973.

CRUZ, Pompilo da, Angola: *os vivos e os mortos*, Intervenção, Lisboa, 1976.

CUNHAL, Álvaro, *Rumo à vitória*, Ed. A opinião, Porto, s.d.(1ª ed 1961).

*O partido com paredes de vidro*, ed. Avante! Lisboa, 1985.

DAVIDSON, Basil, *Le réveil africain*, Présence Africaine, Paris, 1957.

*In the eye of the Storm*, Double Day, New York, 1972.

«Dans le maquis de la Guinée», *in Le Monde Diplomatique*, Février, 1973.

*Africa in History*, Palladin Granada, Publishing, London, 1974.

*Africa in the modern history, the surch for a new society*, Penguin Books, Harmondsworth, 1978.

DIA, Mamadou, *Islam et civilisation négro-africaine*, NEA, Dakar, 1980.

DIOP, Cheikh, Anta, *Nations nègres et culture : de l'antiquité nègre égyptienne aux problèmes culturels de l'Afrique noire d'aujourd'hui*, Présence Africaine, Paris, 1954.

*Antériorité des civilisations nègres : mythes ou vérité historique* ? Présence Africaine, Paris, 1967.

DIOP, David, «Le temps de martyr», *in Revue Présence Africaine*, nº 2, 1948.

DIOP, Louise-Marie, « Conséquences démographiques de la conquête coloniale », *in aujourd'hui l'Afrique, Centenaire de la Conférence de Berlin*, nºˢ31-32, 1986, pp.33-34.

DORY, Daniel, «Entre la découverte et la domination : le lobi (1800-1960). Eléments d'histoire de la géographie coloniale», *in Association, Géographes Français*, nº506, 1984, pp.373-382.

DUARTE, António, «Amílcar Cabral visto pela viúva», *in História*, nº 6, Lisboa, 1983.

DUARTE, Manuel, «Cabral e a legalidade internacional», *in Raízes*, n° 3, Praia, Santiago, 1977.

EGÍDIO, Álvaro, «L'art contestataire au Portugal», *in Latitudes*, n° 26, Avril 2006, pp. 40–50.

ENDERS, Armelle, *Histoire de l'Afrique lusophone*, Chandeigne, Paris, 1994.

ENES, António, «o trabalho indígena e o crédito agrícola», *in Antologia Colonial Portuguesa*, AGC, Lisboa, 1946.

ESTEVES, Maria, Luisa- *A questão do Casamansa e a Delimitação das Fronteiras da Guiné*, IICT/INEP, Lisboa, 1978.

FALL, Babacar, *Le travail forcé en Afrique occidentale française (1900–1946)*, Paris Karthala, 1993.

FANON, Franz, *les condamnés de la terre*, éd. Ulisseia, Lisboa, 1961.

FARIA, António, *Linha estreita de liberdade, A Casa dos Estudantes do Império*, Ed. Colibri, Lisboa, 1997.

FARIA,Cristina, *As lutas estudantis na Ditadura Miitar (1926–1932)*, Colibri, Lisbonne, 2000.

FAYE, Jean Pierre, *Le Portugal d'Otelo, La révolution dans le labyrithe*, JC.LATTÉS, Paris, 1976.

FELGAS, Hélio «O papel do helicóptero na guerra da Guiné», *in Jornal do exército* (Agosto 1968), pp. 32-33.

*A guerra de Àfrica(1961-1974)*, vols. 1 e 2, ed. Círculo dos Leitores, Lisboa, 1995.

FERREIRA, Eduardo Sousa de, *Aspectos do colonialismo português*, Seara Nova, Lisboa, 1974.

*O fim de uma era, o colonialismo português em Àfrica*, Sá da Costa, Lisboa, 1977.

*Portuguese colonisation in Africa: the end of an era*, The UNESCO Press, Paris, 1979.

FERREIRA, José, Medeiros,«Os militares e a evolução da política interna e externa», *in Revolução e Democracia*. Coord. José Maria Brandão de Brito, Editorial Notícias, Lisboa, 2001.

FODÉ, Amadou, « Cette année, un Nouvel État Souverain», *in Afrique-Asie*, n° 36, de 6/8/1973.

FOUBERT, Charles, *Portugal, 1974, 1975, Les années de l'espoir*, IDOC, France, 1975.

FREIRE,Antunes, José, *Os americanos em Portugal: Os anos de Richard Nixon(1969-1974)*, Pub. Dom Quixote, Lisboa, 1986.

FREITAS, José de, *O longo caminho da liberdade*, Moraes, Lisboa, 1973.

FREMENTIER, Jacques, *Les points sur les iii*, Editions Sociales, Paris, 1976.

GALVAO, Henrique, *O assalto a Santa Maria*, Delfos, Lisboa, 1973.

GARAUDY, Roger, «L'Université des Mutants de Gorée», *in Ethiopiques*, n° 17, Janv. 1979, pp. 8-16.

GOMES, Ana Galapez, «Aspectos da ideologia de Salazar na época da descolonização», *in Vértice*, II Série, n° 13, Abril, 1989.

GUILLAUDIS, J, F, *Le droit des peuples à disposer d'eux-mêmes*, Nancy, Presses Universitaires de Grenoble, 1976.

GWASSA, G.C.K., «Kinjtile and the ideology of Maji Maji», *in T.O. Ranger and I.N.Kimamabo(eds),*

*The historical history of African religions*, Heinemann, London, 1972, pp.202-217.

HEIMER, Franz W., *O processo de descolonização em Angola(1974-1976)*, Ed. A Regra do Jogo, Lisboa, 1980.

HUGES, Glyn, «A Frelimo e a guerra de libertação de Moçambique», *in Cadernos Necessários* (1969-1970), Ed. Afrontamento, Oporto, 1975.

IGNATIEV, Oleg, *Três tiros da PIDE. Quem, porquê e como mataram Amílcar Cabral*, Prelo, Lisboa, 1975.

*Uma arma secreta em África*, Ed Progresso, Moscovo, 1981.

*Amílcar Cabral*, Edições Progresso, Moscovo, 1984.

ILLIFFE, J., *Tanganyika under german rules, 1905-1912*, Cambridge University Press, Cambridge, 1969.

JALÉE, Pierre, *Le pillage du Tiers Monde*, François Maspero, Paris, 1968.

KAÚLZA, Arriaga de, *Guerra e política*, Edições-Referendo, Lisboa, 1987.

KILUANJI, César, Augusto, *A trajectória de un guerilheiro*, ed.Vanguarda, Lisboa, 1991.

KI-ZERBO, Joseph, *Histoire de l'Afrique Noire*, Paris, 1978.

*À quand l'Afrique*, Edition de l'Aube, Paris, 2003.

LABORIE, Pierre, «Histoire et résistance : des historiens trouble-mémoire», *in Ecrire l'histoire du temps présent. En hommage à François Bédaria*, CNRS Editions, Paris, 1993, pp.140-141.

LACERDA,Daniel, «O Movimento estético que abalou Salazar», *in Latitudes*, n°26, 26 Abril 2006,pp.33-39.

LARA, Lúcio, *Documentos e Comentários para a História do MPLA: Fev 1961*, Pub Dom Quixote, Lisboa, 2001.

LARANJEIRA, Pires, *Negritude africana de expressão portuguesa*, ed Afrontamento, Porto, 1995.

*Literaturas africanas de expressão portuguesa*, ed. Universidade Aberta, Lisboa, 1995.

LEMOS, Maria, Matos e, «Qem assassinou Amílcar Cabral?», *in Diário de Notícias*, de 12/12/84.

LENINE, Vladimir, *L'impérialisme, Stade suprême du capitalisme*, Editions sociales, Paris, 1979.

LEONARD, Yves, «Le 25 Avril et la décolonisation, 25 ans aprés», *in de la révolution des œillets au 3éme Millénaire. Portugal et l'Afrique lusophone: 25 ans dévolution(s),* Actes du Colloque réalisé à l'Univeersité de Paris 8, du 4 au 5 juin 1999, Travaux et Documents n°7, 2000, pp. 239-255.

LOPES, Carlos, « La systématique de la colonisation portugaise et ses conséquences »,*in Aujourd'hui l'Afrique, n°* 31-32, pp. 35-40.

M'BOKOLO, Elikia, *L'Afrique au XX*$^{ème}$ *siècle*, Paris, Seuil, 1985.

MACHEL, Samora, *Relatório do CC ao Congresso da Frelimo*, ed. Avante, Lisboa, I975.

*Le processus de la révolution démocratique au Mozambique*, L'Harmattan, Paris, 1977.

MACIEL, Artur, *Angola heróica: 120 dias com os nossos soldados*, Bertrand, Amadora, 1963.

MANE, Mamadou, « Contribution à l'histoire du Gabu des origines au XXème siècle », *in Bulletin de l'IFAN*, série B, n°1, Dakar, 1978, pp.88-159.

MANUEL, Roberto, «L'émigration des Cap verdiens vers le Mozambique dans les années 40», *in Latitudes*, n°25, décembre 2005, pp. 26–29.

MARGARIDO, Alfredo, «A sombra dos Moçambicanos na Casa dos Estudantes do Império», *in Latitudes*, n°25, décembre 2005, pp.14–20.

MARQUES, A.H. Oliveira de, *História de Portugal*, Palas Editores, Lisboa 1974.

*História de Portugal*, Vol III, Palas Editores, Lisboa, 1986

MARTELO, David, *As Mágoas do Império*, Pub. Europa-América, Mem Martins, 1998.

MARX & ENGELS, *Manifesto do Partido Comunista*, 2ª Ed, Editora Escriba, S. Paulo, 1974.

MARX, Karl, *Le Capital*, Fonte de Cultura Economica, Mexico, 1975.

MATA, Inocência, «Pepetela e a sedução da história», *in Metamorphoses*, n°, 7, Agosto, 2006, pp. 45-63.

MELO, António et al., *Colonialismo e luta de libertação, Sete cadernos sobre a guerra colonial*, Ed. Afrontamento, Oporto, 1978.

MELO, Carlos, Galvão de, *MFA, movimento revolucionário*, Portugália Editora, Lisboa, 1975.

MELO, João, *Os anos da guerra* (org), Dom quixote, Lisboa, 1988.

MESSIANT, Christine, «1961 : L'Angola Coloniale, Histoire et société, les prémisses du Mouvement nationaliste», *thèse de doctorat de 3ème cycle*, EHESS, 2 vols, Paris 1983.

MONDLANE, Eduardo, MACHEL, Samora, *A Frelimo e a revolução*, ed. Maria da Fonte, Lisboa, 1974.

MONTENEGRO, Teresa, «Breve notícias da revolução triunfante», *in Soranda*, nº 15, Bissau, Jan/93.

MOREIRA, Adriano, *A nação abandonada*, Intervenção, Lisboa, 1977.

NDAW, Alassane, «La Négritude, de la contestation au dialogue des cultures»,*in Ethiopiques*, nº 17, Janv 1979, pp.67-75.

NETO, Agostinho, *Quem é o inimigo ? Qual é o novo objectivo?*, ed. Maria da Fonte, Lisboa, 1977.

NIKANOROV, Anatoli, *Amílcar Cabral*, Edições sociais, 1975.

OLIVEIRA, César, *MFA e revolução socialista*, Di Abril, Lisboa, 1975.

*Os anos decisivos : Portugal 1962–1985. Um testemunho*, Editorial Presença, Lisboa, 1993.

ORAMAS, Óscar, *Amílcar Cabral para além do seu tempo*, ed Hugin, Lisboa, 1998.

*Os americanos em Portugal: Kennedy e Salazar, o Leão e a raposa*, 9ª ed.,Difusão Cultural,

Lisboa, 1991.

OSÓRIO, Sanches, *O equívoco do 25 de Abril*, Editorial, Intervenção, Lisboa, 1975.

*La colonie du Minotaure : Nationalisme et Révoltes en Angola* (1926-196), Orgeval, Editions Pélissier, 1978.

*Le naufrage des caravelles : Etudes sur la fin de l'empire portugais (1961 – 1975)*, Orgeval, Editions Pélissier, 1979.

«Du Kongo à Samora Machel», *in Le Mois en Afrique*, nº 22,

Février-Mars, 1987, pp. 133-148.

PEREIRA, Aristides, *Uma Luta, Um Partido, Dois Países*, Editorial Notícias, Lisboa, 2002.

PIERSON-Mathy, Paulette, *La naissance de l'État par la guerre de libération nationale : le cas de la Guinée-Bissau*, UNESCO, 1980.

RABY, Linda, Dawn, *A resistência antifascista em Portugal* (1941–1974), ed Salamandra, Lisboa, 1990.

RAPOSA,Eduardo, *O papel socio- culturel do canto de intervencão na oposição ao Estado Novo (1960–1974)*, FCSH / UNL, Mestrado em História, Lisboa,1998.

REZOLA, Maria,Inácia, *25 de Abril, Mitos de uma revolução*, A Esfera dos Livros, Lisboa, 2007.

ROSAS, Fernando, «O Estado Novo(1926-1974)», *in História de Portugal*(dir de José Matoso), Vol. VII, Círculo dos Leitores, 1994.

SALAZAR, Oliveira, *Discursos*, Coimbra Editora, Coimbra, 1939.

*A determinação de ficar*, SNI, Lisboa, 1966.

*Discursos e notas políticas*(1959-1966),Coimbra Editora, Coimbra, 1967.

*Discursos e notas políticas*, Vol. VI, Coimbra, Coimbra Editora, 1967.

*Entrevistas-1960/1966*, Coimbra, Coimbra Editora, 1967.

SANTOS, Eduardo dos, *Pan-Africanismo de Ontem e de Hoje,* Ed. do Autor, Lisboa, 1968.

*A negritude e a luta pela independência na África Portuguesa*, Editorial Minerva, Lisboa, 1975.

SARAIVA, Otelo, Carvalho de,*Cinco meses que mudaram Portugal*, Portugália Editora, Lisboa, 1975.

SAUL, John, *O Marxismo-Leninismo no Contexto moçambicano*, ed. Universidade Eduardo Mondlane, copiografado, Maputo, 1983.

SAVIMBI, Jonas, *Angola, a Resistência em busca de uma nova nação*, Ed A.P.R., Lisboa, 1979.

SENGHOR, Léopold, Sédar, «Négritude et Université des Mutants», *in Ethiopiques*, n° 17, Janv 1979, pp.5-7.

SILVA, Botelho(coord), *Vassalo e Silva. A recusa do sacrifício inútil*, Ed. Liber, Lisboa, 1974.

SILVA, Osvaldo Lopes da, «Aniversário da tomada de Guiledge(entrevista)», *in Voz di Povo*, de 28/5/1976.

SILVA. A. E, Duarte, «O litígio entre Portugal e a ONU(1960-1974)», *in Análise Social*, n° 130, 1995.

SILVEIRA, Joel, «As guerras coloniais e a queda do império», *in* REIS António(dir)*, Portugal Contemporâneo*, Vol.V, Pub. Alfa, Lisboa, 1989.

SOARES, Mário, *Portugal amordaçado*, Ed. Arcádia, Lisboa, 1974.

*Democratização e descolonização: Dez meses no Governo Provisório*, Dom Quixote, Lisbonne, 1975.

SPINOLA, António, de, *Por uma Guiné Melhor*, Agência Geral do Ultramar, Lisboa, 1970.

*Linha de acção*, Agência Geral do Ultramar, Lisboa,1971.

*No caminho do futuro*, Agência Geral do Ultramar, Lisboa1972.

*Por uma portugalidade renovada*, Agência Geral do Ultramar, Lisboa,1973.

*Vencer a hora sombria*, Lisboa, Secretaria de Estado da Informação e Turismo, Lisboa, 1974.

*País sem rumo*, Ed. SCIRE, Lisboa, 1978.

STALINE, J, *O materialismo dialéctico e o materialismo histórico*, Cadernos Vanguarda, (trad de Álvaro Machado), Edição do tradutor, Lisboa, 1972.

SURET- Canale, Jean, *L'Afrique Noire, l'ère coloniale*, 1900-1945, Editions Sociales, Paris, 1977.

TAMBWE, Okisokossa, Lohata, «L'idéologie panafricaine», *in Le Mois en Afrique*, n°22, Février-Mars, 1987, pp.149-161.

TELO, José, António, *Tratado de Tordesillas à guerra fria*, Editora da FURB, Blumeneau, 1996.

TEVODEDRE, Albert, *L'Afrique revoltée*, Présence Africaine, Paris, 1958.

UMBELINO, Natália, «Emigration ou Déportation entre Deux Océans? Les travailleurs sous contrat (serviçaes) de l'Afrique de l'Ouest (1908–1922), *in Eclats d'Empire*. Maisonneuve, Larose, *Actes du colloque International des 6 et 7 Octobre 2000*, Centre des Archives d'Outre–mer et Cité du livre, Aix en Provence, pp 173-200.

VALENTIM, Alexandre, «Portugal em África (1824-1974) : uma perspectiva global, *in Penelope*, n°11, Lisboa, 1973.

«ideologia, economia e política : a questão colonial na implantação do Estado Novo », *in Análise Social*, vol XXXVIII (123-124), Lisboa, 1993, pp. 1117–1123.

*Origens do colonialismo português moderno*, Sá da Costa, Lisboa, 1979.

VAN DER WAALS, Willem S, *Portugal's war in Angola* (1961–1974), Ashanti Publishing, Rivonia, África do Sul, 1993.

VASCONCELOS, Francisco de, «O inferno de Guiledge», *in Público-Magazine*, de 5/11/95.

VILAÇA, Alberto, *O MUD Juvenil em Coimbra*, ed. Campo de Letras, Porto, 1998.

WHEELER, Douglas L. «African elements in Portugal's armies in Africa (1961-1974) », *in Armed Forces and Society*, 2, n° 2(February 1976).

ZAN, Semi-Bi, «Il y a trente ans…l'accélération du processus de décolonisation en Afrique francophone», *in Le Mois en Afrique, no 22, Op.cit.,* pp. 7-26.

ZIEGLER, Jean, *Contre l'ordre du monde- Les rebelles*, 2ème éd, Seuil, Paris, 1985.

ZOTOV, Nikolai, MALIKH, Vladislav, *A Àfrica de expressão portuguesa*, Edições Progresso, Moscovo, 1990.

## Journaux et revues

*Africasia*, n°9, 1970 ; n° 24, 24.1/6/02 1972.

*Afrique Nouvelle*, Dakar 11/01/1961.

*Análise Social*, Vol.XXVIII, 1993.

*Avante*, n° 303, 1 quinzena de 1961 (ano 31/ série VI).

*Congo Press*, 30/05/1962.

*Courrier de l'UNESCO* 1973.

*Jeune Afrique* : 24/03/1969 ; 29/04/1972 ; 4/11/1972 ; 3/01/1973

-*Le Monde diplomatique*, 18/09/1970.

-*Présence Africaine* : n° espécial 8/9/10 (Junho/Novembro 1956) ; n° especial 24/25 (Fev/Março du 1959) ; n°3, 1962.

*Revista de História das Ideias*, Vol 17, Fac de Letras da Universidade de Coimbra, Coimbra, 1995.

*Révolution Africaine*, 30/01/1965 ; 6/03/1967 ; 7/02/1970.

*O Século*, 4/07/1944.

*O Século ilustrado*, 16/08/1976

*Zaire*, n° 134, 01/03/1971

*Colecção Análise*, n°3, *Descolonização Portuguesa – o malagro de dois planos*, ed. Acrópole, CDA, Lisboa, 1975

-*Djarama PAIGC,* Edições C.I.D.A.C. Lisboa, 1974.

-*Jornal, Diário da Madeira* 04/05/1974, n° 9584

- *Correio de Abrantes*, N°2234, 04/05/1974
- *Expresso*, N° 70, 04/05/1974
- *Diário de Lisboa*, 03/05/1974
- *Diário de Coimbra*, N° 15.071, 01/04/1974
- *Notícias de Amadora*, N°658, 27/04/1974
- *O Setubalenze*, 26/04/1974
- *Diário do Alentejo*, 26/04/1974

-*Histoire générale de l'Afrique*, Collection produite par Dan Franck, Direction historique, Ibrahima Baba Kaké et Elikia Mbokolo, Imprimerie Casterman, Paris, 1978.

-*Mensagem*, numéro spécial commémorant le cinquantenaire de la CEI, éd. ACEI, Lisbonne, 1997.

-*África - Literatura, Arte / Cultura* : N°4, Abril/Junho de 1979 ; N° 7, Janeiro /Março de 1980

(À memória de Agostinho Neto) ; N° 10, Outubro/ Dezembro de 1980 ; N°3, Janeiro/Março, 1979 ; N°5, Julho/Setembro 1979.

-*4 Países Libertados*, Portugal, Guiné/Bissau, Angola, Moçambique, Bertrand, Lisboa, 1975.

-*No Pintcha*, N° 1115 (ano IX) de 3/12/1984 (Sobre a Conferência Internacional consagrada à memória de Amilcar Cabral).

-Collection *Libertação de Angola, Textos e documentos do MPLA sobre a revolução angolana*, Edição Maria da Fonte, Lisboa, 1974.

*Présence Africaine*, (Exposition sur les 20 premières années de la revue Présence Africaine), Musée du quai Branly, Paris, 10 Novembre 2009-31 Janvier 2010, Bibliothèque Centrale de L'UCAD, 11 Mars-26 Juin 2011.

-Revue, *Ethiopiques*, n° 17, Janvier 1979.

-Revue, *Civilização*, n° 69, Exposition sur la colonisation portugaise, Lisbonne, Juin 1934.

-*Revue Sénégalaise d'histoire*, n° 6, 2004, Fac de Lettres UCAD, Dakar.

-*25 de Abril, documento*, 2 edição, Casa Viva, Editora, Lisboa, 1974.

# Sigles

| | |
|---|---|
| AGC | Agência Geral das Colónias |
| AGU | Agência Geral do Ultramar |
| ARA | Acção Revolucionária armada |
| AHU | Arquivo Histórico do Ultramar |
| CEI | Casa dos Estudantes do Império |
| CEL | Conselho Executivo da Luta (PAIGC) |
| CIDAC | Centro de Investigação e Documentação Amilcar Cabral |
| CLSTP | Comité de Libertação de S.Tomé e Príncipe |
| CNCV | Conselho Nacional de Cabo Verde |
| CONCP | Conferência das Organizações Nacionais das Colónias Portuguesas |
| COREMO | Centro Revolucionário de Moçambique |
| CPLP | Comunidade dos Países de Língua Portuguesa |
| CSL | Conselho Superior de Luta (PAIGC) |
| CUF | Companhia União Fabril |
| ELNA | Exército de Libertação de Angola(UNITA) |
| FAPLA | Forças Armadas Populares de Libertação de Angola(MPLA) |
| FARP | Forças Armadas de Revolução Popular (PAIGC) |

FLEC Frente de Libertação do enclave de Cabinda

FLG Frente de Libertação da Guiné

FLGC Frente de Libertação da Guiné e de Cabo Verde

FLING Frente de Libertação Nacional da Guiné

FLN Front de Libération Nationale (Argélia)

FLNG Front de Libération Nationale de la Guinée (Conacri)

FNLA Frente Nacional de Libertação de Angola

FRAIN Frente Revolucionária Africana para a Independência das Colónias Portuguesas

FRELIMO Frente de Libertação de Mozambique

FUL Frente Unida de Libertação (Guiné)

GPRA Gouvernement Provisoire de la République d'Algérie

GRAE Governo da República de Angola no Exílio

JSN Junta de Salvação Nacional

MAC Movimento Anti-Colonial

MANU União Nacional Africana de Moçambique(Maconde)

MLSTP Movimento de Libertação de S. Tomé e Príncipe

MFA Movimento das Forças Armadas

MLG Movimento de Libertação da Guiné

| | |
|---|---|
| MLGCV | Movimento de Libertação da Guiné e Cabo Verde |
| MPD | Movimento para a Democracia |
| MPLA | Movimento Popular de Libertação de Angola |
| MUDJ | Movimento de Unidade Democrática Juvenil |
| ONU | Organisation des Nations Unies |
| OSPAAL | Organisation de Solidarité des Peuples d'Afrique, d'Asie et d'Amérique Latine |
| OUA | Organisation de l'Unité Africaine |
| PAI (Guinée et Cap Vert) | Parti Africain de l'Indépendance |
| PAI (Sénégal) | Parti Africain de l'Indépendance |
| PAICV | Parti Africain de l'Indépendance du Cap Vert |
| PAIGC | Parti Africain de l'Indépendance de la Guinée Bissau et du Cap Vert |
| PCP | Parti Communiste Portugais |
| PDG | Parti Démocratique de la Guinée |
| PIDE/DGS | Police Internationale de défense de l'Etat/ Direction Générale de la Sécurité |
| RDG | Rassemblement Démocratique de la Guinée |
| UDC | Union Démocratique du Cap Vert |
| UDENAMO | Union Nationale Démocratique du Mozambique |
| UPA | Union des Peuples d'Angola |

## Table des matières

**L'HARMATTAN, ITALIA**
Via Degli Artisti 15; 10124 Torino

**L'HARMATTAN HONGRIE**
Könyvesbolt ; Kossuth L. u. 14-16
1053 Budapest

**L'HARMATTAN BURKINA FASO**
Avenue Mohamar Kadhafi (Ouaga 2000) – à 200 m du pont échangeur
12 BP 226 OUAGADOUGOU
(00226) 50 37 54 36
harmattanburkina@yahoo.fr

**ESPACE L'HARMATTAN KINSHASA**
Faculté des Sciences sociales,
politiques et administratives
BP243, KIN XI
Université de Kinshasa

**L'HARMATTAN CONGO**
67, av. E. P. Lumumba
Bât. – Congo Pharmacie (Bib. Nat.)
BP2874 Brazzaville
harmattan.congo@yahoo.fr

**L'HARMATTAN GUINÉE**
Almamya Rue KA 028, en face du restaurant Le Cèdre
OKB agency BP 3470 Conakry
(00224) 60 20 85 08
harmattanguinee@yahoo.fr

**L'HARMATTAN CÔTE D'IVOIRE**
M. Etien N'dah Ahmon
Résidence Karl / cité des arts
Abidjan-Cocody 03 BP 1588 Abidjan 03
(00225) 05 77 87 31

**L'HARMATTAN MAURITANIE**
Espace El Kettab du livre francophone
N° 472 avenue du Palais des Congrès
BP 316 Nouakchott
(00222) 63 25 980

**L'HARMATTAN CAMEROUN**
BP 11486
Face à la SNI, immeuble Don Bosco
Yaoundé
(00237) 99 76 61 66
harmattancam@yahoo.fr

**L'HARMATTAN SÉNÉGAL**
« Villa Rose », rue de Diourbel X G, Point E
BP 45034 Dakar FANN
(00221) 33 825 98 58 / 77 242 25 08
senharmattan@gmail.com

602547 - Mars 2015
Achevé d'imprimer par

19821711R00145

Printed in Great Britain
by Amazon